U0895224

“思想文化与社会发展研究”丛书

成人仪式思想道德教育研究

王洁敏 著

中国社会科学出版社

图书在版编目（CIP）数据

成人仪式思想道德教育研究／王洁敏著．—北京：中国社会科学出版社，2017.7

ISBN 978-7-5203-0749-9

Ⅰ.①思… Ⅱ.①王… Ⅲ.①公民教育—社会公德教育—研究—中国 Ⅳ.①D648.3

中国版本图书馆 CIP 数据核字（2017）第 174631 号

出 版 人 赵剑英
责任编辑 朱华彬
责任校对 张爱华
责任印制 张雪娇

出 版 中国社会科学出版社
社 址 北京鼓楼西大街甲 158 号
邮 编 100720
网 址 http：//www.csspw.cn
发 行 部 010－84083685
门 市 部 010－84029450
经 销 新华书店及其他书店

印 刷 北京君升印刷有限公司
装 订 廊坊市广阳区广增装订厂
版 次 2017 年 7 月第 1 版
印 次 2017 年 7 月第 1 次印刷

开 本 710×1000 1/16
印 张 14.75
插 页 2
字 数 205 千字
定 价 59.00 元

《思想文化与社会发展研究》丛书
编辑委员会

总　序

学以成人　经世致用

人类进入21世纪以来，伴随现代科技的快速发展，“可上九天揽月、可下五洋捉鳖”的宏愿，早已成为现实。特别是随着基因技术和人工智能的发展与运用，人类比历史上任何时候似乎更具有“认识你自己”的外在条件。然而，物质生活的日益富庶与精神修养的相对贫瘠、社会生活的无限扩张与人和自然关系的持续紧张、民族国家利益本位潮流的涌现与人类命运共同体构建的艰辛……都预示着哲学社会科学研究任重道远。实际上，人类社会与人类文明的重大跃迁，都离不开哲学社会科学的重要发展。“学以成人、经世致用”，今天仍然是哲学社会科学工作者的重要使命。

“学以成人”，是一个具有鲜明中国特色的命题，按照主流的解释，就是如何在为学的过程中成就人自身。这个问题延展开来，无疑具有普适的意义。人类如何发现自身的价值、定位自身的意义、成就人自身？应该成就为什么样的人？成为“圣人”“神人”“至人”，抑或君子、绅士、公民？如何界定好一个时代的理想人格？人类如何“知人”？如何“成己”“成物”？如何处理“知人”与“成人”的关系？中国传统上强调“为己之学”“闻道”“得道”，意思是为学的根本在于不断充实自我、提升自我，而不是“为人”，不是为了炫示于人、压服他人。这就需要“知道”“成道”与“行道”。那么，“为道”与“为学”又是什么关系？它们各自有不同的进路吗？是“为学日益、为道日损”，还是下学上达、豁然贯通？……无论如何，从追寻人之为人的原初本质到实现人的自由而全面的发展，哲学社会科学有很长的路要走，并且只可能永远在路上。

成就人自身与促进社会发展，往往紧密联系在一起。“学以成人”也应与“经世致用”相辅相成。

“经世致用”是中国历史上一种重要的思潮，也是一种可贵的学风。它推崇学术的重要功能在于经邦济世、兴国利民。强调“求实”“博征”，要求“经世要务，一一讲求”，认为“君子有志当世”，尤应“以天下为己任”，甚至提出“舍天下事更无所为”“文章莫尚乎经济”，这些都是“经世致用”的重要表达。当代中国哲学社会科学工作者“经世致用”，就是要以人民为中心，立足当代社会的生动实践，把握好具有良好发展增量性的先进文化资源、弥足珍贵的原生本根性的中华优秀传统文化资源以及有益滋养性的国外哲学社会科学资源，实现古今中外各种资源的相资融通，致思于人民的美好生活，为科学地治国理政服务，为中华民族伟大复兴尽力，为人类共同的美好未来作出贡献。

这套《思想文化与社会发展研究》丛书，正是对“学以成人、经世致用”的一种尝试。祈望对构建具有中国特色、中国风格、中国气派的当代中国哲学社会科学，对推动转型时期中国社会发展，作出有益探索和绵薄贡献。

郑文堂

2015 年 11 月

摘　要

成人仪式是一种古老的青年教育方式，具有思想道德教育功能与作用。成人仪式思想道德教育不是纯粹的灌输和说教，而是注重青年自身体验和青年主体性发挥的引导式教育，它能满足青年的需要，顺应青年道德认知、道德情感及道德行为的变化发展规律。在历史上，成人仪式思想道德教育既促进了青年个体的成长，也推动了社会的进步。在今天，成人仪式思想道德教育不断发展，其优势也日渐突出，它能以其独有的方式为青年提供回顾以往、展望未来的场域，帮助青年实现“心理成人”和规避非主流文化的负面影响，引导青年树立科学的理想信念，激发青年为国家富强和人民幸福而奋斗的愿望和决心，还能扩大社会政治认同、维护社会稳定、促进文化发展。从理论上把握成人仪式的内涵、本质及功能，在历史中把握成人仪式思想道德教育的演进及规律，在现实中把握成人仪式思想道德教育的成就与不足，进而探索成人仪式思想道德教育的创新发展，事关青年思想道德教育的发展、中国特色社会主义事业接班人的培养以及中华民族伟大复兴的实现。

成人仪式是标识青年男女生理成熟且应开始承担各种“责任”的一套特定的社会文化行为程序，具有发展性、程序性、规范性及实践性等仪式共有特征，也具有年龄特征和唯一性等独有特征。成人仪式在其本质上是青年自然性状的文化反映、青年有意识社会化的开启、人类文化的重要表现形式，具有象征、交流、凝聚、教育等基本功能。同成人仪式的历史演进相伴随，我国成人仪式思想道德教育主要经历了原始社会时期的萌芽、阶级社会时期的发展和社会主义社会时期的完善三个阶段。在不同阶段，成人仪式思想道德教育的目的、对象、内容及形式呈现不同的特点。处于萌芽阶段的成人仪式思想道德教育，其目的具有自发性，对象具有平等性，内容具有朴素性，形式具有野蛮性；处于发展阶段的成人仪式思想道德教育，其目的趋于自觉化，对象等级化，内容独立化，形式文明化；处于完善阶段的成人仪式思想道德教育，其目的自觉化，对象平等化，内容丰富化，环节合理化。成人仪式思想道德教育始终受特定社会政治权力的作用和影响，其整体演进过程体现了继承性与发展性的统一，其具体历史阶段的发展在内容上体现了历史性与阶级性的统一，方式上突出了社会价值引导与青年自主建构的统一，价值上实现了社会进步与个体发展的统一。

我国成人仪式思想道德教育内容经历了不断丰富发展的历史过程。原始社会时期的成人仪式思想道德教育本身同生活教育交融一体，其内容尚未与生活教育内容相分离；随着生产力的发展、社会的进步，阶级社会时期的成人仪式思想道德教育内容以家庭道德教育和爱国主义教育为主体，逐渐从生活教育内容中独立出来；社会主义社会时期的成人仪式思想道德教育形成了以生命教育为前提、心理教育为基础、理想信念教育为核心、家庭道德教育为重点、爱国主义教育为依托的丰富内容体系。实践证明，当前我国成人仪式思想道德教育有成就，也有不足。增强了青年对生命的敬畏感，唤起了青年对家庭的责任感，培养了青年对社会的责任感，是当前我国成人仪式思想道德教育的主要成就，也是成人仪式思想道德教育自身发展、中共中央宣传部和团中央对该活动关心鼓励的必然结果；重视程度不够、理论研究薄弱、程序性不强、活动分布不均等是当前我国成人仪式思想道德教育存有不足的表现，究其原因主要在于成人仪式自身社会地位的下降等。

当前我国正处于实现“两个一百年”奋斗目标和中华民族伟大复兴的关键时期，这不仅需要具有良好思想道德素质的青年才俊，还需要稳定的政治环境与社会环境。成人仪式思想道德教育既能通过培养青年对生命的敬畏感、促进青年的道德社会化和政治社会化来提高青年的思想道德素质，为中国特色社会主义事业培养合格建设者和可靠接班人，也能扩大社会政治认同、培塑社会政治人才，促进家庭和睦、维护社会稳定，保持文化连续、促进文化发展，为社会主义和谐社会的构建、中国特色社会主义事业的推进以及中华民族伟大复兴的实现提供有力支撑。发挥优势，弥补不足，是实现成人仪式思想道德教育创新发展的必然要求，也是问题研究的最终指向。成人仪式思想道德教育应始终遵循青年自我教育规律和思想道德教育的运行规律，遵守方向性原则、以青年为本原则、知行统一原则以及教育与管理相结合原则，充分借鉴日本、美国及瑞典成人仪式思想道德教育的有益经验，不断开拓创新、与时俱进。其内容要始终体现时代性与民族性，形式要始终体现针对性与有效性，环节要始终体现连续性与科学性，细节要始终体现细致性与适宜性，尤其要注意成人宣誓誓词、成人仪式主题曲和背景音乐、青年及主持人的着装及仪式场地等要素。在外部保障上也要下大功夫，要正确认识成人仪式思想道德教育的重要性，认真做好成人仪式思想道德教育工作；为青年树立道德榜样，发挥榜样的无穷力量；结合多样教育，利用两个课堂；发挥家庭、学校、社会的合力作用，建立成人仪式教育网络；制定各项规则，规范成人仪式教育活动。

序

成人仪式是标识青年男女生理成熟且应开始承担各种“责任”的一套特定的社会文化行为程序，它能以其独有的方式为青年提供回顾以往、展望未来的场域，帮助青年实现心理成人、道德成人、政治成人，具有思想道德教育的功能与作用。大量历史事实证明，成人仪式思想道德教育的力量，对于提高青年自身的思想道德素质、促进青年个体的健康成长，对于传承社会主流价值观、维护社会政治稳定、推动社会进步，都产生了巨大影响。在新的历史条件下，创造性地利用好成人仪式这一有效的思想道德教育的传统载体，有利于引导青年树立科学的理想信念，培育和践行社会主义核心价值观，有利于激励青年在为实现“两个一百年”奋斗目标和中华民族伟大复兴的中国梦的征程中，实现人生价值、放飞青春梦想。

《成人仪式思想道德教育研究》一书，是我指导的博士生王洁敏在其撰写的博士学位论文的基础上修订而成的。该书坚持唯物史观的基本立场、观点和方法，以多学科角度审视成人仪式，从理论上分析了成人仪式的本质特征及主要功能；梳理了我国成人仪式思想道德教育历史演进过程，概括了成人仪式思想道德教育演进的基本特征；阐释了我国成人仪式思想道德教育的主要内容，特别是详尽阐述了当前我国成人仪式思想道德教育的内容；分析了当前我国成人仪式思想道德教育取得的成就和存在的不足；论述了我国成人仪式思想道德教育创新发展的必要性，有针对性地提出了成人仪式思想道德教育的未来发展举措。通读全书，不难发现众多可圈可点之处，主要体现在如下方面：第一，从青年生命成长过程中静态与动态的结合上、青年社会化过程中不同阶段的过渡上、文化发展过程中横向与纵向的交融上来理解和把握成人仪式的本质，认为：成人仪式是青年自然性状的文化反映，是青年有意识社会化的开启，是人类文化的重要表现形式；第二，在提出我国成人仪式思想道德教育大致经历了原始社会时期的萌芽、阶级社会时期的发展和社会主义社会时期的完善三个历史阶段的同时，概括了我国成人仪式思想道德教育在不同历史阶段的特点：原始社会成人仪式思想道德教育目的具有自发性、内容具有朴素性、对象具有平等性、形式具有野蛮性，阶级社会成人仪式思想道德教育目的趋于自觉化、对象等级化、内容独立化、形式文明化，社会主义社会成人仪式思想道德教育的目的自觉化、对象平等化、内容丰富化、环节合理化；第三，坚持理论与实践、历史与现实的统一，梳理了成人仪式思想道德教育的历史演进过程，概括出成人仪式思想道德教育历史演进具有继承性和发展性统一、历史性与阶级性统一、价值引导与青年自主建构统一、社会进步与个体发展统一等特征；第四，在把握当前我国成人仪式思想道德教育现状的基础上，围绕成人仪式思想道德教育的未来发展问题进行了有益探索，提出了一些有价值的思想和观点。例如，作者认为，成人仪式思想道德教育应与时俱进、与互联网相承接，通过与网络相承接来彰显时代气质，做到不仅能以现实版存在并发挥对青年的教育作用，还能以网络版存在并为青年提供有效引导。再如，作者认为，成人仪式对青年的思想道德教育并非一劳永逸，成人仪式也并非青年思想道德教育的终结，相反，它是另一种形式的开始。保持和强化成人仪式思想道德教育的作用和效果，需要青年成人后思想道德教育的有效跟进。

受作者社会阅历、知识积淀、理论思维等因素的局限，该书在成人仪式思想道德教育基本理论的阐释、在成人仪式思想道德教育现状的解读以及对成人仪式思想道德教育未来发展的分析上仍有待进一步深化和细化，但这并不失其重要的学术价值和实践意义。

清华大学　吴潜涛
2016 年 12 月 10 日

目　录

绪　论

第一节　研究意义

成人仪式是由传统所规定的一套行为方式。这里的“传统”，可以理解为一种社会记忆、历史积淀、历史文化。内蕴了丰富历史文化的成人仪式，不仅是人类历史文化的特殊展现，还是历史文化的传承方式，也就是说，成人仪式具有传承和发展历史文化的功能。成人仪式通过反映一定的社会要求保持自身的道德传统、文化传统以及精神气质等，通过传承既有的生活观、价值观和文化观，保持社会的连续与稳定，实现文化的传承和发展。就我国成人仪式而言，它从原始社会末期的凿牙习俗发展到今天以进行成人宣誓为主要内容的仪式活动，经历了漫长的历史演进过程，承载了我国优秀的传统美德，如遵守礼仪、孝敬父母、奉献社会、忠爱祖国等。这些道德条目不仅是我国传统文化的生动体现，也是当前我国社会文化建设的必要内容；不仅是我国古代社会存续的文化根基，更是当前我国社会发展进步必不可少的精神动力。为此，从思想道德教育的视角来剖析成人仪式的本质和特征，挖掘成人仪式思想道德教育的内容与价值，对于继承中华民族优秀文化遗产，承接中华民族传统美德，促进中国特色社会主义文化的繁荣与发展具有重要的理论意义和实践价值。

改革开放以来，我国社会经济成分、组织形式、就业方式、利益关系和分配方式发生的深刻变化，影响到人们的思想活动，特别是影响到正处于人生成长关键时期的青年，青年的自主性、独立性、批判性、创造性不断增强。社会的变革以及青年的变化，使以往的以规范性道德教育为主的青年道德教育同青年自身思想道德发展的需要之间出现某种程度的错位，使以往的青年道德教育理念、模式及方法面临前所未有的挑战。以往青年道德教育更多的是一种规范性道德教育，其教育理念注重道德对个体行为的外在规约和限制作用，忽视人文关怀与个体的自我完善追求；其教育模式更多的是循规蹈矩而不注重创新；其教育方法注重灌输，忽视主体的感受，不能调动青年的积极性。规范性道德教育已不能完全满足青年思想道德发展的需要。兴起于20世纪90年代由学校组织进行的成人仪式，为青年思想道德教育理论的创新、丰富和发展提供了重要参考。成人仪式思想道德教育不是纯粹的灌输和说教，而是注重青年情感体验、主体性发挥的体验式引导教育。成人仪式思想道德教育注重规范性与德性相结合的道德教育理念，重视青年的道德体验教育，强调价值引导与青年自主建构相结合的教育方法，能满足青年的需要，顺应青年道德认知、道德情感及道德行为的变化发展规律并能收到较好的教育效果。因此，研究成人仪式思想道德教育的理论与实践，对于进一步丰富我国青年思想道德教育理论，促进青年思想道德教育整体发展都具有积极的理论和实践意义。

作为青年思想道德教育的一种有效方式，成人仪式思想道德教育能通过增强青年对生命的敬畏感，促进青年的道德社会化和政治社会化来提高青年的思想道德素质。为具体把握我国成人仪式思想道德教育的基本情况，笔者曾对8所高校（内蒙古师范大学、西南政法大学、安徽师范大学、河北大学、山东理工大学、北京石油化工学院、北京体育大学、中国传媒大学）560名年满18周岁的青年学生进行了问卷式抽样调查。调查结果显示，参加过成人仪式的青年学生仅占26.1%，另外，有54.2%的青年学生认为成人仪式“过于形式化”，“对自己的触动不大”。这在一定程度上说明，成人仪式并未得到社会、学校、家庭及青年个人的足够重视，成人仪式思想道德教育的功能和作用没有得到应有的发挥与体现。这也在一定程度上表明，我国成人仪式思想道德教育理论与现实之间存有差距。造成上述结果的原因很多，而缺乏对成人仪式思想道德教育的科学认识、缺乏必要的理论指导是其中一个重要方面。没有对成人仪式思想道德教育的科学认识，青年个人、家庭、学校及社会就不会给予成人仪式应有的重视；没有成人仪式思想道德教育相关理论做指导，成人仪式思想道德教育活动就会陷于低效境地，甚至流于形式。因此，研究成人仪式思想道德教育的理论与实践，对于提高人们对成人仪式思想道德教育的认识，指导成人仪式思想道德教育实践，增强成人仪式思想道德教育效果，提升青年思想道德素质，具有重要的理论意义和实践价值。

第二节　相关学术研究成果综述

国外学者从人类学、宗教学、社会学等视角研究仪式问题时，大都会涉及成人仪式的相关问题，如英国学者爱德华·泰勒的《原始文化》、法国学者列维·布留尔的《原始思维》、美国学者玛格丽特·米德的《萨摩亚人的成年》、英国学者维克多·特纳的《模棱两可：通过礼仪的阈限时期》和《仪式过程——结构与反结构》以及英国学者雷蒙德·弗思的《人文类型》等著作，都程度不同地涉及成人仪式问题。受研究目的所限，国外学者对成人仪式的研究大多属于阐释型研究而非运用型研究，即以探讨成人仪式的宗教特征、文化内涵、社会功能等内容为目的，而非以运用成人仪式为主要指向。大致说来，在成人仪式的起源问题上，国外学者主要是将其与宗教相联系，认为成人仪式是宗教信仰的衍生物，并具备一定的宗教特征；在成人仪式与文化的关系问题上，国外学者研究发现，成人仪式本身受特定社会历史文化的约束，在一定程度上是文化的产物，且具有深刻的文化内涵；在成人仪式的作用问题上，国外学者认为，成人仪式是人生的重要节点，它联结着青年的过去与将来，对缓冲青年青春期的紧张心理、使其顺利过渡到下一个人生阶段具有重要作用。另外，成人仪式还具有整合、凝聚等社会功能。总之，国外学者的相关研究成果有助于我们准确把握成人仪式的内涵、本质及功能，为我们进行成人仪式思想道德教育研究提供了有益参考和借鉴。

国内理论界对成人仪式思想道德教育相关问题的研究尚处于初级阶段，还没有学者从思想政治教育学角度对成人仪式进行专题研究。就与成人仪式有关的学术专著而言，代表作是《成年仪式——兼及青年文化适应》。作者从青年的文化适应研究入手，通过对青春祭祀仪式、青年宗法仪式、成年社会仪式历史渊源的考察和成年仪式标志的探索，分析了成年仪式与青年信仰、成年仪式和婚姻习俗、成年仪式和青年边缘化地位、成年仪式和文化变迁的联系，阐明了成年仪式的社会功能、成年仪式在青年文化适应中的作用、成年仪式在青年教育中的意义等。作者对成人仪式所作的探究，为今后的成人仪式研究提供了重要借鉴和参考。当然，书中也存在一些值得深入思考的问题，如作者对成人仪式类型的划分。作者将成人仪式分为隔离仪式、过渡仪式和接纳仪式三种。应该说，这种划分对我们理解成人仪式的历史发展具有一定启发意义，但隔离、过渡和融合似乎是成人仪式的内在构成，不同历史时期的成人仪式均包含这三个要素。再有，作者对成人仪式在青年社会化过程中作用的阐释较为宏观，如对成人仪式在青年接受社会道德原则规范、培养道德情感、规范道德行为方面作用的阐释可再具体化。

随着20世纪90年代学校组织的成人仪式活动的再度兴起，与成人仪式有关的文章陆续出现，如《中国古代冠礼》（1994）、《18岁成人仪式教育活动的现状与发展》（1997）、《浅述瑶族男性成人仪式的基本程序》（1999）、《少数民族的成年礼》（2001）、《冠者礼之始也：冠礼》（2002）、《浅析成年仪礼的教育意义》（2002）、《成人仪式：从生活教育到政治教育》（2003）、《古代冠礼简论》（2003）、《略论中国古代冠礼的教育功能》（2005）、《成人仪式的象征与教育日常生活》（2005）、《论中国古代冠礼的特征属性》（2006）、《开展 18 岁成人仪式教育研究的意义与价值》（2008）、《古代成人仪式的文化精神》（2008）、《教育中的文化不连续性与成年仪式》（2010）、《论仪式的思想政治教育功能》（2010）、《哈克贝利·费恩的成人仪式探析》（2011）、《藏族成人礼“梳头歌”的民俗文化内涵及功能意义》（2011）、《敦煌讲史类变文与成人仪式考论》（2014）、《成人仪式教育的基本模式及走向分析》（2014）、《成人仪式的社会学分析——以衡水中学成人仪式为例》（2015）等。在 CNKI 硕博论文数据库中，通过精确检索可以查到，以“成人仪式”“成人礼”为题名的博士论文有《仪式中的教育——摩梭人成年礼的教育人类学分析》（西南师范大学博士学位论文，2003）和《先秦冠礼研究》（郑州大学博士学位论文，2005）。

概观国内关于成人仪式问题的研究，其内容大体可以归纳为以下几个方面：一是对古代成人仪式的研究。有学者对古代成人仪式进行了探究，特别是对“冠礼”“笄礼”进行了细致考察。还有学者考察了古代成人仪式的文化精神，认为古代的成人仪式——冠礼是国家推行礼义的开始，它促使青年“弃幼志，敬威仪，顺成德”，承担起相应的社会责任，树立起为整个国家和民族服务的情感，培养其良好的人生观和价值观。这些研究对我们更好地理解成人仪式的道德教育内涵具有一定价值。二是对少数民族成人仪式的研究。许多少数民族保有独具民族特色的成人仪式，如吴晓蓉博士的学位论文《仪式中的教育——摩梭人成年礼的教育人类学分析》，为我们更好地理解成人仪式对少数民族个体社会化的作用，为更好地审视当前我国学校成人仪式提供了独特视角。三是对成人仪式作用的研究。学者们普遍认为，成人仪式教育活动是近年来较为成功的一项青年思想道德教育活动形式。这项活动弥补了我国公民道德教育中的不足，对青年的健康成长和全面发展起到了十分重要的作用。成人仪式在培养青年的社会责任感、锻炼青年自强、自主的人格意识，激发青年的爱国热情，增强民族自尊心、自信心和自豪感上都发挥了重要作用。四是对成人仪式的历史考察。有学者考察了成人仪式的历史演进，认为成人仪式实现了从生活教育到政治教育的转变，这种转变主要表现在主持主体、仪式内容、仪式过程、仪式效果四个方面。这为新的历史条件下如何更好地发挥成人仪式道德教育作用提供了借鉴和参考。五是对目前成人仪式教育的基本模式、存在问题及对策的研究。学者们普遍认为，当前我国成人仪式存在政治内容过盛、仪式流于形式、生活教育内容不突出等问题，可以通过加快成人仪式教育法制化步伐、普及和深化成人仪式教育活动，使之成为一种全民族的习俗等措施加以解决。

国内有关成人仪式问题的相关研究为进行成人仪式思想道德教育研究提供了重要条件，但也存有一定不足：第一，缺少对成人仪式思想道德教育历史演进特征的把握。学界没有对成人仪式的历史演进作系统研究，尚未把握成人仪式思想道德教育的历史演进及特征。第二，缺少对成人仪式思想道德教育内容和价值的深入挖掘。学界在成人仪式思想道德教育的内容和价值上研究不足，尚未全面把握成人仪式思想道德教育的内容体系和价值结构。第三，缺少对成人仪式思想道德教育的实证研究。学界更多的是对成人仪式思想道德教育进行理论探索，缺少对成人仪式思想道德教育的现实观照。

第三节　研究方法、创新思考及逻辑框架

一　研究方法和创新思考

第一，唯物史观的研究方法。马克思主义唯物史观的基本观点和方法，是我们认识人类社会发展规律、揭示各种历史文化现象本质的锐利思想武器。马克思主义唯物史观认为，社会存在决定社会意识。任何思想行为都是一定社会关系的产物，尤其是一定经济关

系和文化关系的产物，并随着社会关系的发展而发展，是特定历史条件下的具体历史现象。成人仪式作为人类的一种文化现象，形成于特定的经济、政治以及文化结构之中，必然带有该社会的种种烙印。本文坚持马克思主义唯物史观的基本观点，运用唯物史观的研究方法，结合具体的社会经济、政治、文化状况去探究成人仪式的产生与发展、功能与作用，揭示成人仪式思想道德教育的演进过程及主要特征，概括成人仪式思想道德教育的主要内容。

第二，综合研究方法。成人仪式不是简单的人类社会行为，它产生、存在并发展于特定的社会经济、政治和文化关系之中，有着复杂的生理、心理和社会文化根源。成人仪式历来也是人类学、社会学以及宗教学等学科的关注焦点。因此，本书立足于思想政治教育学的研究视域，综合运用哲学、社会学、心理学、教育学等多种学科知识和研究方法，对成人仪式进行系统分析，深入挖掘成人仪式产生和发展的原因，准确把握成人仪式的本质与特征。

第三，实证研究方法。成人仪式思想道德教育既是一个理论难题，更是一个现实问题。研究成人仪式思想道德教育问题，不仅需要运用唯物辩证法和综合研究法，还需要运用实证研究法。本书主要运用问卷式抽样调查法来关注现实，通过了解青年的切身体会，把握当前我国成人仪式思想道德教育对青年个体的价值，透视当前我国成人仪式思想道德教育的现状，为成人仪式思想道德教育的未来发展提供现实依据。此次调查使用的问卷是经过仔细推敲，并经相关专业人员的审核而成，问卷共设 26 个问题，23 个选择题，3 个问答题。调查问卷共发放 560 份，回收 539 份，有效问卷 506 份，有效样本量 506 份。调查对象分别是内蒙古师范大学、安徽师范大学、西南政法大学、山东理工大学、河北大学、北京石油化工学院、北京体育大学、中国传媒大学 8 所高校年满 18 周岁的青年学生。这 8 所院校分别地处我国的西、中、东部，有全国重点大学，也有地方普通大学；有综合类院校，也有专业院校。调查结果经专业统计软件 SPSS 计算得出，尽管存有一定误差，但不影响调查结果的整体可信性。

在学界已有的成人仪式研究成果基础上，本书全面解析了成人仪式的本质；梳理了成人仪式思想道德教育的历史演进过程，概括了成人仪式思想道德教育历史演进的基本特征；论述了我国成人仪式思想道德教育的主要内容；在把握当前我国成人仪式思想道德教育现状的基础上，本书在成人仪式思想道德教育的未来发展问题上提出了一些见解。

二 逻辑框架

全书由绪论和五章正文构成：

绪论部分主要论述了进行成人仪式思想道德教育研究的重要意义、研究现状、研究方法。

第一章“成人仪式的本质与功能”，坚持唯物史观的基本立场、观点和方法，从多学科角度审视成人仪式，从理论上分析了成人仪式的本质特征及主要功能。

第二章“我国成人仪式思想道德教育的演进及特征”，梳理了我国成人仪式思想道德教育历史演进过程，概括了成人仪式思想道德教育演进的基本特征。

第三章“我国成人仪式思想道德教育的主要内容”，阐释了我国成人仪式思想道德教育的主要内容，特别是对当前我国成人仪式思想道德教育内容作了详尽阐述。

第四章“我国成人仪式思想道德教育的成就与不足”，以调查结果为依据，总结了当前我国成人仪式思想道德教育取得的成就和存在的不足，并分析了原因。

第五章“我国成人仪式思想道德教育的未来发展”，分析了我国成人仪式思想道德教育创新发展的必要性，提出了成人仪式思想道德教育的未来发展举措。

第一章 成人仪式的本质与功能

成人仪式是一种古老的青年教育方式，具有丰富的内涵，深刻的本质，独特的功能。就内涵而言，成人仪式是为标志青年男女生理成熟，应当开始承担起各种“责任”而进行的一套特定的社会文化行为程序。就本质属性来说，成人仪式是青年自然性状的文化反映，是青年有意识社会化的开始，是人类文化的重要表现形式。就功能来讲，成人仪式具有象征、交流、凝聚、教育四大基本功能。

第一节 成人仪式的基本内涵

成人仪式由“成人”和“仪式”两个概念构成，对这两个概念的界定是正确把握成人仪式内涵的关键。就“成人”而言，可以从词性和学科两个维度予以把握；对“仪式”来说，更多的是从学科角度来把握，这与“仪式”本身是人类学、社会学、宗教学领域被广为关注的热点问题有关。

一 成人

从词性角度来看，作名词讲，“成人”意指成年的人，强调一种静止状态；作动词讲，“成人”意指人发育成熟，强调动态的过程，其中，“成熟”泛指生物体发育到完备阶段，发展至完善程度，成人就是指人发育至完善的程度。可以看到，从词性上来理解，“成人”强调的是一种动静交融且发育完备的生命状态。从学科角度来说，生物学意义上的“成人”是指各种生理特征的成熟，特别是第二性征的完备；心理学意义上的“成人”强调个体自我意识的发展并趋于成熟。这里的自我意识是指青年个体对自己以及自己和周围关系的一种认识，包括自我观察、自我评价、自我体验、自我监督以及自我控制等形式。自我意识不是个别心理机能的显现，而是一个统一整体，具有内在的完整结构。在儿童期，人只能认识到自己动作及行为的一些外部特点；在少年期，人才开始转入自己的内心世界，对行为动机等有了较为初步的认识；直到青年期，人的自我意识才得到进一步发展，主要表现为青年开始关心自己的过去、现在及将来，要求深入了解和关心自己的发展，关心自我评价和自我控制能力等。社会学意义上的“成人”侧重指个体能够认识自我的社会属性并自觉社会文化的作用和影响，还能识别各种人伦关系并扮演好自己的角色。

如果说词性理解上的“成人”内涵比较笼统、简单，那么，学科视角下的“成人”内涵则更为具体、深刻。生物学意义上的“成人”是自然产物；心理学意义上的“成人”是意识产物；社会学意义上的“成人”则是一种关系产物。而且，社会学意义上的“成人”不再简单停留在生物学层面，而是走向了更广阔的社会领域，也正是在广阔的社会领域中，“成人”才能得到更好的阐释。

把握成人的标准对于理解成人的内涵具有重要作用。就古代成人的标准而言，第一，年龄标准。在我国古代，“男子二十，冠而字。”[①] 古代男子的成人年龄大致为二十岁。“女子许嫁，笄而字。”[②] 古代女子的成人年龄大致为十五岁。年龄标准在一定程度上也可被视为生理标准，即在特定年龄，男、女均达到性成熟。第二，心智标准。自我意识趋于成熟，有独立自主的思想和行为特

① 滕一圣：《礼记译注》，商务印书馆 2015 年版，第 16 页。

② 同上。

征，并能进行正常的思维活动。第三，道德标准。具有对伦理与社会生活准则的自觉认同。《礼记》“冠义篇”中记载：“成人之者，将责成人礼焉也。责成人礼焉者，将责为人子、为人弟、为人臣、为人少者之礼行焉。”这说的就是成人的道德标准——懂“礼”。在现代，成人的标准主要体现在年龄上。我国法律视年满十八周岁的青年为成人，在部分保留传统文化特色的民族和地区中，“成人”也有其传统的标准，如瑶族视十五岁的男孩为成人，藏族视十三岁至十五岁的女孩为成人等等。

成人的年龄标准相当于生物学意义上的成人标准，其具体内容会因时代、地域、社会状况、青年自身发展成熟的程度不同而有所不同。心智标准相当于心理学意义上的成人，其要求相对稳定，即自我意识形成并趋于成熟。道德标准相当于社会学意义上的成人，其具体内容相对稳定。成人不仅仅意味着生理成熟，更在于身心成熟且能够承担起家庭和社会责任。所谓成人者，非谓四体肤革异于童稚也，必知人伦之备焉。亲亲、贵贵、长长不失其序之谓备，此所以为人子、为人弟、为人臣、为人少之礼行，孝悌忠顺之行立也。也就是说，成人不单指生理上的发育成熟，更是指能识人伦，并扮演好自己的角色，承担应有的责任。

在一定意义上，“成人”即“负责任”。“在良知出现和青春期结束之间的那些年月里，我们必须通过缓慢地扩大自己所负责的领域来长大成人。”[①] 理解“成人”的关键在于明晰“责任”。“责任”是分内应做的事。“成人”应完成分内应做的事，即承担对家庭、社会、国家的各种责任，用自己的付出促进他们的发展，青年要以之为分内之事，以之为责任。青年的成长、成才离不开从家庭、社会和国家不断索取精神需要，如关爱、理解、包容等，也离不开从家庭、社会、国家获取物质层面的满足，如吃、穿、住、

① ［美］朱迪丝·维尔斯特：《必要的丧失》，张家卉等译，北京大学出版社 1988 年版，第 146 页。

用、行等，没有父母的付出与关怀，没有社会和国家的稳定与富强，青年的健康成长无法得到保障，更不用说个人自由、全面地发展。因此，青年应对家庭、社会、国家有所回报、有所作为。成人应有的责任不仅体现为一种意识，更体现为一种行为。责任的对象主要包括家庭、国家、社会，青年个体应当自觉承担起对家人、社会及国家的责任，这三者之间并非孤立分隔，而是内在地联结成一个整体，共同诠释着“责任”这一神圣字眼，也彰显“成人”的本真内涵。“成人”涉及个人与他人、社会、国家之间的关系问题，也涉及人的本质问题。“成人”的“责任”内涵是人本质的一种体现，因为，“人的本质并不是单个人所固有的抽象物。在其现实性上，它是一切社会关系的总和。”① “责任”源于人的社会关系，是人社会关系的产物，从这个意义上说，“责任”是人本质的一种体现，也是“成人”的真义所在。

二　仪式

仪式起源于神话，它是人类学和宗教学的核心概念，是人类早期对世界的体验，也是人类生存的基本方式。随着社会的发展，人类理性的发展，仪式剥离了原初的非理性因素，作为一种文化形式得以传承。仪式通常被界定为具有象征性和表演性，且由文化传统所规定的一套行为方式。从广义上讲，所有由传统习俗发展而来、为人们所普遍接受并按某种既定程序所进行的活动和行为都称为仪式。狭义上的仪式内涵十分丰富，特别是随着仪式广泛地进入社会各个领域和学术研究视野，在不同态度、角度及方法的审视下，仪式的内涵会有所不同。仪式涵盖了历史叙事和社会生活的各个方面，从社会的任一领域对其进行阐释都能自圆其说，自成一体。

在宗教学研究的视域内，仪式与宗教有着千丝万缕的联系。在人类早期的部落社会里，宗教和仪式二者相互融合并共同呈现。一

---

① 《马克思恩格斯选集》第1卷，人民出版社1995年版，第18页。

种观点将宗教与仪式二者的关系视为一种思维形态，认为仪式是思维形态的折射。“仪式在二者的关系中充当了‘无思想的行为’——日常化的、习惯性的、可观察的、模仿性的行为，即纯粹属于一种形式化的东西。”① 从这种观点中能够看到，仪式成了宗教思想和观念的附庸化形式。另一种观点认为，仪式仅是人们早先思想观念的物质形式。这两种观点的不同之处显而易见，前者将仪式视为宗教思想的产物，但并未对宗教思想作任何限定；而后者是将仪式视为人类早期思想观念的表现形式。这两种观点的相同之处也很明显，二者都将仪式归属于单纯的物质化形式，从属于相应的宗教思想、观念和信仰。同时，还存在第三种观点，这种观点认为仪式是可以独立存在的一种行为方式。仪式和宗教虽然具有相互依存的关系，但可以相互独立，即信仰可以不需要仪式而存在，仪式同样不需要信仰而存在。② 涂尔干尽管不同意将仪式与信仰二者机械地分开，但他也将二者视作一个相互作为的整体。他认为：“信仰是舆论的状态，是由各种表现构成的；仪式则是某些明确的行为方式。这两类事实之间的差别，就是思想和行为之间的差别。”③ 他还认为：“仅凭仪式对象所具有的特殊性质，就可以把仪式和其他人类仪轨相区别开来，并使其得到确定。……如果我们想要描述仪式本身的特征，就必须首先描述仪式对象的特征。”④ 涂尔干认为，仪式与信仰活动共同构成了宗教，仪式同神圣的事物有关。“事实上，如果仪式不是具有一定程度的神圣性，它就不可能存在。”⑤ 应该说，涂尔干对仪式与神圣事物之间的关系的描述，对于我们认识仪式，特别是认识早期仪式的特征具有积极意义。

---

① 彭兆荣：《人类学仪式的理论与实践》，民族出版社 2007 年版，第 52 页。

② 同上书，第 53 页。

③ ［法］涂尔干：《宗教生活的基本形式》，渠东等译，上海人民出版社 2006 年版，第 33 页。

④ 同上。

⑤ 同上。

对仪式的理解仅仅囿于宗教视域是很不全面、很不科学的。若仅仅将仪式同神圣、敬畏、牺牲和永恒等概念联系在一起，仪式就会变得高不可攀，这样容易使人们忽视一些仪式性的日常行为。若对仪式的理解仅以一种“神圣”视角为研究基础，那么，仪式研究往往会变得虚无缥缈。我们不仅要注意仪式在传统社会中的神圣性表现力，而且也应关注它在现代社会中的世俗性表达力。随着时代发展，仪式已经逐渐突破了传统宗教的范围而渗透于社会生活的各个方面，以至人们日常生活的世俗化方面。然而，由于现代主义社会思想试图把历史解释成为一个逐渐走向世俗和科学的理性主义的过程，仪式行为曾被视为一种反科学、反经验论的非理性主义。直到近些年，仪式逐渐成为各学科研究的重点，这些研究及成果加深了人们对每天的交际实践与互动行为的认知，增进了人们对世俗仪式重要性和普遍性的认识。由于仪式概念和性质的伸张幅度和解释范围非常大，加上不同学科间研究领域的不同、知识积累的差异、调查案例的迥殊等原因，使得不同学科对仪式的理解各有侧重。

在社会学研究的视域内，仪式被理解为社会以一种独一无二的权威性话语同个人进行交流的媒介，仪式被定位为一种必不可少的交往方式。这种交往方式是一种由文化构建的象征性交流，这种交流由模式化的、有秩序的一连串词语和行为构成，其具体的内容和安排使得仪式表现出特定的表演性、规范性以及重复性。就表演性而言，仪式往往在自身也带有特殊象征意义的时间和地点被上演，而且是一些多多少少带有不变性的正式行为和语言的表演；就规范性而言，主要是指仪式是由社会来规范化的象征行为，仪式中的特定行为和语言等并非完全由表演者来设定，而是由社会，特别是国家权力的持有者来规定。① 在该意义上，仪式是国家权力主体与权利对象之间的一种交流、交往方式；仪式的重复性主要体现为仪式

① 王霄冰：《仪式与信仰——当代人类学视野》，民族出版社2008年版，第6页。

行为的循环往复和重复上演。受文化的作用，仪式具有特定的内涵，它服务于某种特定的重要意义，并在疏导感情、引导认知和组织社会群体等方面发挥着积极作用。总体说来，在社会学研究的视域里，无论仪式的定位与特征，还是功能与意义，都突出强调仪式是一种重要的沟通、交往方式，这在一定程度上容易忽视仪式也是一种社会行为的事实。社会学对仪式理解的不足在人类学中得到了弥补。

在人类学研究的视域内，仪式是指与正式的、非功利目的的地位有关的活动，包括诸如节日、庆典、诞生礼、成人礼、婚礼等事件，而不是仅仅限于宗教仪式。可见，人类学视域下的仪式是被限定在“社会行为”这一基本表述上的，从类似“你好”等日常问候的礼节到天主教弥撒的各种隆重仪式都在其研究范围之内。当然，在仪式具体界定上，人类学家们也是仁者见仁，智者见智。利奇将祷告、咒语等言语同手势动作和器物使用都纳入仪式范畴之内，认为它们具有仪式的特征和价值。维克多·特纳相对缩小了仪式的范围，认为仪式只属于概述类行为，专指那些随着社会变迁、具有典礼的形式，并发生于确定特殊的社会分层之中。正如他自己所言：“仪式指的是人们在不运用技术程序，而求助于对神秘物质或神秘力量的信仰的场合时的规定性正式行为。”[①] 范·盖内普则把仪式放置在一个与年龄相伴随，地点、状态、社会地位不断发生变化的过程中来看待，提出了“通过仪式”的概念，即具有过渡标志性意义的仪式。盖内普进一步将“通过仪式”分解为“分离、过渡、组合”的三个环节，并着重阐释了仪式过程不同阶段“阈限”（threshold）的品质、特征以及变化关系。

应该说，社会学同人类学在学科分类、研究对象等问题上存有交叉，但其侧重点仍有所不同。在对仪式的研究和理解上，社会学与人类学者也存有交集，但同样存有差异。前者侧重强调仪式是一

① 王霄冰：《仪式与信仰——当代人类学视野》，民族出版社 2008 年版，第 5 页。

种交往方式，而后者侧重强调仪式是一种社会行为。事实上，仪式是一种交往方式，也是一种社会行为，仪式是一种社会交往行为。仪式具有形式特征，却不仅仅是一种形式；仪式具有展演性质，却不只是一种展演；仪式展演的角色是个性化的，却完全超出了某一个个体；仪式具有表达性质，却不只限于表达；仪式的效力体现于仪式性场合，却远不止于那个场合；仪式可以贮存社会记忆，却具有明显的话语色彩；仪式具有非凡的叙事能力，但又带有策略上的主导作用。这样，仪式可以被理解为特殊场合下或庄严神圣，或世俗功利的一个行为链，是由传统所规定的一套约定俗成的生存技术或由国家意识形态所运用的一套权力技术。

就仪式类型而言，学界没有统一的界定。大致说来，主要包括仪式化行为、礼节、典礼、巫术、礼拜以及庆祝。这些仪式类型之间既有重叠相同之处，也有区别和不同，而且在一种仪式中，可能同时出现多种仪式类型。应该说，厘清这些概念对我们正确认识仪式仍具有重要意义。仪式化行为是指由一连串表面无意义或具有实际功用的行为构成。人对仪式化行为的需求具有生态学、生物遗传学和心理行为学方面的意义。仪式化行为源于人的自然生理属性。① 礼节是一个社会或群体为进行相互接触，通过思考和掌握他们原来不能掌控的仪式化行为的过程中产生的，目的在于方便直接交流。换句话说，礼节是一种“交互仪式”，只有当仪式形式发生变化或人们遭遇其他文化时才会意识到这一点；典礼是社会交流中带有政治意图或者发生在一个较大的群体中的一种仪式，典礼参与者的目的涉及意识形态领域的东西，其中，权力是典礼的重要因素之一；巫术是指一种以产生某种效果为目的的仪式，巫术的力量在于将期望与要求作为最主要的要素，支配巫术的典型力量是人的恐惧和忧虑；礼拜是一套按照一定顺序完成的庄严神圣性行为；庆祝

---

① 王霄冰：《仪式与信仰——当代人类学视野》，民族出版社 2008 年版，第 16 页。

是娱乐性的，不存在交易，不存在人们追求的特定利益和目标，更没有巫术，庆祝只是一种表达出来的仪式化的游戏。①

如果说仪式化行为是一种基因文化式产物，即满足人的生理需求而产生的话，礼节则是满足人们相互交流，满足人的社会性需求的产物。典礼不同于礼节，典礼涉及政治意图，具有明显的意识形态色彩。巫术与典礼的最大区别在于，巫术与神灵相关，带有愿望性，而典礼是与政治相关，带有强制性。礼拜这种仪式类型，由于它的超越现世性而更多地与典礼、巫术和礼节发生联系，但它并非只是宗教性的。礼拜与巫术的不同在于，礼拜是参与者为了获得他之所求而自主进行的仪式活动，巫术则是参与者被动去参与和接受的仪式活动。庆祝同礼拜的区别在于，庆祝是一种突出外露、表达的仪式类型；而礼拜更多是一种凸显内敛、本质的仪式类型。另外，庆祝同其他诸类型仪式的区别在于，庆祝具有自发的娱乐性，一般不受外在原因的直接影响。

三　成人仪式

“成人仪式”又被称为“成丁礼”“入世礼”“入社礼”“入会仪式”，是为标识青年男女生理成熟，标识青年男女应当开始承担起各种责任而进行的一套特定的社会文化行为程序。“成人”与“仪式”二者并非从来就在一起，只是人类社会发展到了一定的阶段，二者才结合在一起。

就成人仪式的历史起源而言，有学者认为，成人仪式产生于族外群婚制时期。族外婚制要求丈夫到族外妻方过婚姻生活，在这期间，即使是主妻主夫，也各属自己的母系族群。这就要求青年男女在择偶、婚配过程当中，既要识别对方是否是族外男女，识别对方是否是同辈人，还要识别对方是否已取得婚姻资格。为了择偶方

---

① 王霄冰：《仪式与信仰——当代人类学视野》，民族出版社 2008 年版，第 14—32 页。

便，人们需要标明和区分她（他）是否是本氏族的成员或者是否已成年，这就需要在身体的某个部位画纹饰或加特殊的标志，并举行仪式，以适应这种婚姻制的要求。于是，在这个特定的社会发展阶段，成人仪式出现了。① 另外，在长期的社会生活实践中，原始人发现，与未成年的异性建立婚姻关系，多会生下不健康的子女。因此，人们开始有意识地禁止与未成年异性发生性关系。普列汉诺夫曾说过，在原始民族中间存在着一套决定两性间相互关系的复杂的规矩，谁破坏了这些规矩，都会被严格地追究。为了避免可能出现的错误，人们就在达到性成熟时期的男女的皮肤上作出相当的记号。② 而文身就是皮肤记号的一种。有学者认为文身图案也是一种人体装饰，这种人体装饰，在母系氏族社会时期已经产生；但人体装饰并非起源于原始人类的审美情趣，而是由于氏族外婚的实际需要产生的，而且人体装饰也常常与成人仪式的礼俗联系在一起。③ 当然，不同氏族的文身图案不尽相同。在族外婚制的条件下，男子只要看到女子的文身图案就能确定对方是否可以通婚，这在群婚时代极为重要。④ 按此观点，成人仪式可以被看作是人们的一种自觉行为，是人类婚姻关系由族外群婚走向辈婚的一座桥梁。不过，也有学者对这种说法持不同意见，认为当时的人们并不懂得生育知识，因此，利用文身方式来标识异族成年男女的行为并非出于人们的自觉。

不管怎样，成人仪式总归是人类思维方式的一种表达，都体现出了人类社会特定的文化背景和深层的心理动机。也就是说，成人仪式有其产生的特定生理、心理及社会根源。人生长、发育到一定

① 戴庞海：《先秦冠礼研究》，中州古籍出版社 2006 年版，第 33 页。

② ［苏］普列汉诺夫：《论艺术》，曹葆华译，生活·读书·新知三联书店 1961 年版，第 115 页。

③ 林耀华：《民族学通论》，中央民族大学出版社 1997 年版，第 482 页。

④ 宋兆麟：《中国风俗通史·原始社会卷》，上海文艺出版社 2001 年版，第 123 页。

阶段后，身体开始逐渐趋于成熟，主要表现在身体不断增高、体重不断增加、男子出现遗精、女子月经来潮等。这些生理特征，特别是第二性征的出现是成人仪式得以产生的生理前提。青春期男女生理上的种种变化，特别是第二性征的出现让对自然、社会、人自身并无多少科学认识的早期人类感到困惑不解甚至是惶恐不安，人们不能正确解释这些生理现象，而又必须面对这些现象。为了缓解和消除不安，人们需要通过完成一些特殊的行为，并希望能通过完成这些特殊的行为顺利进入生命历程的下一个阶段，这是成人仪式最初产生的心理根源之一。原始社会时期的人类对生命的认识和理解并不科学，在他们眼里，生命不是一个自然状态的连续体，而是一个个断体的续接，将每个断体分割开来又连接起来的就是“通过仪式”。“通过仪式”是一个生命阶段进入另一个生命阶段的“分水岭”，人只有顺利完成“通过仪式”，才能顺利进入另一个生命阶段，使生命得到连续性地生长。“成人仪式”就是一个“通过仪式”（范·盖内普语），一个生命节点，是人们感知生命连续性的重要节点。这样，成人仪式就成了社会新成员——青年从生命的一个阶段过渡到另一个阶段的特殊“人生仪礼”，满足青年心理和精神的需求。①

美国荣格派代表人物约瑟夫·汉德逊有自己对成人仪式产生的心理根源的解析，这对我们更好地理解成人仪式产生的原因有一定帮助。约瑟夫·汉德逊认为，每个人原本都有一种完整感，即“自身”（心灵主体）的有力和完整的意义，随着个体的不断成长，“自我”（意识主体）会不断出现，这样一来，“自身”同“自我”之间就开始处于一种矛盾之中，对于原始社会时期的青年来说，同样也面临这样的问题。当青年被迫与父母分离，被迫成为部落或氏族的成员时，青年的“自身”同“自我”之间开始出现矛盾（即

---

① ［瑞士］卡尔·荣格等：《人类及其象征》，张举文等译，辽宁教育出版社 1988 年版，第 107 页。

荣格所说的“父母原型被打破”），这种矛盾必须用集体生活的同化来改善。为此，青年通过成人仪式并集体地完成被破坏的原型的要求，为的是在青年的新生活中找到替代父母原型位置的东西。[①]荣格也认为，青年离开父母，进入社会，使得青年的“自我”同“自身”发生了一定程度的割裂。在部落社会中，成人仪式能最有效地解决这个问题。因为，仪式能让与父母分离的青年回到“母子”同一化或“自我—自身”同一化的最初、最深阶段，这也就迫使青年去经历象征性的死亡。在这种严酷的成人仪式中，牺牲似乎在某种程度上是为了抑制住年轻人的力量。换句话说，成人仪式是让青年从自我与自身二者的破裂状态重回和谐。[②] 成人仪式通过死亡和再生仪式，也使青年从生活的一个阶段转换到另一个阶段。荣格派学者对成人仪式产生的心理根源的解释略显晦涩，我们可以从人的社会性本质出发来对其解释作出阐释。汉德逊与荣格所说的“自身”相当于未经社会化的人的本真状态，尽管这种本真状态其实从在娘胎伊始就已开始发生变化。“自我”是指随个体社会化的不断发展而形成的自我意识部分。起初，“自身”同“自我”之间的矛盾并不凸显，直到青年达到一定年龄，并开始了进入有意识社会化阶段之后，“自身”同“自我”之间的矛盾便开始凸显。这种矛盾的解决有赖于社会，有赖于一种表征青年告别“自身”同“自我”的矛盾状态，并进入“自身”同“自我”和谐状态的方式。这种方式能够解决青年心理上的适应问题，解除青年要离开父母、步入社会的困惑与不安，解决青年的社会性同自然性之间的矛盾，成人仪式恰恰充当了这一表征，并满足了青年的心理需要。

人的心理始终受社会因素的影响，因此，在某种意义上，成人仪式产生的心理根源也可被视为其产生的社会根源。人类学家玛格

① ［瑞士］卡尔·荣格等：《人类及其象征》，张举文等译，辽宁教育出版社 1988 年版，第 106 页。

② 同上书，第 107 页。

丽特·米德对萨摩亚人的观察为我们进一步理解成人仪式产生的社会根源提供了参考。成人仪式是为了解决青年在青春期产生的种种不适应而产生的，但问题在于，青春期产生的种种不适应并非人与生俱来的。通过研究，米德发现：对文化简单的萨摩亚人来说，青春期不是让他们觉得忧虑不安的人生阶段，该阶段与其他人生阶段并无差异。米德的发现说明，青春期的不适是社会文化所致。因此可以认为，青春期是社会文化作用的结果，而为了缓解青年在青春期出现的种种不适而产生的成人仪式同样也是社会文化作用的结果。社会文化塑造了成人仪式，并赋予其特定的意义，社会文化使成人仪式不仅仅充当青年个体生理变化的表征，不仅仅是对青年个体心理不安的宽慰，而且还是青年与自我、他人、社会、国家紧密联系的重要文化命题。

就特征而言，成人仪式既有仪式的共有特征，也有其独有的特征。成人仪式的一般特征主要有发展性、程序性和规范性。第一，发展性。仪式的发展性是指仪式由传统而来，受传统文化所规定；同时，仪式又存在于当下，受时代气息的浸染。也就是说，仪式并没有在历史的长河中被淹没，而是随时代的发展而不断变化，做到了与时俱进，与时常新，这是仪式发展性的集中体现。成人仪式具有明显的发展性特征，从原始社会末期的标志型的以种族延续为主要目的的自发成人仪式，发展到今天以人的自由全面发展为主要目的的自觉成人仪式即是最好的说明。第二，程序性。仪式本身是由一系列程序性活动构成。成人仪式活动也有其特定的程序，如我国古代的“三加弥尊”，今天老师寄语、走成人门、成人仪式宣誓等，都凸显出成人仪式的程序性。而且，程序越复杂，越能凸显成人仪式的庄重和意义。这套程序象征了青年社会角色的转变，象征青年获得一种新生——社会生命，象征社会对青年社会角色的认可。第三，规范性。仪式的规范性主要表现在仪式中的人与物都有特定的出、入场方式，言谈举止都有特定要求。成人仪式的规范性体现在成人仪式对青年的着装、举止、言语都有一些具体的要求，如统一着正装、统一的宣誓誓词等。另外，成人仪式对其举其行的时间、地点、参与人群等问题也有特殊的规定。作为一种社会性表达，成人仪式不仅仅是社会价值取向的表达，更是规约和引导青年的重要方式。换句话说，社会价值观通过成人仪式传达给青年并对青年的价值取向起引导作用。成人仪式对青年的爱国主义教育就是其规范性的重要体现。简单地说，成人仪式体现了国家对青年成长的关切，这种关切在仪式中转化为对青年的期望、要求，即教育青年要热爱自己的国家，担负起建设国家的重任，为国家的繁荣昌盛贡献自己的力量。可见，成人仪式对青年的发展起着引导、规约作用。

成人仪式的独有特征包括：第一，年龄特征。受社会发展状况的影响，不同时期、不同民族对参加成人仪式青年的年龄都有特定的限制。我国古代不同时期青年成人的年龄各不相同，据《礼记》记载，男女青年分别在十五岁和二十岁时举行成人礼，即冠礼与笄礼。除此之外，还有“十二而冠”“十九而冠”“二十而冠”等说法。现代的成人仪式则大多在青年十八岁时举行。不同民族在青年成人年龄上也各不相同。对于纳西族男女来说，大多在十三岁时举行成人仪式；傣族男女则大约是在十四五岁时举行成人仪式。[①] 另外，不同国家的成人仪式年龄也不尽相同。如日本参加成人仪式的青年要满二十岁；韩国参加成人仪式的青年则要年满十八岁，生活于非洲大陆的俾格米人的成人仪式对象是所有大约九岁到十二岁之间的男孩。[②] 第二，唯一性特征。与其他仪式不同，成人仪式具有唯一性，即不可重复性。这里所说的不可重复仅是对个体而言，人生命的成长在生理意义上具有不可重复性、不可逆性。按照我国当前的成人标准来看，成人年龄为十八周岁，而每个人只能有

---

① 宋兆麟：《中国生育信仰》，上海文艺出版社 1999 年版，第 326 页。

② ［美］科林 · M. 特恩布尔：《森林人》，冉凡译，民族出版社 2008 年版，第 13 页。

一个十八岁，这样，在十八岁成年之际举行的成人仪式也就具有了唯一性、不可逆性。成人仪式的唯一性使其作用具有了独特性，一次深刻的成人仪式能让青年感受到生命的质地，体会到成人的真义，品味出责任的内涵，而这些短暂的情感体验可能会伴随青年一生。

第二节　成人仪式的本质属性

成人仪式的本质可以分别从青年生命成长过程中静态与动态的结合上、青年社会化过程中不同阶段的过渡中、文化发展过程中横向与纵向的交融中来理解。成人仪式是青年自然性状的文化反映，是青年有意识社会化的开启，是人类文化的重要表现形式。

一　青年自然性状的文化反映

成人仪式是青年生理成熟的显著标志，是青年生命力的高调彰显，是青年自然性状的文化反映。在个人成长的过程中，生命力逐渐增强，表现为生理日益成熟，各种表征相继出现。个人生理成熟之时是其生命力最为旺盛的时期，而用以标识青年生理成熟的成人仪式自然成为人的生命力的集中体现。生命力的彰显集中表现为个体生命的成长与生理的成熟。保有生命，延续生命是社会和个体一切活动的本初，是人本能的追求和向往。随着生命力的不断增强，“责任”“意义”“价值”等概念作为生命本身的派生物开始分有生命的原初性和终极性，最后超越于生命之上，成为人们追求的目标。生命力的彰显也就深层地表现在个人对责任的自觉、对意义的探寻和对价值的追求之上，也就是说，作为标识青年生理成熟和生命力彰显的成人仪式是青年自然性状的文化反映。①

① 王洁敏：《试论成人仪式的本质属性》，《学校党建与思想教育》2010 年第 11 期。

美国人类学家玛格丽特·米德对非洲萨摩亚人进行了多年的实地研究之后，对青年作出了一个全新的表述，即青年不再简单的只是青春期心理学的一个内容，它首先是一个文化的实在。无独有偶，美国学者鲁思·本尼迪克特在《文化模式》中也提到，对各个不同社会处理青春期的种种方法作一个调查，会发现这样一个事实：不同文化中的人们对青春期的年龄划分各不相同。事实上，青春期是个社会问题，为这一时期而举行的各种仪式便是通过不同形式来表明青年进入成年人的新阶段。所谓进入成人阶段的标志，不是生物学意义上的生理成熟，而是受文化所制约的青春期的成人仪式。①

成人仪式是人生命发展阶段的重要过渡，是人生理趋于成熟并获得各种成人权利的标志。英国人类学家维克多·特纳认为未经成人仪式的青年寄生于社会的子宫之中，生命尚处于某种晦暗状态。法国人类学家列维·布留尔把未经成人仪式的青年比作未曾撒播的种子，处于“一种无活动、死的状态，但这是包含着潜在之生的死”。② 他在《原始思维》一书中提及原始民族的成人仪式时说：“成人仪式的目的是要使个人成为‘完全的’人，使他能够执行部族的合法成员的一切职能。”③ 那么，成人仪式是如何实现这种转化的呢？美国人类学家米尔希·埃利亚德认为，任何从一种存在形式到另一种存在形式的转移都意味着一次象征性的、必要的死亡行为。为了获得一种新的、更优越的状态，每个人必须要死去并恢复到先前的状况。在青春期的成人仪式上，成熟的青年先要象征性地死去，恢复到他那生物、自然的状态，然后再作为一个文化上的存在者获得新生，而且从此以后，他就能有机会接近本部落各种神圣

---

① ［美］鲁思·本尼迪克特：《文化模式》，张燕等译，浙江人民出版社 1987 年版，第 24 页。

② ［法］列维·布留尔：《原始思维》，丁由译，商务印书馆 1981 年版，第 341 页。

③ 同上书，第 342 页。

的、具有精神价值的物件了。[①]

范·盖内普继承了前人有关仪式的相关理论成果，在仪式过程问题上提出了自己的独到见解。盖内普认为，个体的一生在空间、时间以及社会地位上时时经历着从一种状态到另一种状态的过渡，如出生、成年、结婚、死亡等时刻。这些关键时刻，或者说是生命的重要关口必须通过一定的仪式才能安全渡过，而这些标志过渡的仪式就是过渡仪式。过渡仪式被用来指示个体社会地位的周期性变化、空间—时间的调整，其社会和自然过程如同身体发育和季节性变化一样。仪式内容包含着连续性的阶段，第一个阶段是从日常的社会生活中剥离开；第二阶段被盖内普称为“边缘的”阈限阶段，是仪式的中间过程；第三阶段是仪式的“整合”或再次进入社会的阶段。其中，所谓的“阈限阶段”是一种两个稳定状态之间的转换，通过此仪式人们能再次进入日常世俗社会生活中的实践。盖内普将仪式进程中的仪式行为称为“过渡礼仪”，与三个阶段相对应，盖内普将整个过程分为分隔礼仪（separation），被边缘礼仪（transition），及聚合礼仪（incorporation）。[②] 这种划分并不仅仅具有时空意义，更重要的是具有社会上和心理上的过渡意义。在具体的仪式过程中，这三个阶段并非总是均等分配，不同的仪式所突出的阶段不同。范·盖内普认为，成人仪式是人生之中最为突出的过渡礼仪之一。

成人仪式是过渡仪式的一种，过程包括隔离、过渡、聚合三个环节。大洋洲是当代原始部落中保留成人仪式形式最复杂的地区。《澳大利亚中央地区的原始部落》一书中记载了澳大利亚土著民族阿兰达部落中“成人礼”的复杂过程。在阿兰达部落里，为男孩举行的成人仪式分成四个阶段进行，考验程度逐阶段加剧。第一阶

① ［美］米尔希·埃利亚德：《神秘主义、巫术与文化风尚》，宋立道等译，光明日报出版社1990年版，第48页。

② 王霄冰：《仪式与信仰——当代文化人类学视野》，民族出版社2008年版，第118页。

段：男孩在部落男女的参与下接受“文身”，即被涂上油脂，然后被画上彩色。第二阶段：实行割包皮仪式。之后，男孩会被带到离住所很远的丛林中，在那里男孩将得到长者的指导，习得各种道德规则。在返回住所之前，男孩还要经历十分痛苦的程序，即几个成年男子轮流地咬男孩的头皮，他们认为这能使男孩的头发长得更好。第三阶段：主要施行在男孩生殖器上割一纵向切口的手术，之后还有舞蹈等相关仪式环节。最具典型性的一个环节是男孩把飞去来器投掷向母方的“图腾中心”所在地。第四阶段：青年要进行“恩格乌拉典礼”，即经受火的考验。典礼上由妇女用烧着火的木棍投掷受礼男孩，然后受礼男孩在燃烧着烈火的干柴上躺几分钟，最后，裸露双腿在炽红的火炭上跪半分钟。至此，全部成人仪式宣告完毕。①

第一阶段“文身”可被视作成人仪式的隔离阶段，即以一种明显的文身活动来和孩童阶段告别，标志着与以往生活的分离。第二、三阶段可视为过渡阶段，这个阶段的男孩处于从未成年人到成年人的过渡状态，该阶段不是由作为包含有起始和终端相似秩序的仪式组成，而是一种处于两个稳定状态——孩童与成人之间的转换，其标志就是实行割包皮、啃咬头皮等。如果男孩没有经受住考验，这意味着男孩没有顺利实现这个状态的过渡和转换。反之，则说明男孩顺利实现了这个过渡，进入了新生命阶段的聚合环节。另外，在该阶段男孩投掷飞去来器象征着男孩从此脱离母亲的监护成为真正的男子汉。第四阶段接受火的洗礼则是聚合阶段。经历痛苦的聚合之后，男孩融入成人行列并重新走入日常生活。从日常生活进入日常生活，表面上没有任何差别，但男孩经历了“隔离、过渡、聚合”三个阶段后却发生了质的变化。这种变化不仅表现在身体上的变化和心理上的成熟，更表现在社会角色和社会地位上的

---

① ［苏］C. A. 托卡列夫、C. N. 托尔斯托夫：《澳大利亚和大洋洲各族人民》，李毅夫等译，生活·读书·新知三联书店 1980 年版，第 232—233 页。

转变。经过成人仪式三个阶段后，男孩越过了生命历程的一个重要节点而获得新生。

也有学者从成人仪式与宗教信仰的关系出发来探讨成人仪式的社会文化性质。成人仪式被视为一种超脱或再生，被视为从凡俗到神圣的过渡，所以成人仪式又被称为“复活的礼仪”。作为原始宗教的一种重要仪式的成人仪式，对原始人类来说意味着一个人从没有灵魂到获得灵魂、从没有信仰到接受信仰、从个体人格的分裂和冲突转变为统一与高尚，意味着获得新生、重生且成为一个宗教化的人。宗教化的人在原始民族看来就是精神圆全的人，个人能在成人仪式中把自己从前懵懂的宗教意识树立为其个体活动的核心。成人仪式是信仰者脱离了自我生命进入内心精神生命的需要，更是青年获得新生的标志。[①]

二　青年有意识社会化的开启

人的生存发展需要不断进行社会化。“社会化”这个概念主要反映的是个体和社会之间的关系。社会学认为，社会化过程是个人不断地适应社会的过程，也是社会不断地训练个人的过程。[②] 心理学认为，社会化过程的实质是个体反映社会现实的过程，是社会现实内部化的过程。在这个过程中，主体大致处于三种状态，无意识社会化状态、半意识社会化状态和有意识社会化状态。

自出生后人就接受社会的影响，开始了社会化过程。研究表明，婴孩在出生后3—4天就能形成经典性条件反射，例如吸吮反射，这是新生婴孩初次接触社会因素形成的人的心理活动，可被视为个体社会化的重要起点。个体社会化不是一次完成的，而是一个连续的过程，它贯穿于人的一生。一般地讲，社会化过程包括五个阶段，

① 张佐邦：《巫术对人类审美心理的影响——以西南少数民族为例》，《云南师范大学学报》（哲学社会科学版）2008年第2期。

② 费穗宇等：《青年社会学》，山东人民出版社1987年版，第19页。

即婴儿期社会化、幼儿期社会化、儿童期社会化、少年期社会化、青年期社会化。大致来看，前三个社会化阶段属于主体无意识社会化状态，即社会化主体即使在他人（父母长辈等）的引导、帮助下也不能清楚地、理性地认识自己同社会的关系，不能真正明确自己对社会应承担的责任和履行的义务，只是完全服从社会的教化。第四个阶段即少年期社会化属于主体半意识社会化状态，即社会化主体能够模糊地对自我同社会的关系进行自主理解，也模糊地开始了对自己与社会之间关系的理性思考，不再像无意识状态下的主体那样完全是被动地接受社会教化；有意识社会化状态则是指青年能自主认识自我同社会的关系，自主意识自己对社会应承担的责任和履行的义务，能自觉自愿、主动地去为承担责任、履行义务去认同并内化社会的主流价值观，依照社会发展的需要去充实、完善自己，而不再像以前那样盲目、被动地去实现个体的社会化。①

青年期社会化进入有意识社会化状态同青年期青年的身心特点直接相关。青年期是在少年期社会化的基础上进行的，并且是继少年社会化之后出现的一次比较完整的社会化。青年期社会化是一个动态复杂的过程，因为处于该阶段的青年的身心都发生着极大的变化。一方面，它有同少年社会化相类似的特点；另一方面，青年社会化的水平又超过了少年期社会化水平，进入了有意识社会化的状态。具体来说：第一，青年的社会化目的趋于自觉。人的社会需要是个人积极活动的内因。从某种意义上讲，青年的社会化就是从满足需要开始的。青年的需要分为合理健康的和不合理不健康的两类，合理健康的需要又分为高级的和低级的两种。满足青年的需要，是指满足青年的合理的健康的需要。青年的需要是动机产生的最直接原因，也是青年发展提高的内因。处于青年期的青年开始进行有意识的社会化，也就是说，青年开始为满足自身各种的需要而有意识地进行各种社会化活动。第二，青年社会化的内容更加全面丰富。

① 王洁敏：《试论成人仪式的本质属性》，《学校党建与思想教育》2010年第11期。

社会化作为一个长期的过程，内容比较广泛，大致包括生活目标的确定、基本生活技能的掌握、社会规范的遵守执行以及社会义务和社会责任的承担等。青年期是青少年社会化的有意识阶段，也是青年社会化的完成时期。青年不仅得到了学校教育，掌握了比较系统的科学文化知识和专业技能，同时，又得到了社会生活的教化。因此，同少年期相比，青年期青年社会化的内容丰富了，社会化的水平也提高了。第三，青年内在控制能力不断增强。所谓内在控制，是指一个人依靠意志和道德的力量，使自己的行为合于社会规范。这是青年有意识社会化表现出的一个显著的特点。在青年期，青年的独立意识发展到一定水平，与之相适应的观察力、理解力、意志力、理智感都迅速提高，同时也具有相当强的自尊心。他们不愿被别人轻视，不愿落在别人后面。青年期的这些特殊心理特点，决定了外在控制必须内化于自身，通过青年自主且有意识的内化，才能加速自身的社会化，这是同少年期社会化的一个重大区别。第四，青年社会化的载体、途径逐渐增多。青年社会化的实现还依赖于各种载体和途径，随着青年期的到来，除了家庭、学校、各种社会团体等这些对青年担负教育、引导、控制责任的青年社会化载体、途径之外，青年还会有意识地、自主地选择各种报纸、广播、影视、文艺等宣传媒介，以作为自身社会化的重要载体和途径。

如果说青年期青年独有的生理、心理特点是青年进入有意识社会化的重要前提，那么，成人仪式则是青年进入有意识社会化的积极社会条件。因为，成人仪式将青年的社会化蕴含于成人仪式全过程，以标志青年成人身份的获得，成人权利的享有，同时，也标志着成人义务的承担。成人仪式传达出的这些信息能清晰、准确、深刻地传达至每一个青年的心里，并为青年有意识养成良好思想道德素质，以取得成人资格提供条件，为青年更好地融入社会提供条件。① 其实，青年自然生命的成熟，青年有意识社会化的真正开

① 平章起：《成人仪式·伦理·青年教育》，《道德与文明》2001 年第 2 期。

启，是在动态的发展过程中实现并完成的，就像人类无法划分永不停留、没有间隔的时间一样，人也不可能将青年的不成熟与成熟两种状态、无意识社会化同有意识社会化两个阶段截然地给予划分。但是，人有运用象征的本领，即用人为的成人仪式来代表青年自然生命的发展变化，也表征青年社会化阶段的变化，以使“新”青年与“旧”青年不再纠缠，给予青年心理上的准备与缓冲，使青年更好、更快地“成人”。[①]

三 人类文化的重要表现形式

在人类步入文明的进程中，个体生命的存在已不再是单纯的生理性、生物本能意义上的存在，而是内在地指向人自身生存的某种规定性。这种规定性既是对人本质性存在的探讨，也是对理想人生的一种期待。

成人仪式是人思维的一种表达，这种思维既可以理解为特定历史条件下人类思维的一种特殊表达，也可以理解为一切历史时期人类思维的一种共同表达。历史地看，成人仪式的产生需要各种特定的社会文化条件，它是人类社会发展到原始社会末期才出现的，因此，成人仪式是原始社会末期这一特定历史时期中原始人类这一特定群体的一种思维表达。同时，成人仪式又始终以不同的形式活跃地呈现于人类漫长的历史舞台之上，这说明成人仪式不仅是特定历史时期中特定人群思维的一种独特表达，更是人类思维的一种共同表达。这似乎印证了列维·施特劳斯的观点，即就思维而言，人到处都是一样，现代人与原始人没有区别，原始人具有与现代人同样具有严格逻辑和生存智慧的思维。从这个意义上说，作为人类思维表现形式的成人仪式内在地具有厚重的文化内涵，是人类文化的重要表现形式，主要体现在它关涉人类自身的传承，不仅纵向联结着

① 王洁敏：《试论成人仪式的本质属性》，《学校党建与思想教育》2010 年第 11 期。

人类文化的过去、现在和将来，而且横向呈现出特定社会的主流文化。①

一方面，成人仪式是历史文化的表现形式。作为一种社会符号，成人仪式内蕴丰富的历史文化，表现着历史文化的传承和延续。成人仪式是由传统所规定的一套行为方式，这里的“传统”可以理解为一种“社会记忆”，它是一种历史积淀，也是一种历史文化。特定的社会文化赋予成人仪式特殊的规定性，成人仪式的内容、形式乃至功能均由特定社会文化所规定。一句话，特定社会文化历史地赋予成人仪式以特定的意义和价值。可见，成人仪式自身就是一种历史文化，成人仪式的发展过程本身也就是历史文化的呈现过程。② 这种文化呈现通过成人仪式自身的内容、形式、方法及价值等内容得以体现。以我国成人仪式的形式为例，从原始社会的凿牙习俗，到阶级社会的冠礼、笄礼等成人仪式形式，再到今天以走成人门、进行成人宣誓等为形式的成人仪式，这本身就是社会历史文化的一种传承。不同时期成人仪式的表现形式，同其所处历史时期的经济、政治、文化状况密切相关。在成人仪式的呈现之中，我们能略见社会历史的发展，从这个意义上说，成人仪式自身的发展就是一种历史文化呈现；成人仪式是参加者的个人性“实践知识”过程，也是集体性“实践知识的累积和传承过程”。也就是说，成人仪式是一种集体无意识，这种集体无意识之中内蕴着丰富的文化意义。成人仪式是人类经验与文化的特殊展现，更是历史知识与文化的一种传承方式，成人仪式反映了社会要求保持自身道德传统、文化传统以及精神气质等方面的愿望。我国成人仪式经历了漫长的历史发展过程，承载了优秀传统文化，如遵守礼仪、孝敬父母、奉献社会、忠爱祖国等。从这个意义上讲，成人仪式既是中华

① 王洁敏：《试论成人仪式的本质属性》，《学校党建与思想教育》2010 年第 11 期。

② 同上。

民族优秀传统文化的重要表现形式，也是中华民族优秀传统文化的传承载体。

另一方面，成人仪式是特定社会主流文化的表现形式。成人仪式能呈现特定的社会价值。英国人类学家拉德克利夫·布朗说过："原始人的仪式之所以得以存在和持续，是因为它们是使有秩序社会的存在得以维持的机制中的一个组成部分，它们确定了某种基本社会价值。"[①] 作为仪式的一种，成人仪式也是维持社会稳定秩序机制中的重要组成部分，同样能呈现出某种社会价值，它反映了特定社会条件下人们的集体意识和"公共性原则"。[②] 成人仪式是特定社会经济、政治和文化的产物，它必然带有该社会的印迹，特别是带有该社会统治阶级意志的印迹。从原始社会末期起，成人仪式逐渐开始成为在社会中占统治地位的人群维护社会等级与自身利益的重要工具。以我国古代的成人仪式"冠礼"为例，它是对青年进行隆重严肃的纲常伦理教育的重要方式和手段，其目的是贯彻"成人之道"，即认同和确立君臣父子长幼关系，强调成人维持宗法伦理秩序，承担社会义务的责任。可见，我国古代社会的纲常伦理通过成人仪式"冠礼"得到了很好的表达和承载，对身处其中的青年产生了重要影响，对社会政治认同范围的扩大，对社会政治的稳定同样产生了重要影响。可见，成人仪式自产生之日起就内蕴着一种"权力"色彩，这是成人仪式意识形态性最初、最直接的表达。随着社会的发展，成人仪式逐渐带有了浓厚的意识形态色彩，成为社会主流政治文化、道德文化的表现形式，并为青年提供特定价值观引导。[③]

成人仪式是青年自然性状的文化反映，这主要体现了人的自然属性的文化意蕴；成人仪式是青年有意识社会化的重要开启，这主

---

① ［英］拉德克利夫·布朗：《原始社会的结构与功能》，潘蛟等译，中央民族大学出版社 1999 年版，第 168 页。

② 萧放：《岁时——传统中国民众的时间生活》，中华书局 2002 年版，第 130 页。

③ 王洁敏：《试论成人仪式的本质属性》，《学校党建与思想教育》2010 年第 11 期。

要突出的是人的社会化本质内涵；成人仪式是人类文化的表现形式，这主要彰显的是人的一种文化存在方式。成人仪式是人类文化的重要表现形式，它一方面传承人类文化；另一方面表现特定社会的主流文化，是人类文化纵向延续与横向发展的重要连接点。①

第三节　成人仪式的主要功能

成人仪式的基本功能同仪式的基本功能有着密切联系，因此，研究成人仪式的基本功能，要先搞清仪式的基本功能。关于仪式基本功能，本书主要以美国人类学家克利福德·格尔兹、法国社会学家涂尔干、美国戏剧史家奥斯卡·G. 布洛克特对仪式功能的理解为参照进行说明，因为这三者分别从人类学、社会学、戏剧视角对仪式的基本功能进行了概括，这有助于我们全面把握仪式的基本功能。格尔兹认为，仪式性行为是一个高度结构化、标准化的且带有正式品质的行为系列，仪式服务于重要的意义并用于疏导感情、引导认知和组织社会群体。涂尔干认为仪式的基本功能主要包括赋予个人以生命力、欢娱、凝聚以及惩戒四个主要方面，同时，他也认为，仪式具有一定的交流功能。布洛克特在《戏剧史》中将仪式的功能概括为五个方面：仪式是一种知识形态，包含人类对宇宙的理解；仪式具有说教作用，通过仪式可以继承传统和传授知识；仪式具有影响和控制事物并产生预期效果的功能；仪式还用于显耀一种超自然力量；仪式起到欢娱作用。综合三位学者的观点，对仪式功能可以作出如下概括：维护或彰显生命力的表征——象征功能；认知与情感表达的渠道——交流功能；维护或推翻现状意志的表达——凝聚功能；人的思想和行为的引导和强化——教育功能。基于对仪式基本功能的理解，成人仪式的基本功能也可以体现为象

① 王洁敏：《试论成人仪式的本质属性》，《学校党建与思想教育》2010 年第 11 期。

征、交流、凝聚、教育四种。

一 象征功能

成人仪式的象征功能是指成人仪式能够表征青年社会地位、社会身份的转换，表达社会对青年的期许，表现历史文化传承的能力。成人仪式这种能力的获得依赖于两方面的事实。一方面，成人仪式是一种文化。文化是在人改造自然的劳动对象化中产生的，是以人化为基础的“意义悬浮于其中的符号网络”，也是表达价值观的符号体系。从宏观层面来讲，文化是将人类同自然和动物区别开来的象征；从微观层面来讲，文化又是将处于不同时代、不同社会、不同地域的人们区别开来的象征。文化是个复杂的系统，大致可分为可观察文化和不可观察文化两种。可观察文化又包括物质文化、社群文化和表达文化三种。物质文化是指为克服自然并借以获得生存所需而产生，包括衣食住行所需的工具以及现代科技；社群文化，或者叫伦理文化，是指为社会生活所需的道德伦理、社会规范、典章制度律法等；表达文化是指克服自我心中各种困惑而产生，包括艺术、音乐、文学、戏剧以及宗教信仰等。当然，物质文化、社群文化以及表达文化三者并非截然分开。不可观察文化是指文化的文法，这个文法是不可观察、不易观察的，是下意识存在于每个人的头脑中，而又无时无刻不在统合支配人的行为，使个人的行为有意义并为社会中的其他人所了解。也就是说，在不可观察层次中，文化是一套具有特定意义的象征系统，存在于人们的头脑中，指引着人们的行为。[①] 由于具有特定的表现形式和程序，成人仪式可视为可观察文化。当然，成人仪式也可视为不可观察文化，因为成人仪式背后蕴藏着特定的意义，隐含着特定的社会价值观念，那是一种看不见、摸不着的文法。不管如何划分，成人仪式都是一种重要的文化形式，具有特定的象征意义与功能。

① 李亦园：《人类的视野》，上海文艺出版社 1996 年版，第 100—103 页。

另一方面，成人仪式是一种符号。人不但生活在自然世界中，同时也生活在符号世界里。符号已经成为人类存在的先决条件，不仅人类自身的存在依赖于符号，而且客观世界也早成为人类各种活动的符号化产物，在一定意义上可以说，符号之外不存在物质世界与精神世界。① 符号是意指，即将能指与所指接连成一体的行为的产物。这里的能指是指符号的表现形式；所指是指符号所表现的意义；意指就是能指与所指二者的结合过程，即符号表现形式与意义生成的过程。该过程可以被理解为认知或交际主体在特定关系背景下，通过能指寻找并获得所指的活动，它受到特定社会状况、集体心理意识、个体独有特质等因素的制约，在一定意义上具有必然性。符号的意义会随具体条件的变化而出现增长、延伸、变异，但符号意义的改变不影响符号承载意义的能力，即符号本身具有象征功能。成人仪式具有特定的意义表达，也有特定的形式表现，它是一种符号，因此具有象征功能。成人仪式象征青年的成人，象征青年自然生命状态向社会生命状态的转化。正如成人仪式是易洛魁族成员生命状态转化的一种象征，它给予成年易洛魁族成员十项权利和义务：(1)选举世袭酋长及普通酋长的权利。(2)罢免世袭酋长及普通酋长的权利。(3)遵守在氏族内禁止婚姻的义务。(4)氏族成员死亡者遗产继承之相互的权利。(5)援助、防卫及复仇之相互义务。(6)对于氏族成员命名的权利。(7)收养外人为氏族成员的权利。(8)有权参加宗教上的共同仪典。(9)有权葬于氏族公共墓地。(10)有权参与氏族会议。② 这种象征能让青年对生命作出新的解释，获得对生命全新的理解，也能让青年对自己肩负的责任有所领悟。当然，随着时代的发展，成人仪式某些象征意义逐渐弱化，如原始社会时期成人仪式那种标记性意义已逐渐褪去，而有些象征

---

① 康澄：《文化及其生存与发展的空间——洛特曼文化符号学理论研究》，河海大学出版社 2006 年版，第 1 页。

② 杨宽：《古史新探》，中华书局 1965 年版，第 253—254 页。

则得到了强化，如成人仪式的意识形态功能和作用不断凸显。另外，在不同国家、民族中，成人仪式也有强弱程度不同的象征意义，如对非洲的俾格米人来说，一个未经成人仪式的男性，不管年轻还是年长都被认为是一个孩子。[①] 而对欧洲一些民族来讲，成人仪式的这种象征作用就要弱一些。可以看到，成人仪式的象征意义会不断变化，在不同的历史时期和不同的国家民族中，成人仪式所表征的主要内容，或者说成人仪式的象征意义也不尽相同，但这并不影响成人仪式象征功能的客观存在。因此，我们不仅要认识到作为一种符号的成人仪式具有象征功能，而且还应历史地看待成人仪式的象征意义，只有这样才能真正理解成人仪式的象征功能。

二　交流功能

成人仪式的交流功能是指成人仪式为其参与者包括青年、教育者以及青年家长提供提高认知、交流情感平台的能力。这种交流主要包括以下两方面：一方面是成人仪式活动本身同青年之间的互动交流，这集中体现在成人仪式对青年的作用上；另一方面是成人仪式中不同主体间的互动交流。

成人仪式同青年之间的互动交流主要体现在两方面。一方面，成人仪式影响青年的认知。成人仪式本身不仅是一种被借用的简单的提供互动、交流的工具，更是建构权力话语的过程，权力话语的建构直接作用于青年的认知。成人仪式将青年主观与客观二者的关系交织在一起，通过思想和行为的组织、运作机制建构起一种话语，这种仪式建构性话语包含两个结构，一是成人仪式作为一种实现思想和行为交流的文化媒介；二是物体的活动与主观的概念以一种无序的方式错综复杂地集结在成人仪式中，并体现在成人仪式的

---

① ［美］科林·M. 特恩布尔：《森林人》，冉凡译，民族出版社2008年版，第13页。

交流和整合功能上。这种建构能让成人仪式中的个体感受到自己是集体的一员，此时的集体性要高于个体性。通过这种建构，成人仪式凸显出了所要表现的集体意识，并让青年个体感觉到自己在根本上是属于这个集体的，成人仪式的建构活动往往都是为了集体，此时，集体性超过了青年个人情感的表露；另一方面，成人仪式影响青年的情感。成人仪式能够升华青年的情感，这与成人仪式的表演性特征密不可分。成人仪式常常被人类学家视为观察人类情绪、情感以及经验意义的工具，比起日常生活中的"秘而不宣"而言，成人仪式是较为集体性和公开性的陈说。可以说，成人仪式天然具有表演的性质与特征。这种表演性质是一种外在形态，容易为青年看到和感受，因此，成人仪式是青年感情的催化剂，能够唤醒、引导和控制各种情感，能够升华和强化青年的情感。成人仪式通过情境的创设、布景、音乐、誓词等多种手段的运用，从视觉、听觉等各个方面去影响青年，给他们深刻的情绪感染。在成人仪式创设的特定情境中，青年的一切感觉和思维器官得到了全面的调动，主客体的兴奋点得到了多方面的触动。

就成人仪式中不同主体间的交流而言，主要包括在成人仪式教育者同青年之间的交流、青年之间的交流、青年与家长之间的交流三个方面。首先，成人仪式教育者同青年之间的交流。随着社会的发展，成人仪式的教育者由原始社会时期的氏族首领、部落酋长演变到了今天的学校、教师，也就是说成人仪式的组织者由生活组织转变为了行政机构。无论组织者发生怎样的转变，教育者同青年之间的交流始终存在，只是呈现方式不尽相同。原始社会时期，青年对于成人仪式教育者的生活组织而言是被动的，青年被动地接受该氏族部落所奉行的各种原则与规范，这样，主持者——父母或首领具有绝对的权威性，不会受到青年的质疑，而青年的体会与感受通常不被重视，他们只是一味地遵从，不能有自己意愿的表达。随着人类进入社会主义社会，成人仪式中教育者同青年之间的关系发生了改变，即青年不再一味地被动接受，而是进行一种主动接受，教育者的价值观同青年自身已有的价值观之间进行的是平等意义上的交流。无论方式如何，成人仪式中教育者同青年之间的交流始终存在。其次，青年与青年群体之间的交流。社会心理学认为，趋群性是人类的本性之一，或者说，人类行为的一个重要特点就是趋向于合群。因此，在成人仪式中结成的青年群体对青年个体心理和行为具有重要影响，这是成人仪式中青年与青年群体之间交流的主要表现形式。皮亚杰研究发现，伙伴相互关系是个体发展道德自主化的必要条件，它对个体道德认知水平、道德判断水平的提高具有重要影响。柯尔伯格也发现，广泛参与伙伴群体角色之中的个体同孤独的个体相比，更容易达到较高程度的道德判断水平。可以说，成人仪式活动是青年与同伴之间进行交流的重要场合，这种交流对青年来讲具有积极意义。成人仪式的对象是年龄相仿的几个或是几十个青年，青年之间会有认知与情感上的交流，这种交流起到相互鼓励、监督的作用，如能增强彼此对群体的归属感、认同感，促进对自我身份转化的认同，提高自我对社会责任的担当意识等。这种影响有时是深刻且长久的。最后，青年与父母之间的交流。青年的成长成人离不开父母情感的付出，青年在成人仪式上的最大感受莫过于对父母的感恩之情。父母给了青年生命，并用自己的慈爱、宽容、付出养育着青年。没有父母，就没有青年的十八岁；没有父母，也不会有青年的成人仪式。成人仪式中青年与父母的交流既深刻，又含蓄，深刻是指不管青年的父母是否前来参加成人仪式活动，青年与父母之间的这种情感交流始终存在，这种交流并不因为父母的不在场而消失。而且，这种交流似乎能超越一切青年自以为与父母存有的隔阂；含蓄是指青年与父母之间情感的交流超出了言语的表达力，对父母的感恩之情是青年发自内心真挚情感的流露。成人仪式的这种交流功能促进了青年与父母之间情感的进一步加深。

三　凝聚功能

成人仪式的凝聚功能是指成人仪式扩大社会政治、文化认同，凝聚人心，凝聚社会力量的能力。成人仪式的凝聚功能体现在纵、横两个方面。就纵向凝聚功能而言，主要体现在成人仪式能增强民族、文化、历史认同。成人仪式是历史的产物，且经历了漫长的历史演进过程，其自身带有历史性、文化性。尽管古今成人仪式在内容、形式、价值等具体方面不尽相同，但它们都内蕴着特定民族、国家的历史文化，更内蕴着特定民族、国家的价值观念和精神特质。成人仪式活动本身就是一种历史的言说，它能让置身于成人仪式活动中的青年、青年家长以及社会中其他成员充分地感受到其历史性，更能让他们感受到民族、文化、历史的吸引力，进而起到凝聚民族力量的作用。

就横向凝聚功能来说，主要是指成人仪式能够凝聚特定社会精神力量的能力。一方面，凝聚青年之心。成人仪式能凝聚青年人之心，是指它能针对青年在价值取向、发展方向、道德理想上的片面性和局限性，引导青年寻求最佳的生存方式、最佳的发展方向，引导青年关心国家的前途与命运，探索正确认识和解决各类社会矛盾的途径与方法，将青年同社会、国家连为一体。凝聚青年之心主要体现在凝聚青年精神和凝聚青年情感两方面。就精神凝聚而言，成人仪式能让青年体会到深刻的精神意义，这在原始部落中表现得尤为明显。成人仪式不仅让青年变为“完全的”成员，而且还意味着青年就是社会集体所有一切最神圣东西的保管人，此后，青年“将永不背弃他们的这种责任感”。[①] 可以说，成人仪式将青年同部族紧紧地连为一体，将青年的精神凝结在了部族的神圣性。尽管成人仪式的这种功能更多出现在原始部落，并同该部落奉行的宗教、巫术等活动相关，但社会的发展，文明的进步并没有使成人仪式的这种功能消失。今天的成人仪式同样能赋予青年精神意义。就情感凝聚而言，成人仪式能调整、改善人的情感，能使参加成人仪式的青年得到情操上的陶冶。情感凝聚不仅包括上述的青年与社会之间

---

① ［法］列维·布留尔：《原始思维》，丁由译，商务印书馆 1981 年版，第 349 页。

的情感交融，还包括青年与同龄人间情感的凝聚。在成人仪式的整个过程中，青年始终与同伴们在一起，青年携手告别了孩童时代，走入了成年时代，这能让青年在彼此的心理产生强烈的共鸣，激励着他们相互关心、爱护，走好今后的人生路。另外，成人仪式活动的每个细节都会影响到青年的情感体验，就活动场景而言，仪式现场的布置能营造出庄重、严肃的气氛，能带给青年兴奋、激动、震撼与不安的心理感受，这些特殊的心理感受能引起青年情感结构的变化。

另一方面，凝聚社会之力。就仪式来说，它是一种生产群体认同和团结力量的社会过程。美国人类学家穆恩说过，仪式应当被看作是一种系统，一种社会控制系统，一种广义上的社会互动的媒介，它通过分享生命意义的象征行为而把个人和社区联结起来。[①]英国学者 W. 罗伯逊·史密斯也认为，作为社会集体行为的仪式要早于宗教信仰和宗教思想的产生，它是构成最初社会和谐的基础。涂尔干认为，社会基本上是一种道德秩序，“集体意识”是一个社会的价值观和规范。集体观念是通过社会化过程植根在个人意识中的。一个社会的秩序维持取决于该社会的团结，社会的团结则仰仗于这种集体意识，而集体意识是通过各种象征仪式来维持和强化的，即仪式是维持社会秩序，凝聚社会力量的重要工具。[②] 仪式作为自发的、集体性的、规范的社会情感能表达集体意识，也能唤醒社会道德的强制力。仪式通过维持和强化社会集体意识来维护社会的团结和稳定，涂尔干在《宗教生活的基本形式》中明确提道：“仪式对我们道德生活的良性运行是必需的，就像维持我们物质生

---

① 王霄冰：《仪式与信仰——当代文化人类学视野》，民族出版社 2008 年版，第 113—114 页。

② ［英］拉德克利夫·布朗：《原始社会的机构与功能》，潘蛟等译，中央民族大学出版社 1999 年版，第 5 页。

活的事物一样。只有通过仪式，群体才能得到巩固并维持下去。”①“仪式首先是社会群体定期重新巩固自身的手段。”② 可见，涂尔干将凝聚社会团结和强化集体力量视为仪式的主要功能。作为仪式的一种，成人仪式自然具有凝聚社会之力的功能。成人仪式能在一定社会范围内扩大社会认同，既能形成青年对社会主导价值观的认同，也能形成其他社会成员对社会主导价值观的认同，这种认同是社会力量得以凝聚的重要基础。

四　教育功能

成人仪式的教育功能主要是指其通过特定的价值导向和价值评判引导并规约青年思想和行为的能力。成人仪式处于比语言更深刻的实践层次，它通过一定的价值导向培养青年的正确感、荣辱感，使青年遵守学到的规则或达到规定的目标。成人仪式的价值导向集中体现在其秩序性之中。成人仪式体现着一种社会秩序，它本身也是一种秩序的安排，这种秩序安排能产生出特定的价值导向。成人仪式的秩序性使置身于仪式中的个体获得相对的稳定性，并因此在一定意义上获得了某种确定的权利与义务。成人仪式还能通过价值评价规约和控制青年个体的活动，具有唤醒青年情感的力量。这种情感唤醒可以分为两种类型：一种是服从仪式的引导使得青年体验到积极情感；一种是因没有服从仪式的引导而被激活的消极情感和惩罚。当服从仪式规定时，青年会产生秩序感、道德感等积极情感，当冒犯了仪式规定时，青年的消极情感会被唤醒，以引导青年矫正不当行为并遵守特定的规则。成人仪式通过特定秩序的设置而对青年进行特定的价值引导，使在场青年个体理解社会生活存在一定秩序且不能违背；同时，也传达了每个人要做好自己应做的事，

① ［法］涂尔干：《宗教生活的基本形式》，渠东等译，上海人民出版社 2006 年版，第 363 页。

② 同上书，第 367 页。

扮演好自己应扮演角色的要求。成人仪式通过价值评价给青年施加无形的压力而使其遵守特定的仪式秩序，若青年在仪式中出错就是无礼，就是对秩序的违背，青年由此会逐渐地养成正确感、分寸感。这种正确感、分寸感使青年得以克服或压制一些本能并按照秩序要求行事；不仅在学校的仪式中如此，在实际生活中青年也会按照社会秩序的要求行事，而不去做违背社会秩序要求的事情。

从功能的范围上讲，对成人仪式的教育功能可以作出两种解释，一是小功能；一是大功能。所谓小功能，即作为一项独立的对青年进行引导和规范的功能项，如凝聚功能、象征功能等；所谓大功能，则是指成人仪式活动本身对青年的引导和规约作用。成人仪式小功能以大功能为前提和导向，大功能又以小功能为基础和条件，小、大功能相互交融，共同发挥作用。从功能的类别上讲，成人仪式的功能主要有两大类，一类是物质教育功能；一类是文化教育功能。物质教育功能，主要是指成人仪式通过生活教育实现对青年生存、生活技能的教授与训练，使青年具备生存、生活所需的知识与技能的功能；文化教育功能，主要是指成人仪式通过思想道德教育，提高青年思想道德素质的功能。“成人仪式思想道德教育”可以说是本书研究的重点，后文也多次用到“成人仪式思想道德教育”这一概念。在本书，此概念是指一定阶级、政党或社会群体利用成人仪式活动，将一定的思想理论和道德规范有目的、有计划、有组织地传递给青年，进而影响青年，使青年具备符合一定社会、一定阶级所需要的思想品德的社会实践活动。

成人仪式生活教育旨在教授青年基本的生存、生活知识与技能，并引导青年如何去生活。历史地看，在生产力不发达的农业社会时期。成人仪式生活教育不仅在成人仪式教育中所占比重较大，而且意义重大。因为，青年能在成人仪式中系统地学到生存与生活的基本技能，这是青年此后生活的重要保障。随着历史的发展，特别是伴随人类迈入大工业社会时代，原始意义上教授青年生存与生活技能的成人仪式生活教育的作用和意义相对发生弱化；成人仪式思想道德教育旨在培养青年对生命的敬畏感，培养青年良好的心理素质，培养青年对家庭、社会、国家的责任感，提高青年思想道德素质。历史地看，成人仪式思想道德教育经过了漫长的历史演进过程，这个客观的历史发展过程呈现了成人仪式思想道德教育功能与作用的发展轨迹。如果说成人仪式生活教育功能经历了由强到弱的发展过程，那么，成人仪式思想道德教育则经历了由弱到强的发展过程。

第二章　我国成人仪式思想道德教育的演进及特征

我国成人仪式思想道德教育经历了漫长的历史演进过程，大致来说，主要经历了原始社会时期的萌芽、阶级社会时期的发展和社会主义社会时期的完善三个阶段。成人仪式思想道德教育的历史演进过程也呈现出一定的特征，概括来说，主要表现为演进过程受政治权力的作用和影响、演进体现了继承性与发展性的统一、内容体现了历史性与阶级性的统一、方式突出社会价值引导与青年自主建构的统一、价值实现社会进步与个体发展的统一。

第一节　我国成人仪式思想道德教育的历史沿革

我国成人仪式经历了人性从自然中剥离，理性从感性中剥离，个体性从整体性中剥离，以及现代性从传统性中剥离的过程。相应地，成人仪式思想道德教育实现了目的、对象、内容及形式等各方面的沿革与发展。成人仪式思想道德教育主要经历了萌芽、发展、完善三个阶段。成人仪式思想道德教育的物质载体是成人仪式活动本身，因此，对不同发展阶段中成人仪式思想道德教育状况的阐释，应以对成人仪式活动本身的把握为前提，这既合事实，也合逻辑。

一　原始社会时期成人仪式思想道德教育的萌芽

原始社会末期的成人仪式主要以拔牙习俗为标志，尽管该习俗的确切意义尚待进一步考证，但历史资料表明，该行为在一定程度上标识拔牙者已经长大成人。拔牙的习俗在考古资料里，多见于新石器时代的大汶口文化、屈家岭文化、石峡文化、良渚文化等。如大汶口文化盛行拔牙习俗[①]，在墓葬中所发现的拔牙者一般处于15—20岁之间的性成熟期，有的晚到25岁左右。[②] 在今天的福建、广州等地也有类似习俗的存在。[③] 另外，这种拔牙的习俗在古代文献里也有所记载，《山海经·海外南经》关于“凿齿”的记载就是一例。“羿与凿齿战于寿华之野，羿射杀之。在昆仑虚东。羿持弓矢，凿齿持盾。”关于凿齿，郭璞注称：“凿齿亦人也，齿如凿，长五六尺，因此名云。”《淮南子·本经训》也有类似的记载，谓“尧乃使羿诛凿齿于畴华之野”。可以推测，当时的人在拔牙之后，可能会戴有状如凿的长长饰物，以标识自己成人后所具有的力量和勇武。[④] 另外，国外民族学资料为理解我国原始社会的拔牙习俗提供了一定参考。据资料记载，拔牙之俗早已有之并且具有特定的含义。如英国学者弗雷泽曾指出：“在澳大利亚部落中，举行成年仪式时，把一个男孩的门牙敲掉一个或更多几个乃是常有的事。这种仪式是每个男性成员在其享有一个成年人待遇和特权之前都必须接受的。为什么要这样做，理由还不大清楚，在这里与我们有关的只是这样一个观念：在这个少年和他那被敲掉的牙齿之间还继续存在着一种交感关系。”[⑤] 既然牙齿被视为同一个人的生长、成熟密切相关的重要物件，那么，在人生理成熟之时，将牙齿拔掉以标识成人也就不难理解了。

受生产力水平、生活方式等条件的限制，原始社会的成人仪式

---

① 颜訚：《大汶口新石器时代人骨的研究报告》，《考古学报》1972年第1期。

② 晁福林等：《中国民俗史》（先秦卷），人民出版社2008年版，第250页。

③ 韩康信等：《闽侯昙山遗址的人骨》，《考古学报》1976年第1期。

④ 晁福林等：《中国民俗史》（先秦卷），人民出版社2008年版，第251页。

⑤ ［英］詹姆斯·乔治·弗雷泽：《金枝》，徐育新等译，中国民间文艺出版社1987年版，第59页。

教育主要是对青年进行的生活教育，如拔牙等形式的成人仪式发挥着对青年进行生活教育的功能与作用。原始社会时期的成人仪式对青年个体来说是一种生理与心理的考验，具有原始性，带有野蛮性。原始社会人们的生存环境较为恶劣，这要求人们具有较强的生存能力，而成人仪式是对青年生存能力的一次考验，只有经过考验的人才能过关，才能成为部落战士并担负起氏族成员应当承担的责任，同时享有氏族成员可以享有的权利。由于成人仪式是原始宗教的一个重要仪式，其宗教功能也尤为重要。部分西方学者专门从宗教意义上来阐释原始社会时期成人仪式的功能，这对理解我国原始社会时期的成人仪式功能具有一定的借鉴意义。如英国社会人类学家马林诺夫斯基认为，这种原始成人仪式的主要作用在于："表现原始社会里面传统的无上势力与价值，深深地将此势力与价值印在每代人的心目中，并且极其有效地传延部落的风俗信仰，以使传统不失，团体固结。"① 原始宗教视野中的成年礼仪具有传延风俗信仰、团结族人、增强民族凝聚力的作用。原始社会的现实状况决定，个体离开部落群体无法生存下去，因此，每个个体都生存和生活于氏族部落群体的荫庇之下。由于个体对集体的依赖使得人们在道德和心理上对集体具有绝对的依从，青年也不例外。原始社会时期的青年自我，更多地体现为一种极端的自然性，或体现为与氏族部落集体的同一性，青年完全屈从于自然权威，或者屈从于本氏族部落内的道德权威，没有真正的自我。因此，原始社会的成人仪式也更多地强调种族的延续和氏族部落风俗信仰的传延。可以说，原始社会的成人仪式更多的是关注集体，且从集体的需要出发，而对青年自我关注甚少。

由上述有关原始社会成人仪式的大致状况可以看出，该阶段的成人仪式处于萌芽阶段。与之相应，该阶段的成人仪式思想道德教

① ［英］马林诺夫斯基：《巫术·科学·宗教与神话》，李安宅译，上海文艺出版社 1987 年版，第 31 页。

育同样处于萌芽阶段。

第一，原始社会成人仪式思想道德教育的目的具有自发性。“自发”是指人们缺乏对事物规律性认识时的活动。在这种活动中，人们无远大目的，盲目地为客观必然过程所支配。原始社会的成人仪式思想道德教育是在原始人类尚未对自然及人类自身发展形成科学认识的前提下进行的活动，这本身就说明原始社会成人仪式思想道德教育具有自发性。另外，受社会发展状况制约，原始社会成人仪式思想道德教育同生活教育相互交融，其目的在于保存生命、延续种族，这也是原始社会成人仪式思想道德教育目的自发性的说明。成人仪式并非从来就有，而是历史发展的结果。从表现形态上来看，前面提到的凿齿可被视为我国最早的成人仪式。从历史渊源来看，也有学者认为，成人仪式出现于原始社会的中后期，且同原始社会的族外群婚制密切相关。[①] 照此说法，原始社会的成人仪式就与早期的婚姻形态——族外群婚有着紧密的联系，其主要功能在于族群的延续。[②] 当然，也有学者认为：“当时人们恐怕还不会懂得男女交配而生育子女的科学道理，故上述解释显然是把原始人的文明程度估计过高了。”[③] 不管原始人意识到与否，成人仪式都客观地起到了保存个体生命、维系种族族群延续的作用。由于原始社会成人仪式思想道德教育同生活教育相互交融，没有泾渭之分，因此，从目的的角度来看，原始社会成人仪式思想道德教育具有自发性。

第二，原始社会的成人仪式思想道德教育对象具有平等性。原始社会成人仪式思想道德教育中男女青年社会地位具有朴素的平等性，这种平等性是处于萌芽阶段的原始社会成人仪式思想道德教育的重要特点之一。该时期的平等是指男女青年在社会地位而非生理

---

① 伊力奇：《成人礼的来源、类型与意义》，《中央民族大学学报》1986 年第 3 期。

② 同上。

③ 徐扬杰：《中国家族制度史》，人民出版社 1992 年版，第 30 页。

层面上的平等，它体现了朴素的男女平等观念。前面提到，原始社会的成人仪式产生于原始社会末期，产生于母系氏族社会。对于母系氏族社会而言，由于婚姻形态是知母不知父的亚血族群婚和对偶群婚，因此，妇女在氏族中具有崇高的威望。但经过了一段繁荣发展之后，母系氏族社会的生产力有了较大程度的提高，男子在生活中的地位越来越重要，并逐渐取代妇女居于主导地位，母系氏族制度也就转变为了父系氏族制度。尽管，氏族长由开始的女性变为了男性，但人们仍然生活在原始共产主义的氏族公社之中，土地财产仍是公社公有，氏族成员仍是集体劳动，平均分配，因此，男女在实质上并不具有等级高低之别，也就是说。受到社会生产力水平的制约，原始社会中的男女平等是一种朴素的平等，而这也决定了原始社会成人仪式思想道德教育中男女青年在社会地位上朴素的平等性。

第三，原始社会成人仪式思想道德教育的内容具有朴素性。我国原始社会成人仪式思想道德教育同生活教育相互交融，其内容呈现朴素性。这种朴素性主要体现在两个方面，一是原始社会成人仪式思想道德教育的内容并未独立。这与原始社会人们的生活方式、道德自身发展状况以及原始社会的教育密切相关。原始社会时期人类的教育是一种最早期教育，这种教育被称为元教育、前教育或零教育。这种教育没有明确教育意识，无专门的教育形式，教育的开展主要和生产劳动、生活活动过程本能地、紧密地结合，以潜移默化的方式，在模仿中学，在做当中学。尽管原始社会的成人仪式从最初的简单标识，发展成为教导青年如何生存、生活的重要教育形式，成为一种特殊的集体教育形式，但它仍同生活教育没有完全区别开来。因此，成人仪式思想道德教育内容并未与生活教育内容相分离。二是原始社会成人仪式思想道德教育内容通过生活教育得以实现。原始社会的成人仪式主要是对青年进行的生活教育，对男子来说，包括基本的生存、生活技能训练，如猎食、战斗等，还培养青年在生活中所需的勇敢、坚忍的品质等；对女子的教育来说，主要包括生育和抚养孩子、操持家务等。生活教育在一定程度上就是思想道德教育，原始社会成人仪式思想道德教育内容就是在对青年生存与生活技能的教育和培训当中体现出来的。

第四，原始社会成人仪式思想道德教育的形式具有残酷性。原始社会的成人仪式本身具有原始性、野蛮性和残酷性，这从我国原始社会凿齿仪式中可见一斑。原始部落中常见的成人仪式大多是考验型成人仪式，这种类型的成人仪式能够说明原始社会成人仪式思想道德教育形式上的残酷性。考验型成人仪式几乎是原始社会时期每个男子从未成年向成年过渡的必由之路，这种成人仪式通过多种考验和磨难，才让达到特定年龄的男子成为氏族部落的一员，成为氏族部落真正的主人和无畏的战士。这类成人仪式形式多样，如凿齿、拔牙、割生殖器、拔指甲等。民族学资料告诉我们，在当代原始部落中这类成人仪式通常是几种形式一并进行，有时则分几个阶段进行，这足以凸显原始社会成人仪式思想道德教育形式的残酷性。成人仪式为青年应付社会生活危机提供了一般的方法，并且向个人和氏族部落演示出一个人的社会行程。如果没有成人仪式，人们便会对自己的社会地位缺乏信心，而群体也不知道该要求他们做些什么。大量来自社会心理学的实验证明，在成人仪式中越是痛苦，一个人在新的地位中的价值越高。[①] 总之，原始社会人们的生存、生活状况决定了残酷性是原始社会成人仪式思想道德教育形式的主色彩。

二　阶级社会时期成人仪式思想道德教育的发展

如果我们把凿齿视为原始社会的成人仪式，那么，社会进入文明时代之后，成人仪式逐渐被冠礼所代替。在人类文明时代，“冠”是人们相当重要的服饰之一，因此，出现了作为成人仪式的

---

① ［美］P. K. 博克：《多元文化与社会进步》，余兴安等译，辽宁人民出版社1988年版，第39页。

冠礼。特别是在先秦时期，冠礼在中原地区十分普及，并对先秦纲常礼仪的建设具有积极的文化意义。[①]《礼记·曲礼上》记载："男子二十冠而字。"男子二十岁举行冠礼，以示成人。就程序而言，男子冠礼较为复杂。

首先，选择加冠吉日。主人要戴着黑色的帽子，身穿朝服，腰间扎着黑色的大带，并搭配白色的蔽膝，在庙门的东边站好，面朝西方。主人的家人、下属也都穿着礼服，在庙门的西边就位，面朝东方。草席等卜卦用的卜具都摆放在庙门外的中间位置，大致在门槛外。占卜人所用的筮席放在门中所竖短木偏西的地方，该筮席面朝西方。占卜人即筮人手拿占卜用具上前接受主人的吩咐，然后就席坐下，面朝西方。占筮结束，筮人把筮得的卦写在板子上拿给主人看。主人看完还给筮人。如果占得是吉日，占筮完毕，上前告知主人筮得吉卦。如果占筮结果不吉，就以刚才的程序再走一遍，直到占得为青年加冠的吉日。在冠礼正式进行之前，加冠青年要到亲友家行礼，这叫"告冠"。接着，亲友们会前来送礼祝贺，称作"冠敬"。

其次，进行挽髻加冠。加冠之日，清晨陈设好行礼用品及器具。若是嫡子加冠，就在祖庙堂上东序之前、东阶之上设置受冠者之位（序，指隔开正堂与东西夹室的墙。后指正屋两侧的东西厢房，东序之前即东边房子的前面。嫡子在此受冠，意味着今后其可代替主人在此接待宾客）。如是庶子加冠，则只能在房门外面进行，以别嫡庶。加冠之前，受冠者从东房走出，跪坐在为他设置的席位上，由赞（宾的助手）为其梳头，用束发帛缠发髻并盘在头上。然后等待宾为之加冠。一般，士加冠三次，称为"始加"、"再加"、"三加"，即"三加弥尊，谕其志也"。[②] 在冠礼进行之中，在加冠青年头上先后戴上缁布冠、皮弁和爵弁。其中，缁布冠

---

① 钟年：《中华民族的成年礼——成长的界标》，《寻根》1995 年第 3 期。

② 李景林、王素玲、邵汉明：《仪礼译注》，吉林文史出版社 1995 年版，第 6 页。

是指一块黑布，太古时戴白布冠，祭祀斋戒，则染成黑色。先加缁布冠要表明子将代父的意义，其目的是教育青年不要忘记先辈们创业的艰辛；皮弁与后世的瓜皮帽比较相似，是用白色的鹿皮缝制而成。加皮弁比加缁布冠意义要重大；爵通雀，爵弁所用的材料颜色与雀头类似，所以称爵弁。加爵弁又比加皮弁的意义重大。可谓"三加弥尊，加有成也"。[①]

再次，给加冠者命字。三次加冠之后，先拜见母亲，相互行礼，然后，由宾给受冠者取字，并致祝词。以后，人们不再直呼其名，而改称其字。取字后，与兄弟、姑姊相见。

最后，换上黑色礼帽礼服，备贽礼，去拜见国君、卿大夫和乡里德高望重的尊长。加冠礼结束后还要隆重设宴，招待前来参加的宾客。至此，冠礼结束。《礼记·内则》也记载"女子十有五年而笄，二十而嫁"。女子的成人礼称"笄礼"，也称"加笄"、"上头"，一般在十五岁时举行。历史上有"周弁、殷冔、夏收，三王共皮弁、素积"[②] 的说法，由此可以推断，夏、商、周三代在冠戴上具有一定的继承性。经过夏、商、周的发展，以冠礼为基本形式的成人仪式作为重要的人生礼仪被保留了下来，用来表明青年成为社会人，从在家中毫无责任的孺子转变成为正式承担社会责任的成年人。

秦至汉魏时代，人们基本遵守周代的礼制，在成人仪式上也是如此。尽管冠礼存在于当时的社会生活中，然而其文化地位却并不突出。只是在汉魏时代，冠礼还受到一定的重视，特别是皇帝和皇太子的冠礼，几乎成了天下人的重大节日，仅以西汉王朝为例。西汉从汉惠帝开始，皇帝举行冠礼的时候都会大赦天下。《汉书·惠帝纪》记载，汉惠帝四年"三月甲子，皇帝冠，赦天下。省法令妨吏民者；除挟书律"。这是历史上因帝王行冠礼而大赦天下的开

---

① 陈成国：《礼记校注》，岳麓书社 2004 年版，第 489 页。

② 李景林、王素玲、邵汉明：《仪礼译注》，吉林文史出版社 1995 年版，第 6 页。

始。《汉书·景帝纪》记载："皇太子冠，赐列侯嗣子者爵一级。"这些记载表明西汉时皇帝举行冠礼的隆重程度。为了区别于臣子的冠礼，还为汉昭帝的冠礼专门撰作了冠辞，相当于今天的成人宣誓誓词。东汉时代，皇帝举行冠礼仍要给天下人很多赏赐，《后汉书·和帝纪》《后汉书·安帝纪》《后汉书·顺帝纪》《后汉书·桓帝纪》《后汉书·献帝纪》都有相关的记载。魏晋时期冠礼仍受到皇家的重视，据《宋书·志第四·礼一》《梁书·昭明太子传》以及《隋书·礼仪志》记载，曹魏以来，皇帝、太子的冠礼十分隆重，入晋之后，冠礼更加郑重其事。[①] 总体说来，汉魏时期，男子举行冠礼是比较普遍的，只是不同的阶层对冠礼的重视程度不尽相同。除了皇帝和皇太子的冠礼备受重视之外，诸侯王的冠礼也比较重要，士人一般都有冠礼，民间百姓也会为孩子举办与自己身份地位相适应的成人仪式。冠礼是贵族男子成年并被社会接受的重要转折，是巩固宗法制度的重要手段，而对于普通百姓来讲，成人仪式更多的是遵循先冠后婚的礼义原则。

南朝出现了文化变动，以倡导礼义为宗旨的儒家文化逐渐衰弱，而古代礼制也处在缓慢的恢复之中，因此，除了朝廷礼典中有冠礼的礼仪外，一般社会生活中基本已看不到冠礼的踪影。当然，这是旧社会结构被打破而新社会结构尚未形成的特殊历史时期的状态。由于社会价值观呈现多样化，人们更注重世俗生活情趣，注重外在的建功立业，对于传统的人格心性修养没有过多的需求和关注。因此，以心性养成为主要目的的冠礼受到社会的漠视并一度废而不兴。真正按照古代礼制举行冠礼的寥寥无几，生于王侯贵族之家的人，或许还有机会看到古代冠礼的遗风；而对寻常百姓而言，冠礼多已模糊不清。胡朴安在《中华全国风俗志》上编中引用《金华府志》写道："冠礼民间鲜行，唯士大夫家间行之。"又引《温州府志》写道："民间久不行冠礼，唯士大夫家，间一行之。"

---

① 郭必恒等：《中国民俗史》（汉魏卷），人民出版社 2008 年版，第 323 页。

又引《临潼县志》，写道：“人不知冠久矣。”①

唐代至宋代，成人仪式更多的是保留于社会上层。唐宋时代在品官中实行过冠礼，并按照品级的高低加戴不同的冠。“品官冠礼悉仿士礼而增益，至于冠制，则一品至五品，三加一律用冕。六品而下，三加用爵弁。”② 唐代冠礼的内容主要有二：一是服饰、发饰发生了改变；二是由德高望重的长辈正式为其取字。宋代以来，像古代那样隆重的“三加”礼被废止，仪式一切从简，而且很多是在自家行礼，不再宴请外来宾客。面对冠礼的日渐失落，一些士大夫主张要在全社会推行冠礼，以此来弘扬儒家文化传统。彭林教授在《冠者礼之始也——冠礼》一文中提到，司马光曾痛心疾首地说：“冠礼之废久矣。近世以来，人情尤为轻薄，生子悠饮乳。……故往往自幼至长，愚騃如一，由不知成人之道故也。”为此，司马光在他的《书仪》中制定了冠礼的仪式，规定：男子年十二岁至二十岁，可以行冠礼。为了顺应时代变化，司马光将《仪礼》的《士冠礼》加以简化，使之易于为大众掌握。《朱子家礼》沿用了司马光《书仪》的主要仪节，只是将冠年规定为男子年十五至二十，并从学识方面提出了相应的要求，“若敦厚好古之君子，俟其子年十五以上，能通《孝经》《论语》，粗知礼义之方，然后冠之，斯其美矣”。程颐也极力倡导冠礼，认为“冠礼废，则天下无成人……虽天子诸侯，亦必二十而冠”。③

辽金时期，特别是契丹男子的成人仪式同其兵制有着紧密联系，带有一定的强制性。据《辽史·兵卫志》记载，年满十五岁的男子就将被列入兵籍，这是男子成年的一个重要标志。从此，他们将听从国家的召唤，履行一个成年男子的社会职责。④ 宋明时期，庶族社会逐渐成为社会主体，为了确定新的社会秩序，重建文

---

① 钟年：《中华民族的成年礼——成长的界标》，《寻根》1995年第3期。

② 彭林：《中国古代礼仪文明》，中华书局2004年版，第109页。

③ 转引自彭林《冠者礼之始也——冠礼》，《文史知识》2002年第7期。

④ 游彪：《中国民俗史》（宋辽金元卷），人民出版社2008年版，第385页。

化权威，他们将中唐开始的儒学复古运动推向了新的发展阶段，南宋时期还形成了儒学的新形态——理学。理学旨在建立一套自然与社会合一的伦理道德秩序，强调修身养性齐家治国。这样，作为礼义之始的冠礼开始受到朝野上下的广泛推崇，冠礼又重新回到家族社会生活当中，民间固有的成人仪式也逐渐被激活。在明代社会生活中，冠礼仍有一定的地位，但此时的冠礼同先秦时期的冠礼相比，无论在程序上还是具体内容上都有明显的差异。此时冠礼的形态主要有二，一是缙绅之家或地方大族举行的冠礼；一是庶民之家举行的冠礼。据《明史》记载，明洪武元年诏定冠礼，从皇帝、皇太子、皇子、品官，下及庶人，都制定了冠礼的仪文。《明史》中还记载了大量有关皇帝、皇太子、皇子行冠礼的事宜。这在一定程度上说明，冠礼的传统在皇室成员中得到了保留，在官员和民间则冷清许多。

传统的冠礼在清朝处于衰落时期，这同清代统治者的重视程度相关，同清代的社会状况特别是当时的政治文化密切相关。清人入主中原后，政府颁布的礼仪制度同以往发生了很大变化，如清政府要求人们剃发结辫，这改变了汉族的传统发式，冠礼束发的意义由此也就逐渐丧失。在民间，人们将冠礼与婚礼结合，即民间的冠礼采用冠婚结合方式，冠礼成了婚礼的前奏，在程序上也大大简化，且只有“命字”一项内容。这样，“命字”逐渐成了冠礼的代称。[①]康熙时期的《临海县志》记载：“明时，男子二十而冠，多于冬至或元旦束发加网，士戴方巾，民戴圆帽。或童生未入泮者，岁年过期多不冠，畏戴帽也。国朝剃发结辫，夏戴凉帽，冬戴暖帽，贵贱一体，虽三尺童子无不戴帽如成人。”[②] 同治光绪年间地方志上常有“冠礼久已不行”之类的记载。《陵县志》（光绪元年增刻本）记载：“今冠礼久废，惟将婚者成人冠服拜父母、兄弟、姐妹而

① 萧放等：《中国民俗史》（明清卷），人民出版社 2008 年版，第 247 页。

② 同上书，第 244 页。

已。”《抚宁县志》（光绪三年刻本）记载：“冠礼久已不行。富家小儿或有结珠帽者，贫用毡笠而已。……近日无贵贱皆戴帽头，制如弁而无緌，缝不素积，檐缀丝绦，亦一变也。”《宁津县志》（光绪二十六年刻本）记载：“男子及长，随时加冠，不拘古礼。”《重修成都县志》上说：“冠礼附婚礼行。婚前一日，父命其子至堂前，亲加冠服，教以成人之道。祀祖毕，亲友簪花披红，举酒酌贺，亦仿佛冠礼也。”[①] 就女子成人仪式而言，道光《泰州志》卷五记载：“女家择女戚为女加冠笄，曰上头。”[②]《直棣州志》卷十七《风土志》记载：“女子将嫁乃笄。”[③]《遵化通志》（光绪十二年刻本）中记载：“女之笄，犹士之冠也。古者许嫁则笄而字，不必于归也。今则结褵之夕始加笄，亦婚冠并举一证也。”[④]《土默特旗志》中记载：“比丁之年，父兄为加官帽，以杆五尺量其身，是为成丁，乃编入户籍，充当旗差。女十五以上戴笄，即满洲大籍也。男子加冠，女子加笄，实为成年礼俗。”[⑤] 总体看来，冠礼在清代的命运远不如明代，清代以后的冠礼基本上退出了主流社会，仅以其他形式活跃于民间。清末民初，传统的冠礼已极为少见。《咸丰县志》（1914 年印行）记载：“农村女子出嫁前垂辫，出嫁时上头，挽髻加笄。”[⑥]《延安风土记》记载，延安人婚礼前三天行冠礼，新郎挨户拜族里长者，为长者斟酒。亲朋共饮，新郎的父亲为儿子加冠。次日，用红纸写“乳名 × ×，今值弱冠，更为官名”，贴在门前，标示成人。[⑦] 民国时期广东境内山区农村流行的成人仪式叫作“出花园”，是男女到十五周岁时履行的成人仪式。成人仪式在少数民族中较为盛行，如瑶族女子到十五岁举行“牛

---

① 严昌洪：《中国社会生活变迁史》，人民出版社 2007 年版，第 246 页。

② 宋兆麟：《中国生育信仰》，上海文艺出版社 1999 年版，第 322 页。

③ 同上书，第 323 页。

④ 严昌洪：《中国社会生活变迁史》，人民出版社 2007 年版，第 247 页。

⑤ 宋兆麟：《中国生育信仰》，上海文艺出版社 1999 年版，第 323 页。

⑥ 严昌洪：《中国社会生活变迁史》，人民出版社 2007 年版，第 247 页。

⑦ 万建中等：《中国民俗史》（民国卷），人民出版社 2008 年版，第 261 页。

达”、男子举行“度戒”，蒙古族萨满举行“伊寸大巴达爬呼”的成人仪式等。

在奴隶社会开始至封建社会结束这段时期内，成人仪式处于发展阶段。由于阶级社会的成人仪式不再注重对人生存能力的考验，而是注重在安定的农业宗法社会中个人的协调与适应能力的培养，即人如何才能适应生活于其中的社会，这就需要一个人懂“礼”，并且，还要具备谨守礼法的伦理品格。这样，成人仪式的目的是贯彻“成人之道”，教育青年养成社会所需的各种品质。正如清华大学历史系教授彭林所说的，先民为跨入成年的青年男女举行这一仪式，是要提示行冠礼者：从此将由家庭中毫无责任的“孺子”转变为正式跨入社会的成年人，只有能履践孝、悌、忠、顺的德行，才能成为合格的儿子、弟弟、臣下、晚辈，成为各种合格的社会角色，只有这样，他才可以称得上是合格的社会成员。冠礼就是“以成人之礼来要求人的礼仪”。[①] 再来说成人之道，其内涵是认同和确立君臣、父子、长幼关系，强调成人维持宗法伦理秩序、承担社会义务的责任。阶级社会时期的成人仪式在对青年的教育上已经形成一套独有的道德规范体系，具备了特定的教育形式，并发挥着特定的社会作用。可以说，阶级社会时期的成人仪式，对社会的稳定、统治阶级地位的巩固以及个体的道德社会化、政治社会化具有重要作用。

由于在目的、对象、内容、形式等方面具有一定的相似性，本书将奴隶社会与封建社会的成人仪式思想道德教育统称为阶级社会的成人仪式思想道德教育。阶级社会的成人仪式思想道德教育处于发展阶段。具体来说，第一，阶级社会成人仪式思想道德教育的目的趋于自觉化。“自觉”是指人们正确认识并掌握一定客观规律时的有计划的、有远大目的的活动。阶级社会的成人仪式思想道德教育是以维护社会等级秩序为目的，具有一定的自觉性。阶级社会的

① 彭林：《冠者礼之始也——冠礼》，《文史知识》2002 年第 7 期。

成人仪式思想道德教育始终同社会的教育状况直接相关。奴隶社会的教育具有阶级性，体现在教育对象主要局限于奴隶主贵族子弟，教育目的是培养奴隶主阶级治理国家所需要的人才，因而，奴隶社会的成人仪式思想道德教育旨在培养奴隶主阶级统治所需的人才；在封建社会，教育的主要目的是为了宣扬统治阶级的意识形态和治国方略，培养能够维护和巩固封建统治的人才。因此，封建社会的成人仪式思想道德教育旨在维护封建社会秩序。概括来说，处于社会上层的少数统治阶级子弟的成人仪式旨在培养本阶级的接班人，维护社会等级和自身的统治。统治阶级子弟从儿童到成人，中间有一段不太长的过渡时期，用以学文、习武，进行必要的社会生活训练，这可被视为统治阶级的成人仪式思想道德教育教育。处于社会底层的百姓子弟却被剥夺了受教育权利，也没有所谓的成人仪式。一旦长大，便跟父母从事生产劳动，以飞跃的形式实现儿童到成年的过渡。[①] 即使举行了成人仪式，其根本目的也在于形成青年对社会权威的屈从，对社会等级秩序的顺从。可见，尽管阶级社会时期的成人仪式思想道德教育是统治阶级有意识、有目的地维护自身利益的社会活动，但受特定的社会条件所限，成人仪式思想道德教育在促进青年自身发展同社会发展之间存有一定分疏，尚未完全实现青年与社会二者和谐统一的发展，这是阶级社会时期成人仪式思想道德教育的目的趋于自觉化但并非完全自觉化的原因所在。

第二，阶级社会成人仪式思想道德教育的对象等级化。阶级社会成人仪式思想道德教育对象的等级化主要是指成人仪式思想道德教育中男女青年地位不平等。文明的开启总需要人类付出一定的代价，男女社会地位的不平等，或者说女性地位的降低就是代价之一。这也是林语堂先生所说的“束缚妇女之思想，实肇端于文明

① 卢家楣：《现代青年心理探索》，同济大学出版社 1989 年版，第 7 页。

发达之后"[①] 的原因所在。"母权制的被推翻，乃是女性的具有世界历史意义的失败。"[②] 女性社会主导地位的丧失，或者说女性同男性相同的社会地位的丧失，是同父系氏族制度逐渐取代母系氏族制度并不断发展的结果。父家长制家族是父系氏族公社的最后阶段，随着生产力的发展，商品交换的产生，私有财产发展成私有制度的完成，随着氏族及部落显贵的产生，父家长制成了从原始社会到阶级社会的过渡，并逐渐变为奴隶制宗族制度。当然，父家长制家族的解体并不是说它的数代聚居的父系大家族的形式完全溃散，而是家族内部出现了严格意义上的私有制度，产生了阶级对立，以往的族长变为了奴隶主；同时，在原始家族之上形成了由氏族、部落机构蜕变而成的按地域划分居民的国家政权。原来的父家长制家族的性质已经完全改变，家族内容及家族之间产生了统治、奴役、剥削等新的关系，致使家族中的一部分成了奴隶主家族，而有些则变为奴隶家族。奴隶制家族制的确立不仅造成不同家族中地位的不平等，也使男女社会地位开始不平等。"在历史上出现的最初的阶级对立，是同个体婚制下的夫妻间的对抗的发展同时发生的，而最初的阶级压迫是同男性对女性的压迫同时发生的。"[③] 男女社会地位不平等是阶级社会的特征之一，这种社会特征自然也会反映在成人仪式思想道德教育之中。阶级社会成人仪式思想道德教育中的男女差别比较明显。较之于男子的成人仪式，女子的更多强调的是生理意义，社会意义在一定程度被忽视。对女子而言，成人仪式并不意味着进入一种有规律生活的接纳仪式，而仅仅是向她的生理新阶段的仪式性过渡，这凸显了阶级社会中男女地位上的差别，凸显了女性在社会中的劣势地位。

第三，阶级社会成人仪式思想道德教育的内容独立化。阶级社

① 林语堂：《吾国与吾民》，华龄出版社1995年版，第135页。

② 恩格斯：《家庭、私有制和国家的起源》，人民出版社1999年版，第57页。

③ 同上书，第66页。

会成人仪式思想道德教育的内容同阶级社会道德的发展密切相关。人类迈入奴隶社会之后，生产力水平一定程度的提高，物质财富的相对增多，社会已经能够养活一部分人专门从事精神活动，脑体劳动开始分化，人们的抽象思维能力也发展了，人的自我道德意识有了很大的发展。同时，人们在劳动和各种社会活动中遵循的一些行为规范与准则，不仅在人们的意识中逐渐地明确起来，而且经过奴隶主阶级思想家的思考与概括，以理论的形式表现了出来。[①] 封建道德进一步规范化、理论化。道德教育的内容主要是以道德典籍为主，如“四书五经”等儒家经典以及根据这些经典所编撰的一些启蒙读物。可以说，整个社会道德发展状况直接影响着阶级社会成人仪式思想道德教育的内容。就成人仪式思想道德教育的具体内容而言，仅以我国阶级社会时期冠礼为例。了解冠礼的关键在于“礼”，“礼”所强调的是“敬”。“敬”有“对己”和“对人”之分，对已是尊重自己，对人则是尊重他人，其目的是求得人与人之间的和谐相处。从本质上说，礼教乃是一种行为规范，要求人们“非礼勿视、非礼勿听、非礼勿言、非礼勿动”，将人的视、听、言、行制约在礼教之中。礼教又叫“礼法”，对人们的行为具有一定的强制性。不同阶层的人，应遵从的礼数不同，冠礼是通过对青年的教化，让青年实现对社会伦理道德原则与规范的自觉认同。[②]可见，阶级社会的成人仪式思想道德教育已从成人仪式生活教育中独立出来，并以特定的伦理道德教育呈现出来。

第四，阶级社会成人仪式思想道德教育的形式文明化。较之于原始社会时期成人仪式思想道德教育残酷的表现形式，阶级社会成人仪式思想道德教育在形式上体现了去野蛮性与去残酷性的特点，呈现出文明化。该阶段的成人仪式多以标志型为主，这类成人仪式不再像原始社会时期的考验型成人仪式那样，以青年对身体、心灵

---

① 罗国杰：《伦理学》，人民出版社 2001 年版，第 107 页。

② 戴庞海：《先秦冠礼研究》，中州古籍出版社 2006 年版，第 191 页。

所受之苦的忍耐力和承受力来标识其是否成人，是否具有成人资格，而是通过一种表征、象征来实现社会对青年社会地位、社会角色转变的认同。以阶级社会时期的冠礼和笄礼为例，它是一种标志型成人仪式。“冠”是古代成年男子戴在头上的帽子。古人认为人在青少年时期，心智未开，行为未定，尚有许多动物的习性和情感，这与西方用“it”来称呼小孩一样。等到了一定的年龄，青年行冠礼之后，人兽揖别。青年接受礼义的教化，对礼义有所认识后，便告别了动物的兽性，戴着帽子，穿着衣衫，注重自己的言行，注重自己庄重的外表和人格尊严。笄礼是我国阶级社会的女子成人仪式，其古义是女子订婚以后、出嫁之前所行的礼仪。在每年农历三月三的女儿节，古人会给即将成人的女孩行笄礼。笄礼的行礼方式带有女性特有的美感：一头长发，一根发簪，细心梳成一个秀美的发髻。这个过程标志着女子将步入成人世界，开启新的生活，它也是对女子人生责任、社会角色的一种提醒。可见，阶级社会的成人仪式思想道德教育形式呈现文明化。

三　社会主义社会时期成人仪式思想道德教育的完善

在新中国成立后的很长一段时间里，成人仪式处于沉寂状态，只存在于一些少数民族和地区之中。这一类成人仪式模式因各民族间地理文化、生活习惯差异而各具特色。如我国羌族历史上曾以羊为图腾，该族的成人仪式也与羊有关，羌族每年十月至十二月是举行冠礼的时期。举行冠礼时，亲族成员都会围火而坐，参加冠礼的青年要穿着新衣服，向有人类始祖像的巫师手中的杉杆跪下，巫师会将系有五色布条的白牡羊线围在青年的脖颈上，然后巫师跪下祝福，并念经祭家中的诸神，让诸神保佑青年跨入成人之行。[1] 再如畲族，凡男子满十六岁便可以举行祭祀祖宗仪式，也就是畲族的成人仪式。该仪式在家中举行，厅堂上悬挂神像，摆放神案，狗形的

① 胡鉴民：《羌族之信仰与习为》，《边疆研究论丛》1942 年第 1 期。

祖杖插在神案上，青年先祭祖，之后青年会得到一个新的法名，这个法名连同祭祖的日期都会被写在一条红布上，然后系结在祖杖之上。这就表示，祭祖的青年已经加入了图腾集团，成为该族的正式成员之一，并取得了该族成年男子的各种权利。①

纳西族的成人仪式主要是指更服礼，即改变服装的仪式。云南永宁的纳西族少女到了十三岁要举行成人礼，主要内容是改变服装。此前女童与男童一样，只穿麻布的长衫，行成人礼后，女孩要穿裙子，所以该成人仪式被称为“穿裙子仪式”②；男子的成人仪式称“才花给”，即穿裤子仪式。还有的地方把女子的成人仪式称为“石花给”，也就是穿裙子仪式。举行成人仪式的时间大都在每年农历十二月二十七日至二十九日，在有些地方成人仪式的时间是在大年初一，可能是为了使仪式活动更加隆重热烈，也使受礼的男女青年终生难忘。男女均在十三岁时举行成人仪式，而具体的时间会根据属相和占卜来决定。成人仪式要由成年人来主持，男子为男孩主持仪式，女子为女孩主持仪式，主持人与孩子的属相必须相符，不能相克。在主持人的指挥下，男孩、女孩要脱下长衫，穿上上衣、裤子或裙子，并且改变发饰，男子戴帽子，女子辫发，家长则手捧哈达，轻轻搭在孩子的身上，此时的巫师东巴开始念经，大意包括：某某快十三岁了，标志他少年时期的结束，成年时代的开始，这是一生中的大事，穿上裤子或裙子以后，你要好好劳动，成为一个出色的犁手或纺织能手等，至此，成人仪式基本结束。③ 在纳西族人那里，十三岁举行成人仪式是因为当地以十二属相纪年、记岁数。从出生到十二岁为一周期，因此十二岁是人生的重要转折点。另外，在遥远的氏族社会里，生产力低下的氏族群体非常需要新成员的增加，因此，就把十三岁确认为成年的起点，而这种习俗

① 凌纯生：《畲民图腾文化的研究》，《历史语言研究所集刊》1947 年第 16 本。

② 严汝娴、宋兆麟：《永宁纳西族的母系制》，云南人民出版社 1983 年版，第 141—149 页。

③ 宋兆麟：《中国生育信仰》，上海文艺出版社 1999 年版，第 324—325 页。

延留至今。

广西大瑶山盘瑶男子的成年仪式称“度戒”。是否度戒，对成年男子来说十分关键。度戒之后，该男子才是为社会承认的成年人，可以参加社会上的成人活动。度戒施行的年龄可在十五岁至三十岁之间，较多的是在二十岁之前。度戒仪式开始前一个月，受戒青年要吃素、净身。度戒仪式开始之后，受戒仪式的主持人，即师公要颂唱神书，随后，受戒的青年要身穿花长衫，在师公的引导下模仿师公的姿势来舞蹈。第二天中午，受戒青年要肩挑一把秤和一个空竹箩，意思是让玉皇大帝知道他已度戒，并在村民的簇拥下，同师公一道口念神书，手里还要不断摇着铃，并将瓜子、糖果等食物散发给众人，以示吉祥。接着，青年同师公回到厅堂并进行“睡阴床”、驱赶鬼怪的仪式活动。至此，度戒仪式大致完成。[①]

在青海贵德地区的藏族传统社会中，女孩子在步入成年之时，必须举行相应的礼仪。举行礼仪的年龄各地不一，通常为十三岁或十五岁，也有少数家长在女孩十一岁甚至九岁时便举办成年礼仪。在举行成人仪式之前，家长都要请活佛或喇嘛祈福诵经，选择良辰吉日，并要找一位属相相合、家庭美满的已婚妇女为接受礼仪的女孩梳理辫子，希望女孩将来一切都能吉祥如意。在发式的梳理上，该地区与西藏一些地方的做法有异。西藏一些地方要在姑娘头上梳上十条以上的小辫子，并在她的后背披上一条缀有许多银盘（藏语称作“引敦”）的饰带。贵德地区在梳理头发时，先在女孩头部的两侧梳上许多细小的辫子，然后在其头部中间梳一个很粗的辫子，并系一条白色哈达，最后把一条大约一米长、十厘米宽、镶有白色海螺或珊瑚、纹银碗的饰带（藏语称“扎浪”，是安多藏族妇女在重要场合所戴的一种发饰）与辫梢连接在一起。尽管西藏地区和贵德地区藏族女性的辫式并不相同，但女孩发式的改变，就是

① 胡起望、范宏贵：《盘村瑶族——从游耕到定居的研究》，民族出版社 1983 年版，第 246—248 页。

在向人们昭示女孩已经成人。[①]

鄂西土家族苗族自治州女子的成人仪式，一般是在结婚的前一天进行。在结婚前一天，女子家人会请九名未婚女子来伴哭，并且同唱《哭嫁歌》，这即是苗族女子的成人仪式。傣族、布朗族以及基诺族青年有染齿的习俗，以示成人。傣族男女从十四五岁起就开始染齿。布朗族男女要在十五岁左右举行成人仪式，在此期间，十五岁的男孩子要聚众到女孩子们的家中，为她们染齿，染齿不限于黑色，布朗族姑娘及哈尼族一些支系的男女成年时，会用紫梗染红牙齿[②]。除了染齿，基诺族在为男子举行成人礼时，还会对该男子进行突然袭击式的捕捉，然后将其带入人声鼎沸的仪式会场，使其遵守特定的仪式规则。在仪式上，族中的长者会带领大家唱史诗，宣传社会生活知识等。黎族女子成年时有文身的习俗。黎族过去把男女施文身看得非常重要，所有的女孩在十二岁至十六岁之间，都要施文身，文身就是黎族姑娘成年的标志。在文身时，要举行隆重的仪式。独龙族青年男女在达到一定年龄后也要请人为其文身，以示成人。[③] 满族没有固定的成人仪式，只是由族长或萨满在祖神案前祭祀，将灵佩赐给青年男女。一般来说，小伙的前额会佩挂野猪的獠牙，而姑娘们多佩挂野猪的门牙。此后，青年男女就获得了成人资格，可以参加族中的一切社交活动。[④]

凉山彝族青年的成人仪式很受重视。就女子的成人仪式来说，多由母亲操办，因为只有她最了解女儿的生理发育状况，也是女儿的贴心人。在仪式临近前，母亲通常会为女儿备好必用的“扎尼”、多层的绣花头帕、新百褶裙，并购买一些颜色各异的珠子和

---

① 尚义等：《贵德藏族女性成年礼仪述略》，《青海民族学院学报》（社会科学版）2009 年第 7 期。

② 宋兆麟：《中国生育信仰》，上海文艺出版社 1999 年版，第 326 页。

③ 林耀华：《民族学通论》，中央民族大学出版社 1997 年版，第 482 页。

④ 朱立春等：《中国民俗知识》（吉林民俗），甘肃人民出版社 2008 年版，第 130 页。

银领牌等民族服饰品，把即将进入成年的彝族女孩打扮得漂漂亮亮。就具体流程而言，首先是挥“扎尼”，主要由主持者用“扎尼”绕姑娘头部和下部，口念着有关生理方面的“愿月经调和、性生活美满、有生有育”等祝福词；其次是改变女子的原有发型，并戴上头帕。彝族女子成人前，发型为梳单辫垂于脑后，忌盘发于头，否则会伤害家人。举行成人礼后，发顶中分两股在耳后梳成双辫，头顶绣花黑色头帕，发辫交叉盘于头帕之上，此后忌垂发。额前的刘海用少许水打湿抹光，整齐发亮，以示少女情窦初开，秀丽端庄。接着就是取耳线佩戴耳饰。彝族女子幼年时多用绿色丝线穿于耳垂部作耳饰，以后，被穿部位已成小孔，可佩戴饰品。最后是脱童裙着彩裙。彝族女子幼年时着浅色二截童裙，裙边镶一粗一细两条黑布边。彝族女子成人仪式历来带有浓厚的性启蒙、性教育的重要内涵。在彝族人看来，仪式上所做的这一切都是为了彝族后代人丁兴旺，而且有利于保护未成年女子的身心健康和成长，所以他们对此都十分认真、虔诚地对待。女子成人仪式举行后，进入成人行列的年轻女人要穿红、蓝、黑等色彩对比度强烈的三截或四截长筒百褶裙。在换裙过程中，主持者还会口含冷水，边喷洒在少女身上边告知一些行为规范。[①]

台湾省北部泰雅族人具有以教育和训练为主要内容的成人仪式。在泰雅族村落里，每年或隔年的春天，村落中的长老就会召集即将成年的青年们聚集在一起进行仪式前的准备。青年们通常会被带领到村外的小屋去，他们在那里聚集并一起过与家人隔绝的生活，这种隔绝的生活一般要持续一两个月之久。在这段时间里，长老们会教青年种种成年人应具备的技能，包括打猎、除草以及部落传统等，尤为重要的是，长老们会在青年身上文身。泰雅男子的文身一般是在上额与下颌，有时也会在手臂上。文身是让人疼痛且难

① 四川省乐山市峨边彝族自治县文化馆：《彝族换童裙成人仪式》2010 年 11 月，http：//www. 18year. net. cn/news_ read. asp? id =4508。

忘的事情与经历，这种经历意味着青年已经成熟，可以结婚，并且可以参与族中的一切事务。女孩也一样，到了一定年龄会由长老的妻子组织召集并为她们在脸上文身，若非如此，女孩是嫁不出去的。青年们在隔离的小屋中住到文身的伤口都愈合，各种训练都完成，再由长老带回村落，从此，他们成为村落成人中的一员。这样的成人仪式让青年终身难忘，让青年意识到自己已成人，要肩负责任，承担义务。台湾水沙连所属北港的高山族女子，也会在成年时接受文面。另外，一些独具地方特色的成人仪式如“出花园”也得到了一定程度的保留，而且至今仍较为流行。潮汕地区有十五岁孩子的家庭，要在旧历七月初七和七月十五，或另择吉日为孩子备办三牲果品拜别公婆神，表示孩子已经长大，可以走出花园，不再是终日在花园里玩闹的孩童了。该仪式是将三牲果品合凑成四件或八件或十二件，摆置在晾晒用的竹箕上，请出公婆神的神炉，由出花园的孩子跪拜。出花园的孩子要穿红皮屐，吃公鸡头，而且所有食品都要吃一点。当然，对于出花园习俗来说，潮汕各地也会有所不同。除上述这些成人仪式外，中国的大多数地区在很长一段时间已经看不到成人仪式的踪迹。

改革开放之后，具备一定规模的十八岁成人仪式教育活动始于上海。1990 年 4 月 29 日，上海嘉定黄渡乡团委举办了第一届十八岁青年集体生日活动。[①] 1993 年 12 月 18 日，上海市精神文明办、共青团上海市委、上海市青年联合会在外滩人民英雄纪念塔前为 800 名十八岁公民举办了上海市第一届十八岁成人仪式。十八岁成人仪式的出现，很快引起了党和国家最高决策层的关注，并将其纳入爱国主义教育、公民道德建设的重要载体。1994 年 8 月 23 日，中共中央发布的《爱国主义教育实施纲要》第三十二条明确要求“提倡各地组织年满十八周岁的公民举行对国旗宣誓的成人仪式”。

---

① 崔玉娟：《成人仪式仅仅举拳宣誓是不够的》，《中国青年报》2009 年 7 月 27 日。

1994年9月15日，共青团中央发出《关于认真学习贯彻爱国主义教育实施纲要的意见》，明确要求各级团组织要把贯彻《纲要》精神同实施跨世纪青年文明工程和跨世纪青年人才工程更好地结合起来，把提倡和组织年满18周岁公民举行的“成人仪式”活动与青年志愿者行动结合起来，引导青少年在成人之前自愿参加社会服务，培养对国家、对社会的责任意识。1996年4月8日，共青团中央发出《关于规范十八岁成人仪式教育活动的暂行意见》，把18岁成人仪式教育活动的主体明确界定为“16—18岁处在成人预备期内的青年，重点是普通中学、中等专业技术学校和各类职业学校的适龄学生”。把活动内容规定为“成人预备期教育、成人预备期志愿服务、成人宣誓仪式”三个环节。2001年9月20日中共中央发布的《公民道德建设实施纲要》、2004年2月26日中共中央、国务院《关于进一步加强和改进未成年人思想道德建设的若干意见》（以下简称《意见》）也都把成人仪式列为“蕴藏着宝贵的思想道德教育资源”的活动载体。[①] 共青团创造性地提出了成人仪式教育活动的主旨、主体、过程、实施保障等，为成人仪式教育提供了基本样式。实践证明，共青团在这项活动中也发挥着先导性、主导性、权威性的作用。

与共青团的主导、引导相契合，学校组织的成人仪式活动逐渐增多。学校在具体操作中大体采取了两种取向：一是忠实取向；一是改进取向。大部分学校采取了改进取向，即在忠实《意见》基本精神的基础上对一些流程的改进，以渗透学校教育意图。当成人仪式教育成为学校“大事”之后，学校实施成人仪式教育的依据就会发生变化，《意见》固然是成人仪式重要的法律依据，学校自身特点、教育理念、学生特征、家庭因素等也将成为成人仪式设计的重要依据。学校会根据自己对成人仪式的理解，体现活动的学生

① 张华：《18岁成人仪式教育20年回顾与前瞻》，《山东省团校学报》2014年第3期。

主体性，体现仪式的表演性，注重学生叙述。有的学校将传统文化因素引入仪式中，在服装、成人纪念物等环节注重民族符号。在规模上，有的学校以小为取向，以班级为单位组织开展；而另一些学校则以大为取向，组织学校集体开展，甚至还联合其他学校一同开展。①

除了上述极具民族特色的成人仪式和以共青团、学校为主导的成人仪式外，还出现了以家庭为主导的成人仪式模式。每个青年都有自己成长的独特经历，而这种经历往往只有家人最为了解。很多家长都重视子女的成人仪式，也非常支持学校开展的成人仪式教育活动。但有的家长认为，虽然孩子在学校参加了成人仪式，但自己的孩子没有突出出来，效果并不好，觉得很遗憾，因此觉得有必要单独为孩子举办成人仪式，这更能凸显孩子成年对于他自己和整个家庭的意义。而有的家长无论学校是否举办成人仪式，自己都会在孩子十八周岁时为其举办一个特殊的生日庆典。家庭模式有较为简洁的版本，主要是将以往的生日办得更加隆重而已，其中创意不多，大不了在原有的蜡烛、蛋糕、祝福、许愿、拥抱等基础上，加上亲戚朋友见证，长辈祝福等环节。而有的家庭则用心良苦，如上海一位母亲，在女儿即将赴澳留学之际，在一家俱乐部会所里为女儿举办了一场别开生面的成人仪式，邀请了亲朋好友参加，主要的内容包括：明星伴舞、制作了书一样的蛋糕（上面书写“感恩”二字）、签订合同书（约定女儿在毕业工作之后将学费悉数奉还）、远在美国的好友视频祝福等。② 家庭可以根据自己的对成人仪式的理解，把生日庆典规模“扩大化”，程序更仪式化。这种家庭式成人仪式的针对性和实效性或许更强。

成人仪式作为人类文化的一种传承方式和表现形式，不可避免

---

① 洪明：《成人仪式教育的基本模式及走向分析》，《中国青年研究》2014 年第 1 期。

② 钱钰：《家庭版成人仪式教孩子感恩》，《新闻晚报》2006 年 12 月 11 日。

地要与时代碰撞，与现代性相融。成人仪式的媒体化与时尚化就是最好的说明。2009 年，湖南卫视与《中国青年报》、共青团湖南省委精心打造了一档题为“十八而志，青春万岁”的成人礼节目，将成人仪式与电视传媒相结合，创造性地设计了成人仪式的新图式，反响空前。该模式并非对原有成人仪式的彻底颠覆，它保留了主流模式中的前辈祝愿、同龄人心声、嘉宾演讲、故事时间、展示成人纪念物、面对国旗宣誓等核心环节，继而创造性地利用了当下的时尚元素，迎合了年轻人心理需求。以明星和嘉宾为例，2009—2012 年间，到过电视成人礼现场的证礼嘉宾有：知性主持人杨澜，航天英雄杨利伟，百度 CEO 李彦宏，科学家袁隆平，少将罗援，留法学生代表李洹，青年作家韩寒，国学大师范曾，奥运冠军高敏、王濛，偶像歌手周杰伦、李宇春，台湾鬼才导演九把刀，中国载人航天工程总设计师周建平，新东方教育董事长俞敏洪，等等。这些名人与年轻人距离的拉近，通过回想自己十八岁的故事，本身就会起到强烈的育人作用。① 电视成人礼是“成人礼在媒介文化逻辑中的复归与再建构”，被称为“被发明的新传统”。②

成人仪式再度兴起既是社会发展的结果，也是成人仪式自身特点使然。改革开放以来，我国社会发生了前所未有的转型与变迁，社会经济成分、社会结构、社会组织形式、社会利益格局都发生了深刻变化，人们思想活动的独立性、选择性、多变性、差异性日益增强，社会价值观念领域呈现出多元、多样、多变的纷繁态势。正处于人生成长关键时期的青年，其身心不断呈现出新特点，这使以往的青年道德教育与青年思想道德发展需要之间产生了一定的摩擦，现实对以往的青年道德教育，无论是教育理念、模式还是方法都提出了前所未有的挑战。以往青年道德教育更多的是一种规范性

---

① 洪明：《成人仪式教育的基本模式及走向分析》，《中国青年研究》2014 年第 1 期。

② 陈文敏、董天策：《电视“成人礼”仪式及其文化表意分析》，《新闻大学》2013 年第 2 期，第 25—34 页。

道德教育，主张教育的目的在于使受教育者接受和认同社会道德原则、道德规范和道德义务，懂得自己应该做什么、不应该做什么。这种道德教育理念，注重道德对个体行为的外在规约和限制作用，而往往忽视人文关怀，忽视个体的自我完善追求；以往的道德教育模式是一种较为死板、教条式的教育模式，不注重创新，只是一味地循规蹈矩；以往的道德教育方法更多的是一种灌输式的方法，往往忽视主体的感受，不能调动青年的积极性，这与自主性、创造性不断增强的青年的发展需要不相符。与其说青年思想道德教育理论要有所突破和发展是青年自身的需要，还不如说是时代的要求。

改革开放后我国成人仪式的再度兴起为青年思想道德教育理论的创新、丰富和发展提供了有益启示。成人仪式思想道德教育不是纯粹的灌输和说教，而是注重青年情感体验，注重青年主体性的发挥的引导式教育。这种教育无论在理念、模式还是方法上都能满足青年的需要，适应青年道德认知、情感及行为的变化发展规律，并收到较好的教育效果。成人仪式能以其独有的方式帮助青年实现“心理成人”，为青年提供回顾以往、展望未来的场域，为青年提供正确的价值引导，引导青年树立科学的理想信念，激发青年为国家和人民的幸福去奋斗的愿望和决心。如果说，新中国成立后特别是改革开放以来我国社会的发展状况是成人仪式再次登上历史舞台的外在条件，那么，成人仪式自身的特点则是其再次登上历史舞台的内在因素。再度兴起的成人仪式并不是以往成人仪式的翻版，而是获得了新的发展。同阶级社会时期的成人仪式思想道德教育相比，社会主义社会的成人仪式思想道德教育处于不断完善阶段。具体表现在以下几点：

第一，社会主义社会成人仪式思想道德教育的目的自觉化。原始社会时期成人仪式思想道德教育目的具有朴素性，以族群延续为目的；阶级社会时期成人仪式道德教育日趋自觉化，以维护少数统治阶级利益为目的；社会主义社会成人仪式道德教育目的自觉化，以社会进步与青年个体发展二者的统一为目的。在社会主义社会，社会的发展是个人发展的前提和保障，个人的发展又是社会进步的目的和动力，社会与个人之间不再根本矛盾和对立。社会主义社会的成人仪式思想道德教育逐渐成为对广大青年进行爱国主义教育、普法教育、完善人格教育以及遵守社会公德教育的集体教育活动，成为以青年个体全面发展、个体与社会的和谐发展为最终目的的社会活动。成人仪式思想道德教育致力于为中国特色社会主义伟大事业培养合格的建设者与接班人，培养建设和谐社会的有用人才，这对社会的发展进步具有积极促进作用。青年在成为社会主义事业建设者和接班人的同时，能够实现自身价值，实现自身发展。可见，社会的和谐发展与青年个体价值实现是相互促进、和谐统一的，而这种统一恰恰是社会主义社会成人仪式思想道德教育自觉化的集中体现。

第二，社会主义社会成人仪式思想道德教育的对象平等化。作为社会主义社会成人仪式思想道德教育对象的男女青年在社会地位上是平等的。进入阶级社会以来，人类经历了奴隶社会家庭制度、封建社会家族制度的发展，男女不平等观念根深蒂固。男女的不平等直接反映在成人仪式道德教育中，如在奴隶社会和封建社会时期的成人仪式道德教育中，男女青年在教育内容、形式等方面都存有很大差异。民主革命、土地改革及五四运动，特别是中国共产党领导的农民运动，不断地对封建家族制度进行猛烈的冲击，这从根本上动摇了封建家族制度，动摇了男女不平等的基础。1926 年至 1927 年上半年以两湖为中心的全国农民运动最为典型，接着 1927 年 5 月召开的中国共产党第五次全国代表大会，在党的历史上第一次提出了要消灭族产公田的纲领，这为男女重新恢复社会地位的平等起到了重要作用。[①] 土地改革彻底消灭了家族制度的经济基础，封建家族制度也就此被彻底摧毁，男女不平等的根源也就此被斩断。新中国成立第二年就颁布了《婚姻法》，这标志着我国历史上

① 徐扬杰：《中国家族制度史》，人民出版社 1992 年版，第 459—460 页。

第一次实现了一夫一妻的婚姻制度，建立了夫妻、男女的平等关系，这种平等关系直接影响到了成人仪式思想道德教育中男女青年的地位。社会主义社会成人仪式思想道德教育中的男女青年在社会地位上是完全平等的，他们没有高低、贵贱之分，在接受道德教育的内容、形式及过程上一律平等。

第三，社会主义社会成人仪式思想道德教育内容丰富化。社会主义社会成人仪式思想道德教育的内容丰富，主要包括生命教育、心理教育、理想信念教育、家庭道德教育以及爱国主义教育。社会主义社会成人仪式思想道德教育内容的丰富化同社会主义道德的发展，特别是同社会主义道德建设密不可分。社会主义道德是马克思主义伦理思想同中国特色社会主义伟大实践相结合的产物，也是对中国古代优良道德传统的传承与升华，更是对中国革命道德传统的直接继承和发展。社会主义道德建设以为人民服务为核心，以集体主义为原则，以爱祖国、爱人民、爱劳动、爱科学、爱社会主义为基本要求，以社会公德、职业道德、家庭美德为着力点。这些要求和内容直接影响到社会主义社会成人仪式思想道德教育的内容。在一定意义上，社会主义道德建设内容就是成人仪式道德教育的主要内容。概括地说，同阶级社会时期成人仪式思想道德教育内容相比，社会主义社会成人仪式思想道德教育内容更加丰富，一方面，教育内容涉及的关系不断扩大，除了个人与国家关系外，还突出了自我身心关系、人与自然的关系等；另一方面，教育内容所体现的关系更加深刻，如个人与国家之间的关系中不再单纯强调个人的牺牲和付出，而是转向了个人与国家双方的共生发展。

第四，社会主义社会成人仪式思想道德教育的环节合理化。社会主义社会成人仪式思想道德教育主要由三个大环节构成。第一环节为预备期教育，主要是指十六岁的成人意识教育，是指让青年通过系统学习获取法律知识、生存知识、道德知识，让青年养成责任意识、服务意识、国家意识、社会意识，让青少年渐入成人的角色，承担成人的责任。第二环节为预备期志愿服务，即十七岁成人预备期志愿者服务活动，由系统的学习、训练，以及“爱心行动”“文明行动”“绿色行动”“环保行动”和“科技行动”等系列活动构成。如果说预备期教育是知识性学习，那么，预备期志愿服务就是实践性学习。第三环节为十八岁成人宣誓仪式，是将青年之前的认知集中升华，实现道德认知、情感以及行为的统一。该环节包括升国旗、唱国歌、面对国旗宣誓、领导勉励、前辈祝愿、成人心声、颁发成人纪念物等内容。十八岁成人宣誓仪式是成人仪式的高潮，它标志着前一阶段的预备期教育的结束，标志着青年正式步入成年人行列，完成了社会角色的转化和人生阶段的飞跃。三个环节安排合理，联系密切，共同构成了成人仪式道德教育的全过程。

第二节　我国成人仪式思想道德教育历史沿革的主要特征

通对对成人仪式思想道德教育历史沿革的梳理可以看到，成人仪式思想道德教育始终受特定社会政治权力的作用和影响，其整体演进过程体现了继承性与发展性的统一，其具体历史阶段的发展在内容上体现了历史性与阶级性的统一，方式上突出了社会价值引导与青年自主建构的统一，价值上实现了社会进步与个体发展的统一。

一　演进过程受政治权力的作用和影响

作为一种社会现象和社会上层建筑，政治是经济的集中表现，是不同阶级维护自身利益的特定行为以及由此结成的特定关系。政治权力主要是“某一政治主体依靠一定的政治强制力，为实现某种利益或原则而在实际政治过程中体现出的对一定政治客体的制约能力”。[①] 政治权力是一种社会关系，是政治权力主体对客体施加作用。政治权力的决定因素是权力主体对特定资源的支配和控制。

① 李景鹏：《权力政治学》，黑龙江教育出版社1995年版，第33页。

政治权力的目的在于实现社会的有序化。政治权力作用的发挥离不开一定的载体，离不开特定的权力象征及表现载体。可以说，政治权力关系与象征行为二者密不可分。进一步来说，政治权力是不可见的，它必须通过象征形式得以表现，即政治权力必须被象征化、人格化才能被看到，而具有象征意义的仪式能够表达权威，彰显权力，这样，仪式历史地成为权力得以表现的重要形式。原始社会末期的仪式是社会政治权力的重要表现形式，今天社会主义社会的现代政治仍没有脱离仪式，可以说，政治权力仍需要被象征化才能被接受和认可。[①] 总之，具有象征意义的仪式是政治权力现实化的重要途径与形式之一。

作为仪式的一种，成人仪式充当了政治权力的象征。成人仪式与政治权力的结合由来已久，从原始社会末期成人仪式出现那天起，成人仪式中就渗透着政治权力因素，只不过这种政治权力更多地表现为一种公共权力，权力主体与客体，即权力的实施者与对象之间处于一种原始交融状态，这种交融状态能从成人仪式主持人的遴选上看出。原始社会成人仪式的主持人多是由对氏族、部落贡献较大的人来担当，他们有调节氏族、部落内部及外部各种关系和矛盾的权力。这种权力大多是道德性质的权力，起到社会管理的功能与作用。主持人同参加成人仪式的青年具有原始的平等。另外，从原始社会成人仪式思想道德教育的内容中也能看到公共权力的影子。原始社会成人仪式思想道德教育往往与当地人日常生活中最基本的生存技能相关联，如男孩子要学会各种基本的技能，女孩子要学会适应未来的生活。在没有文字，没有正规教育的情况下，原始社会的成人仪式自然成为当时青年集中学习生存知识与技能的重要场合，成为传承该群体生存知识和价值的重要途径。这进一步说明，原始社会时期成人仪式中所涉及的权力问题是以社会，或者说

① 郭于华：《仪式与社会变迁》，社会科学文献出版社 2000 年版，第 341—344 页。

以族群生存状态和生存逻辑为凝聚点，这种权力更多地体现为一种公共权力，而非真正意义上的国家政治权力，但它却是国家政治权力的萌芽。由此可以这样说，原始社会的成人仪式思想道德教育同政治权力交织在一起，并始终受到政治权力的作用和影响。

伴随着生产力的发展，私有制的出现，特别是原始社会三次大分工的完成，社会中一部分人开始利用自己占有的生产资料剥削另一部分人，一部分人成为剥削者，另一部分人则成了被剥削者，剥削阶级逐渐产生，阶级之间不可调和的矛盾随即出现，国家作为阶级之间不可调和的矛盾的产物由此产生，国家政治权力正式登上历史舞台。在阶级社会中，政治权力主体与权力客体逐步走向不平等，甚至是对立，因为政治权力并非为广大人民所用，它只是统治阶级统治广大劳动人民的重要工具。可以说，该阶段政治权力的主客体处于一种分裂状态，而这种状态直接影响到该阶段成人仪式思想道德教育的目的、内容及形式。阶级社会时期成人仪式思想道德教育的对象是青年，青年是社会发展的未来，各个阶级自然会尽力争取青年一代，并将他们培养成本阶级的接班人。因为青年是各阶级争取的重要对象，所以阶级社会的成人仪式思想道德教育也就带有了明显的阶级性。阶级社会的成人仪式思想道德教育以统治阶级所宣扬的思想道德原则、规范为主要内容，旨在为统治阶级培养顺民。可以说，阶级社会成人仪式思想道德教育所体现的阶级性是国家政治权力作用的直接表现。

我国社会主义社会性质决定了人民是国家的主人，政治权力在本质上属于人民。中国共产党是中国工人阶级的先锋队，是中国人民和中华民族的先锋队，是中国特色社会主义事业的领导核心，代表中国先进生产力的发展要求，代表中国先进文化的前进方向，代表中国最广大人民的根本利益。因此，中国共产党的政治权力为民所用，中国共产党代表人民行使政治权力。中国共产党的政治理想、纲领、路线、方针、政策都是其政治权力的具体体现。可以说，社会主义社会的政治权力主体与政治权力客体之间是平等的，政治权力的主客体处于一种新的融合状态。就当前我国社会主义的成人仪式思想道德教育而言，其目的、内容、形式等都受政治权力的影响，并为政治权力的现实化提供服务。成人仪式思想道德教育始终同中国共产党的政治目标、政治理想相联结，它体现了党和国家对青年的期望，表达了党和国家对未来的追求。成人仪式思想道德教育按照党、国家和人民的需要，引导青年，教育青年，塑造青年，通过实现青年的道德社会化和政治社会化，为无产阶级培养接班人，为中国特色社会主义伟大事业的存续培养新生力量。

总之，政治权力始终与成人仪式思想道德教育相伴随，只是在不同时期，政治权力的特征不尽相同。成人仪式思想道德教育同政治权力相互交融的过程，也体现了政治权力的社会化过程。政治权力具有内在的矛盾和结构，其发展遵循特定的逻辑。政治权力自身并不能为其提供发展动力，社会基本矛盾才是政治权力发展的第一推动力，政治权力的发展始终服从人类社会发展的一般规律。简单地说，政治权力的发展，或者说政治权力的社会化是政治权力同社会发展相一致的演化过程，而社会发展始终受经济基础同上层建筑二者的互动关系影响，由此，可以看到一个循环的发展链条，即生产力的发展促成了政治权力的形成和发展，决定了政治权力表现形态，政治权力又作用和影响成人仪式思想道德教育的内容、形式、性质，成人仪式思想道德教育的对象——青年又是未来社会发展的主力军，他们的政治立场、政治意识、政治理想无疑将影响社会的整体进程，特别是影响社会政治的发展。这样，一个循环的链条呈现了出来，尽管这个循环略显粗糙，但它能让我们跳出成人仪式思想道德教育自身发展的小圈子，进入社会大环境中来审视成人仪式思想道德教育的发展。也就是说，成人仪式思想道德教育的历史演进始终为社会发展状况所制约，并对社会发展具有积极的反作用。

二　演进体现继承性与发展性的统一

在将成人仪式思想道德教育演进过程视为一个整体时可以看

出，这个演进过程体现了继承性与发展性的统一。所谓继承性，是指成人仪式思想道德教育三个发展阶段之间相互连接、彼此承接。原始社会的成人仪式思想道德教育、阶级社会的成人仪式思想道德教育以及社会主义社会的成人仪式思想道德教育三者之间存有共通之处，主要表现在：第一，三者具有相似的目标指向。三种成人仪式思想道德教育始终以实现青年社会身份转换，传递社会特定价值，维护社会稳定为目标指向。第二，三者都是特定社会背景下人的需要的理性表达方式。人的一生总是经历着从一种状态到另一种状态的过渡，从一种身份到另一种身份的转换。在转化过程中，人们总会有心理上的波动，甚至是不适。为了缓解这种不适，不同社会时期的人们都会用各具特色的行为方式来满足自己的需要。① 成人仪式就是特定社会背景下用以缓解人在社会身份、社会地位发生转化后心理上的种种不适的有效方式。无论在原始社会、阶级社会，还是社会主义社会，成人仪式都蕴含了特定社会历史条件下人们的深层心理动机，是人们思维方式的特殊表达方法，也是满足人们需要的一种理性表达方式。

所谓的发展性，是指成人仪式思想道德教育从萌芽到发展，最后走向完善的发展过程，而这三个发展阶段之间存在质的差异，是一个由低级到高级的发展过程。如果把处于萌芽阶段的原始社会的成人仪式思想道德教育视为一种自发行为，那么，处于发展阶段的阶级社会的成人仪式思想道德教育则是由自发向自觉的过渡行为，而社会主义社会的成人仪式思想道德教育则是一种自觉行为。自发与自觉的关系能为我们提供理解成人仪式思想道德教育继承性的独特视角。作为人活动的两种状态，自发和自觉二者既相互对立，又相辅相成，自发是自觉的前提和基础，自觉是自发的延伸与超越。原始社会自发的成人仪式思想道德教育是其进入社会主义社会自觉

---

① 王霄冰：《仪式与信仰——当代人类学视野》，民族出版社 2008 年版，第 138 页。

的成人仪式思想道德教育阶段的前提，而没有阶级社会自发向自觉的过渡的成人仪式思想道德教育，自觉的成人仪式思想道德教育也不可能实现。社会主义社会自觉的成人仪式思想道德教育是原始社会自发的成人仪式思想道德教育的重要延伸，正是成人仪式思想道德教育在自觉阶段的发展才更为深刻地彰显出了人的本质特征，也才使成人仪式思想道德教育的自发阶段极具意义且不断延伸和扩展。

三 内容体现历史性与阶级性的统一

对该特征可以从静态与动态两个角度来把握。所谓静态角度，是指分别就每个时期的成人仪式思想道德教育的内容作出分析。原始社会的氏族成人仪式对个体来讲是一种生理与心理的考验，具有原始性，还带有一定程度的野蛮性，这同原始社会时期青年的生存环境相关。原始社会青年的生存环境较为恶劣，这要求青年具有较强的生存能力，而成人仪式恰恰是对人生存能力的一次考验，只有经过考验的人才能过关，才能成为部落战士，并担负起氏族成员应当承担的责任，享有氏族成员可以享有的权利。可以说，原始社会成人仪式的内容同所处的历史状况相符，也同氏族部落内部即将出现的不同阶级间较量的结果相符。在这个意义上，原始社会成人仪式的内容体现着历史性与阶级性的统一；阶级社会的成人仪式，以冠礼为例，是中国农业宗法体制国家较为独特的一种成人仪式，具有深刻的文化意义。阶级社会的成人仪式不再注重对人生存能力的考验，而是注重在安定的农业宗法社会中个人的协调与适应能力。一个人要适应生活于其中的社会，就需要懂“礼”，并且，还要具备谨守礼法的伦理品格。因此，阶级社会时期的成人仪式以贯彻“成人之道”为己任，“成人之道”的内涵主要体现为认同和确立君臣父子长幼关系，强调成人维持宗法伦理秩序、承担社会义务的责任。可见，阶级社会的成人仪式具有历史性，符合特定社会状况。我国传统社会的冠礼就是通过服饰的更换来对冠者进行隆重严肃的纲常伦理的礼义教育。正如前面提到的，成人仪式在进入阶级社会之后，其意识形态色彩日趋浓厚，此时在冠礼中所体现出的纲常伦理内涵正是成人仪式阶级性的重要表现；社会主义社会的成人仪式在内容上包括心理教育、生活教育、道德教育、政治教育几个主要方面。这些内容既符合历史发展的需要，也符合现实发展的要求，既体现了历史性，也内蕴了阶级性，体现了历史性与阶级性的统一。

所谓动态角度，是指历史地、连续地以成人仪式思想道德教育内容的演变为对象进行分析说明。总的说来，成人仪式思想道德教育的内容从与生活教育相交融到逐渐地独立、自成体系，并随时代的发展日趋意识形态化，这既符合历史的发展需要，具有历史性，也满足阶级力量对比结果，具有阶级性，体现出历史性与阶级性的统一。具体来说，原始社会时期，道德同生活习俗融汇在一起，没有各自形成独立且完整的内容体系，使得成人仪式思想道德教育在内容上同生活教育融汇一体。由于阶级性不明显，因而成人仪式内容并没有明显的阶级性。但到了原始社会末期，随着私有制、阶级的产生，成人仪式思想道德教育内容的阶级性才逐渐凸显。随着历史的发展，人类进入了阶级社会，人类社会关系逐渐复杂多样，道德得到巨大的发展，道德原则与规范逐渐从生活习俗中分离出来。同时，以道德为主要内容的伦理学和以道德素质培养为目标的道德教育也逐渐形成并发展，这就为成人仪式思想道德教育内容从生活教育内容中分化、独立提供了重要的条件。如我国的冠礼，该成人仪式的思想道德教育内容已经相对完整，形成了以“礼”为核心内容的一套道德教育内容。此时，成人仪式思想道德教育内容的阶级性逐步凸显并成为成人仪式教育的主要特征。社会主义社会时期的成人仪式思想道德教育内容既保有历史继承性，也呈现特定的阶级性，同样体现了历史性与阶级性的统一。

四　方式突出社会价值引导与青年自主建构的统一

无论是原始社会、阶级社会，还是社会主义社会，成人仪式都是青年教育的重要方式之一。既然是一种教育，成人仪式就离不开教育的双方，离不开教育双方的互动。换句话说，成人仪式思想道德教育方式始终突出了社会价值引导同青年自主建构相结合的特征。成人仪式在其发展过程中逐渐意识形态化，并带有一定的阶级性、导向性，成为社会价值的传达器，通过仪式内容、仪式过程等环节对置身于其中的青年起到价值引导和规约的作用，这就是成人仪式思想道德教育的社会价值导向作用。以成人仪式冠礼为例，它始终在青年价值观的形成中起着重要的引导作用，它引导青年要“忠君爱国”，遵守封建社会的“纲常伦理”，养成“君子人格”等，可以说，社会价值引导贯穿于成人仪式思想道德教育的全过程。无论哪种社会形态下的青年都处于人生发展的特殊阶段，有其独特的生存空间和生活内容，也有独特的心理需求和思维、行为方式，特别是形成了独立意志以及与之相适应的观察力、理解力、意志力，青年期的这些特点决定了外在的社会价值引导必须内化于青年自身才能发挥作用。成人仪式思想道德教育的价值导向只有与青年自身的主体建构相结合，才能顺利、有效地发挥作用，实现青年自身的社会化。也就是说，社会价值引导只是成人仪式思想道德教育作用发挥的必要条件之一，青年的自主建构同样至关重要。

青年自主建构主要是指青年将成人仪式传达出的、外在的社会价值观内化为青年自身思想行为所秉持的价值观的活动过程。大致地说，这个过程主要包括五个阶段：认知、服从、评价、认同、强化。在认知阶段，青年主要大致了解成人仪式传递给青年的主导价值观念，这是青年确定对特定价值观念的主观态度和行为准则的必要前提，也是实现青年自主建构重要前提；在服从阶段，青年基本遵从成人仪式传递的社会主导价值观念，这是青年自主建构过程中的重要一环；在评价阶段，青年形成对成人仪式传递的社会主导价值观念的态度，对社会主导价值观念作出判断时会引发特定的内心体验，或肯定，或否定，这对青年的价值观及行为发挥着激励和调节作用；在认同阶段，青年会自主地认同成人仪式所传递的社会主导价值观，并自愿以之为行为指导，该阶段是青年自主建构的关键一环；在强化阶段，社会主导价值观在青年自身内部会得到一定程度的强化和巩固。总之，成人仪式思想道德教育的作用方式不仅只有社会的价值引导，还有青年自主建构的融入，是社会价值引导与青年自主建构二者的统一。

五　价值实现社会进步与个体发展的统一

就成人仪式的价值而言，无论大小，都在于促进社会发展与满足个体发展需要。一方面，在成人仪式中，社会处于主动方，将自身充分地强加于置身仪式之中的青年身上，使之成为驯服的生灵，也就是将集体的价值观和文化意象编织到青年的心智中去，使其成为具有社会特征、符合特殊需要的个体，以稳定并促进整个社会的发展；另一方面，成人仪式也以个人的自由发展为旨归。仪式活动具有神奇的力量，在人的社会化的过程中，在人成长的每一个阶段，通过某种仪式活动强化某些社会伦理道德教育的内容，这不仅会使我们的教育工作有很大的吸引力，而且还会使我们社会的文明程度有更大的提高。①

由于原始社会的文化形式相对单一，这使得成人仪式成为原始社会青年教育的基本方式，其对社会和青年个体格外重要。原始社会的成人仪式同生活教育内容相互交融，成人仪式在维护氏族部落的延续，实现社会的发展上发挥重要作用。同时，经过成人仪式之后的青年能够真正以成年人的身份参与部落的各种公共事务，这为青年个人提供了发展空间和条件。不难看出，原始社会成人仪式价值实现了社会发展同个体发展二者的统一；随着社会的进步，教育和文化的不断发展，阶级社会中的成人仪式思想道德教育对个体的作用比原始社会成人仪式思想道德教育对个体的作用出现一定程度的弱化，但成人仪式思想道德教育在社会进步与个体发展上发挥的

---

①　平章起：《成人仪式·伦理·青年教育》，《道德与文明》2001 年第 2 期。

积极作用并未发生改变。每个社会独特的历史进程和独特的生活状况形成了各异的民族传统和风俗习惯、道德原则，为使这些传统和习俗得以传承，为使各民族的特色得以保存，各民族的文化得以传承，需要一定的形式。成人仪式可以对青年进行传统社会公德和习俗的教育，这在一定程度上保证了社会文化的传承，稳固了社会秩序，促进了社会进步。与此同时，成人仪式思想道德教育也在个体获得生存、发展能力上发挥着积极作用。我国阶级社会属于农业宗法社会，个体如何才能适应生活于其中的社会，个体如何获得应具备的一定协调力与适应力，这就需要懂“礼”，并且，还要具备谨守礼法的伦理品格。阶级社会的成人仪式旨在贯彻成人之道，成人之道的内涵是认同和确立君臣父子长幼关系，强调成人维持宗法伦理秩序、承担社会义务的责任。尽管该时期成人仪式思想道德教育没有完全实现社会进步与个体发展的和谐统一，但历史地看，它在实现维护社会稳定价值的同时也在武装着个体，使其能够在社会中生存、发展。社会主义社会的成人仪式是社会主义主流文化传承的载体，其承载着社会的主流思想文化，坚守着主流政治导向，这是社会发展的需要，是实现社会健康、稳定发展的重要途径。成人仪式能在一定程度上扩大社会政治认同，有利于社会政治的稳定，也能维系家庭和睦，有利于社会的稳定，还能传承历史文化，有利于社会的发展。总的来说，成人仪式在维护社会政治、结构的稳定，促进社会发展方面都具有一定的积极作用。对个人而言，成人仪式为其提供有关个人与生命、个人与家庭、个人与社会以及个人与国家之间关系的相关知识，而这正是青年个体在今后人生道路上不断实现自我、超越自我所必备的，它能增强青年对生命的敬畏感，能促进青年的道德社会化与政治社会化。社会主义社会的成人仪式不仅促进社会的进步，也促进个体的发展。

成人仪式思想道德教育在价值上体现了社会进步与个体发展的统一，这种统一始终以群体为本位，只是在不同阶段，其性质不同而已。原始社会时期的成人仪式思想道德教育是一种朴素的群体本位，因为当时人们对群体同个体之间的关系没有形成理性的认知；阶级社会的成人仪式思想道德教育是一种有局限的群体本位，因为这种群体本位是在抹杀个体的基础上实现的；社会主义社会的成人仪式思想道德教育是一种发展的群体本位，因为这种群体本位是人们在对群体与自我之间关系的理性认识基础上实现的，也是在对个体自由全面发展的观照基础上实现的。

第三章　我国成人仪式思想道德教育的主要内容

我国成人仪式思想道德教育蕴含着丰富的内容，在不同历史时期有不同的体现。本章试图梳理不同历史时期我国成人仪式思想道德教育的主要内容，既包括传统道德教育内容，也包括创新发展的最新成果。当前我国成人仪式思想道德教育的主要内容是本章阐述的重点。

我国成人仪式思想道德教育内容在三个历史阶段依次体现出朴素化、独立化和丰富化的特性。受生产、生活等各种条件的限制，原始社会时期的成人仪式思想道德教育内容主要同生活教育相交融，呈现出朴素性，尚未独立。原始社会时期人类的教育是一种最早期教育，这种教育被称为元教育、前教育或零教育。该种教育没有明确的教育意识，无专门的教育形式，教育的进行主要同生产与生活活动过程紧密结合，以潜移默化的方式使被教育者在模仿中学，在活动中学。尽管原始社会的成人仪式从最初的简单标识，发展成为教导青年如何生存、生活的重要教育形式，成为一种特殊的集体教育形式，但它仍与生活教育没有完全区别开来，因此，成人仪式思想道德教育内容并未与生活教育内容相分离。不仅如此，原始社会成人仪式思想道德教育内容通过生活教育得以实现。具体来说，原始社会的成人仪式主要对青年进行生活教育，对男子来说，包括基本的生存、生活技能训练，如猎食、战斗等，还培养青年在生活中所需的勇敢、坚忍的品质等。对女子来说，主要包括生育和抚养孩子、操劳家务等。生活教育在一定程度上就是思想道德教育，原始社会成人仪式思想道德教育内容是在对青年生存与生活技能的教育和培训当中体现出来的。由此可见，原始社会成人仪式思想道德教育主要以生活教育为主，其中有关个人道德品质的教育也都同个人的基本生存需要挂钩，具有原始朴素性。

阶级社会成人仪式思想道德教育的内容同阶级社会道德的发展密切相关。随着私有制的出现，阶级的产生，阶级道德开始了其历史行程。奴隶社会道德是第一个阶级道德。人类迈入奴隶社会之后，生产力水平得到一定程度的提高，物质财富相对增多，社会已能养活部分人专门从事精神活动，脑体劳动开始分化，人们的抽象思维能力和自我道德意识都有了很大的发展。这样，加上文字作用，人们在劳动和各种社会活动中遵循的一些行为准则与规范，不仅在人们的意识中逐渐地明确起来，而且经过奴隶主阶级思想家的思考与概括，也以理论的形式表现出来。此时，“道德”概念以及一系列道德规范，如信、义、忠、孝、仁、爱等被提了出来。人们在道德生活中遇到的道德问题逐渐增多，如道德理想、道德评价以及道德教育等都出现在世人面前。在此情形下，为了巩固奴隶主阶级的统治，他们的思想家们从各方面对这些问题进行阐述并构筑自己的伦理学体系。[①] 可以说，道德自身的独立化，道德内容的体系化以及道德教育的规模化直接影响到奴隶社会成人仪式思想道德教育的主要内容。奴隶社会时期的成人仪式冠礼是以奴隶社会的伦理规范为教育内容，其中，“礼”是成人仪式思想道德教育中最重要的课程。“礼，经国家，定社稷，序人民，利后嗣者也。”[②] “礼”包括了整个社会制度到日常生活的一切法律规范，关系到奴隶阶级国家的命运和前途。只有让青年学会“礼”，才有可能让青年循规蹈矩，并保证统治阶级的基本立场，实施阶级统治。“礼”是一门

① 罗国杰：《伦理学》，人民出版社 2001 年版，第 107 页。

② 杨伯峻：《春秋左传注》（第 1 册），中华书局 2009 年版，第 76 页。

政治伦理道德教育课，也是关于社交能力的学问。冠礼是通过对青年的教化，通过约束青年的外在行为来控制青年的内在欲望，实现青年对社会伦理道德原则与规范的自觉认同。[①] 具体来说，奴隶社会的成人仪式思想道德教育内容主要体现为“爱人”，“仁者，爱人”。“爱人”有不同的表现形式，一方面，爱家人，即家庭道德教育。孝悌是做人的出发点，因而，它是奴隶社会成人仪式思想道德教育的首要内容。通过特定程序，成人仪式告诫青年已长大成人，从此要按成人的礼仪来规范自己的言行。在家庭里要爱自己的家人，对父母要孝，对兄弟要悌；另一方面，爱自己的国家，即爱国主义教育。忠是君子必备的重要品质，正如孔子所说的，君子“主忠信”，即君子要以忠为主德，因此，忠也是奴隶社会成人仪式思想道德教育的重要内容。通过特定程序，成人仪式教育青年要忠，忠于自己的国家，忠于自己的君主。通过教育青年“爱人”，奴隶社会的成人仪式不断地育人“成仁”，以把青年培养成满足社会需要的“君子”和“成人”。

我国封建社会的等级制度是一座金字塔，人分五等，官分九级，各等级不仅在财产、特权方面有严格规定，而且在仪礼、习惯等方面都存有明显的差别。为了维护封建的宗法等级关系，封建社会道德要求人们安分守己，因此，维护封建宗法等级关系是封建道德最根本的原则。为了维护这一原则，封建地主阶级提出了三条根本道德规范，即君为臣纲、父为子纲、夫为妻纲。封建地主阶级在宣扬“三纲”的基础上，还提出了“五常”，即仁、义、礼、智、信，以此作为处理人与人之间关系的道德准则。[②] 可以说，封建社会基本的道德原则、规范以及准则直接决定了封建社会成人仪式思想道德教育的主要内容。一方面，孝亲，即家庭道德教育。孝是子女对父母的孝敬，是调整家庭的关系的重要原则，有利于建立和睦

① 戴庞海：《先秦冠礼研究》，中州古籍出版社 2006 年版，第 191 页。

② 罗国杰：《伦理学》，人民出版社 2001 年版，第 109—111 页。

的家庭生活。封建社会成人仪式家庭道德教育旨在教育青年孝敬父母，以建立“父父、子子”的家庭关系。具体来说，青年要对父母怀有爱戴与尊敬之情，这是天然感情和伦理义务，青年要形成赡养父母的意识，这是青年的社会义务和道德责任，青年还要光耀双亲祖宗，这是对父母、亲人及家庭的伦理义务。另一方面，忠君，即爱国主义教育。封建社会是以血缘关系为纽带的宗法家族社会，皇帝就是至高无上的家长，要求臣民对他的绝对服从，保持所谓“君君、臣臣”的等级名分关系，同时也保持臣民对国家的拥戴与眷爱。封建社会的成人仪式爱国主义教育旨在培养青年的忠君意识，让青年具备“忠君之礼”。这是青年实现个人道德修养的必要条件，也是青年的成人之道。在封建等级制社会里，父亲是一家之长，皇帝是一国之尊，对封建家长的绝对尽孝，扩大到国家，就是对君主的绝对尽忠。可见，“孝亲”与“忠君”二者密切联系，这是封建社会倡导的忠孝合一，它适应封建地主阶级政治统治的需要，也构成了封建社会成人仪式思想道德教育的主要内容。

同原始社会成人仪式思想道德教育的内容相比，阶级社会的成人仪式思想道德教育已从生活教育中独立出来，并表现为特定的伦理道德教育，其中，家庭道德教育和爱国主义教育是其主要内容。可以说，阶级社会时期的成人仪式思想道德教育内容，成为社会主义社会成人仪式思想道德教育内容得以丰富发展的重要基础和前提。经过长期发展，社会主义社会成人仪式思想道德教育形成了包括生命教育、心理教育、理想信念教育、家庭道德教育和爱国主义教育等在内的较为完整的内容体系。

第一节　生命教育

生命教育是强调生命价值，引导人珍爱生命、尊重生命，追求对生命的终极关怀的教育。人们对世界、人生的认识和理解离不开对生命的体认和感悟，因此，体悟生命理应成为教育的起点并贯穿于教育的始终。对成人仪式思想道德教育整体而言，生命教育不仅是其首要内容并贯穿于其他方面的教育之中，而且还是其重要前提。谈生命教育自然离不开对生命的界定。以往人们习惯于从生物学的角度来定义生命，认为生命是作为生物的本质属性而抽象出来的一个概念。这里所说生物的本质属性是指，在长期与环境间的交换中进化，生物保存个体及种的发展并由此而定向地形成自身。[①]随着学科的分化与发展，涉及生命问题的各学科都试图从各自的视域来审视生命，但生物学对生命的界定始终如影随形，生命哲学的发展繁荣使人们对生命的理解有了新向度。

生命的本质不是自然科学所研究的物质，而是富有创造性的活力，可以自由释放的能量，或者可称为“活力”。与物理学的“力”相比，生命活力具有非物质性和不能被度量的连续性。[②]在某种意义上，生命的本质在于活动，而活动的本质在于自由创造。正如亨利·柏格森所说，我们做什么取决于我们是什么，必须附加一句，我们是自己生活的创造者，我们在不断地创造自己。[③]本书对生命的理解既包含生物的基本存在形态，即生物学意义上的生命——自在生命，又内蕴了作为一种创造性力量的抽象化概念，即生命哲学意义下的自为生命。人的生命来源于自在生命，但高于自在生命，自为生命才是人生命的本真体现。当然，不能用自为生命去否定、降低自在生命的价值，因为生物生命，或者说自在生命是生命存在的元点。人的生命是一个由多重矛盾关系所构成的否定性统一体，肉体与灵魂、生物性与精神性、现实与未来、有限与无限、理性与非理性，等等。[④]前者都反映了人的自在的生命特征，后者反映了人的自为的生命特征；前者是实然的存在，后者是应然

① 王晓虹：《生命教育论纲》，知识产权出版社2009年版，第5页。

② 赵敦华：《现代西方哲学新编》，北京大学出版社2001年版，第31页。

③ ［法］亨利·柏格森：《创造进化论》，湖南人民出版社1989年版，第10页。

④ 高清海：《人的“类生命”与“类哲学”》，吉林人民出版社1998年版，第38页。

的追求，应然不断否定、代替实然，正是在这二者间的否定性统一中，生命获得了发展。

人生经验的多寡或许能用年龄来衡量，但对生命的思考和体会不能用年龄来设限。青年期是人生发展的关键时期，处于该时期的青年不断从对生命的无知、无为中走出，进入对生命的拷问与追思。处在该时期的青年一方面生机勃勃，处于变化、探索之中；另一方面又多忧多虑、处于问题的压力之下，这种状态对青年产生了一定的负面影响。世界卫生组织调查显示，自杀死亡是青少年前三项主要的死亡原因之一。“在我国，每年有25万人死于自杀，平均每天约有750人选择自杀，而自杀未遂者每年还有200万。自杀已成为我国人口的第五大死因，在中国则是15—34岁年轻人死亡的第一原因。”[①] 2011年9月13—17日，国际预防自杀协会第26届世界大会在北京召开。“青少年和青年的自杀行为：从发展、跨文化和预防的角度看”等主题发言，使全社会更加关注青少年自杀现象。[②] 青少年的自杀给家庭带来了十分惨痛的教训，给社会带来了巨大的损失。引发这种现象的原因是多样的，既有外因，也有内因。外因包括父母教养不当、家庭环境恶劣、老师教育不当、学习压力太大、价值世界紊乱、社会负面影响等，内因则主要在于青年的人格不健全。这种不健全一方面与青年处于人生的特殊成长阶段有关；另一方面与生命教育缺失有关。在应试教育体制下，学校过于注重逻辑化、系统化的科学知识与理论的传授，不注重学生实际能力的培养与心理素质的提高，生命教育等心理健康教育长期缺失，青少年不能够正确认识生命的意义和价值，没有树立正确的生命观，当遇到困难时就容易作出极端的行为。[③]

---

① 王友文：《自杀防御不能回避的问题》，《中国教育报》2005年9月7日。

② 国际预防自杀协会第26届世界大会官网，http：//iaspchina.org/information_ch.asp。

③ 陈瑜：《青少年自杀问题与社工的协调辅助干预策略》，《临沂大学学报》2012年第6期。

为此，教育青年认识生命、体验生命、关爱生命、珍惜生命，就成为青年思想道德教育必不可少的重要内容之一。成人仪式要在青年即将成人之时对其进行深刻的生命教育，或通过系统的生命知识的传授，或通过在青年十八岁成人宣誓仪式中营造氛围，让青年获得对生命的体会，让青年形成正确的生命观，对生命的生物学意义和社会学价值有正确认识，让青年在实际生活中能始终把生命放在首位，珍爱生命，在此基础上，引导青年去找寻生命存在的价值，不断去超越自在生命状态，实现自为生命状态，释放生命活力，提升生命质量。具体来说包括以下几个方面。

首先，成人仪式生命教育要让青年明白生命是存在的前提。生命是人生的底线，生命是人生其他一切问题的基础。生命是短暂的，自然生命受到生理和遗传的影响，遵循生物演化规则，生老病死是生命发展的自然规律，谁也无法摆脱；生命又是脆弱的，任何一个自然条件的变化，都有可能将生命扼杀在摇篮之中。2008 年四川汶川地震提醒我们生命是如此不堪一击，2011 年发生在日本东北部的特大地震再一次让我们看到生命的脆弱性。生命是不可重复的，对每个人来说生命都只有一次，生命存在具有唯一性。成人仪式要让青年把短暂、脆弱、唯一的生命当作珍宝一样来爱惜。在现实生活中，青年可能会遇到种种困难和挫折，有些青年会流露出轻生的念头。成人仪式生命教育就是要通过对青年进行生命知识的教授，让青年认识到生命是一个人存在的前提，在任何情况下都不能放弃生命。同时，成人仪式生命教育还让青年认识到这仅有的一次生命不仅仅属于自己，也属于家庭和社会，任何人都没有权利伤害自己的生命，每个人都应善待自己的生命，自觉去远离各种伤害源。

其次，成人仪式生命教育要让青年学会敬畏生命。生活于现实之中的青年或许能够做到珍视爱惜自己的生命，但对他人的生命往往漠不关心。成人仪式生命教育不仅让青年关注自己的生命，更要帮助青年关注、尊重、热爱他人的生命。只有用心体认到自己生命与他人生命的等价性时，一个人才真正做到了敬畏生命，也才真正完成了对生命所行的敬畏礼。成人仪式生命教育不仅只是惠泽人类自身，还应该让青年知道，让其他形式的生命体和谐地生活在蓝天下同样重要。只有真切地感受到其他物种的生命与人类生命一样值得尊重与敬畏时，一个人才真正懂得生命的内涵。成人仪式生命教育不仅教育青年要关心自我生命，也要关心他人生命。成人仪式生命教育不仅教育青年要敬畏人类生命，也要关注其他物种生命，成人仪式生命教育不仅教育青年要关心今日生命之享用，还要关怀明日生命之发展。

再次，成人仪式生命教育要教会青年如何保存、保护生命。成人仪式要教育青年加强体育锻炼，提高生理素质。生理素质是人体生理器官、组织的发育状况，主要表现为基本的活动能力和适应能力。生理素质是生命存在的物质前提，也是人其他各种素质所依附的物质载体。青年毛泽东在《体育之研究》当中提道："体者，为知识之载而为道德之寓者也，其载知识也如车，其寓道德也如舍。体者，载知识之车而寓道德之舍。"① 用"车"、"舍"来比喻身体是知识、道德的载体，寓意深刻、鞭辟入里，这个比喻生动地表明了生理素质的物质性和基础性作用。成人仪式生命教育不仅要让青年懂得生命的可贵，进而能从心理上去爱惜生命，还要让青年知道应如何去保存、保护生命。

最后，成人仪式生命教育还要引导青年不断去创造生命价值。成人仪式生命教育不仅要让青年认识到生命具有生物学意义，还要让青年明白，生命有更深刻的社会学意义。成人仪式的生命教育不仅只是教会青年珍爱生命，更要启发青年去完整地理解生命的意义，积极地创造生命的价值。成人仪式要让青年贴近生命的需要，揭示生命的真相，探寻生命的意义，以实现生命的价值。人的生命存在不同于动物的生命，动物的生命是直接性和重复性的生命存

---

① 毛泽东：《体育之研究》，人民体育出版社 1979 年版，第 3 页。

在，而人的生命却是一种意义性和历史性的存在，是在不断地发展过程中得以展示和实现的生命存在。可以说，人生命的本真意义在于谋求发展，发展是人类生命存在的高级自觉与永恒追求，是人生命意义的重要标尺。成人仪式生命价值教育就是要让青年充分认识到生命的价值和意义，进而不断地超越自在生命以实现生命价值。

第二节　心理教育

心理教育是提高受教育者心理素质的教育。心理素质是个体在社会实践中形成的心理特征以及表现出来的心理活动能力，它是个体的先天遗传与后天实践共同作用的结果。人的心理活动无处不在，贯穿于人类活动的始末，而心理素质直接影响着人类活动水平的高低。特别是随着社会的发展，人心理素质的重要性不断凸显。在一定程度上，人的心理素质直接决定着人生理素质水平的高低。良好的心理素质可调节身体生理机制、保持积极的活动状态，提高生理素质；不良的心理素质常会影响生理素质的维持与发展。对青年而言，良好的心理素质至关重要。它是青年成长成才的基础，是青年成长的动力，是青年事业成功的保障。因此，对青年进行心理教育，促使其形成良好的心理素质，不仅是成人仪式思想道德教育的主要内容，也是成人仪式思想道德教育的重要基础。

青年处于人生的重要时期——青年期。青年期不同于青春期，青春期是指个人生理上迅速发育直至成熟的一段时期，它更多的是一个生物学概念。个体在青春期，生殖器功能发育、成熟，第二性征出现、完善，身体各方面从加速生长一直到基本稳定、停止。有关青春期的界定，在学术界里也比较明确，一般以男女个人第二性征的出现为青春期的开端，以男女个人身高、骨骼等身体发育的基本停止为青春期的终结。而青年期，是指人从童年向成年的过渡时期，它不再是一个简单的生物学概念，更是一个社会学概念，是生物性成熟基础上的社会性成熟。[①] 对青年期的划分方法很多，本文采用三阶段划分法，即青年早期阶段16—18岁、青年中期阶段18—22岁、青年晚期阶段22—25岁[②]，整个青年期是青年完成生理、心理和社会性成熟的阶段。成人仪式主要针对的是18岁青年，因此，以下提到的青年期都特指青年期早期阶段。

青年期同个体的生理发展状况相关，更与社会所处的发展状况密不可分。社会因素往往会对青年的心理具有很大影响，甚至会使青年产生种种心理上的不适。以当前我国青年为例，社会状况、家庭模式、生活方式等都对青年产生了重要影响。处于即将迈入成人行列的“90后”青年，特别是城市青年，基本上都是独生子女。他们在家庭中居中心地位，对“兄弟姐妹”这些词汇差不多只有语义上的了解，生活方式、思想观念、道德标准、价值追求也与前几代人大不一样。他们思维独立，具有批判精神，竞争意识都很强，接受新事物的能力也非常强，但缺乏面对困难的勇气和耐力。同时，来自生活世界、身心发展以及生涯发展等方面的压力，都对青年的心理情绪产生了负面影响，易使青年产生焦虑、忧郁、沮丧、自卑等心理情绪反应。截至2009年，有数据显示，青年中需心理帮助者占10%—15%。[③] 可以说，青年正面临“心灵发育”危机。

1999年11月，中国卫生部和世界卫生组织在北京联合主办了中国·世界卫生组织精神卫生高层研讨会。时任中国卫生部副部长殷大奎在大会报告中指出：“教育部门应将心理卫生内容纳入健康教育课程，促进青少年的身心健康，提高他们对应激事件的应对能力。”[④] 青少年的精神健康由此成为政府和社会各界重点关注的一

---

① 卢家楣：《现代青年心理探索》，同济大学出版社1989年版，第2页。

② 朱智贤：《儿童心理学》，人民教育出版社1979年版，第84页。

③ 刘根生：《不能忽视“心灵发育”》，《人民日报》2009年6月3日第4版。

④ 殷大奎：《中国精神卫生工作的现状、问题及对策——在中国·世界卫生组织精神卫生高层研讨会上的报告》，《中国心理卫生杂志》2000年第1期。

个领域。按照美国精神分析学家埃里克森的说法，青年出现的种种心理问题可归结为青春期青年的自我同一性矛盾上。埃里克森笔下的自我同一性，是一种“觉知”，一种意识，是自我进行综合的方法，亦即一个人个性的风格存在着一致性和连续性，而且这种风格是一个人在本社区内在意义上与其有密切关系的别人的一致性和连续性是相符合的。[①] 换句话说，所谓自我同一性是指青少年对自己的本质、信仰和一生中的重要方面前后一致及较完善的意识，也是个人的内部状态与外部环境的整合和协调一致。日本学者荫山庄司认为，自我同一性是确信我是自我本身而非其他这样一种心理过程，其中包含着持续性和统一性的因素。持续性是一种连续意识，即意识到现在的自己是长大的过去的自己；连续性是一种同一意识，即认识到从自己的身体、精神的特征来看，自己确实是具有相同特征的人。[②] 自我同一性的感觉，是一种实在的感觉，一方面具有存在意识，即自认确实是自己，确实是活生生的生命实体；另一方面具有与世界的一体感，感到自己在某种根本的性质上与所在社会的其他人是共通的。[③] 可以看到，同一性问题是个人心理社会化过程中出现的重要问题。当个人的心理适应了社会需要，按照社会规范去发展，那么自我同一性的确立就比较容易；相反，若是个人心理始终不能与社会需要相结合，且不能按照社会规范去发展，那么，自我同一性就会面临确立危机。究其根源，同一性问题是个体心理与社会发展二者的关系问题。

个人与社会之间相互作用、相互依存。个人的发展，自我同一性的确立，是在个人与社会二者互动过程中完成并实现。处于青年期青年的发展不仅体现出自我发展的状态，也反映出社会环境对青

---

① ［美］埃里克·H. 埃里克森：《同一性：青少年与危机》，孙名之译，浙江教育出版社 1998 年版，第 38 页。

② ［日］荫山庄司等：《现代青年心理学》，邵道生译，上海翻译出版公司 1985 年版，第 14 页。

③ 同上书，第 207 页。

年的要求及一定的制约性。青年的心理成长过程反映了社会的历史发展，青年心理出现的危机同样也反映着社会的危机。尽管个人心理成长与社会发展二者之间的平行关系并非完全精确，但青年的心理特征总是社会环境与自我遭遇的结果。社会本身是个十分复杂的系统，包括经济、政治、文化、教育等诸多内容。经过改革开放以来三十多年的发展，我国社会发生了翻天覆地的变化，取得了诸多成就，当然也引发了一些消极反应，如道德失范、德福相背、教育不公正等现象。这都在一定程度上影响青年对社会发展的认同度，影响青年对自我发展目标的设定，影响青年自我同一性体验的获得。社会中存在的种种问题让青年不能在多元价值文化中确立与社会要求完全一致的目标，无法实现自我与社会的一致，更无法实现过去的自我同未来的自我之间的本质连续。这使青年很容易失去自己活生生的生命存在感，失去与现实社会的一体感，青年因此陷于苦闷、焦虑、抑郁、偏执等心理混乱之中，这也就是“自我同一性的危机及混乱”。[①] 能否让青年找到生活的目标，进而解决青年同一性危机问题就成了影响青年形成稳定心理的关键所在。在不能即刻根除社会不良现象，不能有效改变社会状况的情况下，我们应积极改变青年心理，让青年在心理上适应社会，适应社会的发展和需要。

成人仪式应对青年进行心理教育，并为青年补上心理这一课。对即将跨入成人行列的青年来说，成人仪式心理教育要为青年提供心理上的缓冲，增强青年的心理承受能力、自我调节能力，提高青年面对各种挑战的能力，使青年能够健康成长。成人仪式心理教育通过让青年在文化认同中获得一定的秩序感来提高青年在人生发展过渡时期的适应能力，通过为青年提供成长的意义来减少青年离别幼年时期从天真向经验转化时的心理不适。置身于成人仪式活动中

① ［日］荫山庄司等：《现代青年心理学》，邵道生译，上海翻译出版公司1985年版，第207页。

的青年，要按照成人仪式活动的特定程序去完成每一项任务。在这个过程中，青年能够体会到一种秩序感，即“我应该这么做，否则是对该秩序的破坏”。这种秩序感，或者说守秩序，恰恰是青年从未成年人行列跨入成年人行列要学会的第一要务。成人仪式活动中对青年秩序感的培养本身就为青年从天真向成熟转化提供了一个心理适应中转站；成人仪式道德教育要为青年确立追求的目标。从心理学角度来讲，有一个明确的目标，会使心理指向集中于一处，这样无形之中会转移个体的注意力，削弱个体心理问题对自身的影响。成人仪式要为青年提供明确目标——做个大人，做一个能肩负起对自我、家庭和社会负责的大人。明确的目标能让青年内生一种驱动力，一种激励成为自己理想中的那个目标的驱动力。有了确定的目标，具备了实现目标的内在驱动力，这能促使青年变得积极向上，从而有利于青年克服种种心理问题；成人仪式也要通过培养青年的责任感来调节其心理状况。可以说，责任感的培养是培养青年健康心理的重要一环。因为，责任感是一个人心理趋于成熟的主要标志。缺失责任感会让一个人心无定性，随心所欲，不计代价，不计后果。所有的问题青年都有一个共同特征，即缺乏责任感。为此，成人仪式通过特定场景和氛围的营造，通过特定环节和程序的编排，要让青年切身体会到父母家人为他们的付出和辛劳，感受到国家和社会对他们的殷切希望，让青年明白自己是否敢于担当以及能否担当直接关系到父母家人和国家社会的未来，让青年产生为父母家人和国家社会而努力学习、积极进取、不断提升自我的内在需要，而这种需要恰恰是青年责任感的重要构成。有责任感的青年，能给自己准确的定位，无论是在家庭抑或是在社会。同时，他还能赋予自己思想和行为以积极的意义和价值，让自己对生活充满希望，对前途充满信心。这种信心和希望反过来成为青年的心理转向、角色转化的润滑剂，能让青年从容面对眼前和今后将要面对的一切，无论顺境，还是逆境，始终能以一种良好的心态去面对。

第三节 理想信念教育

理想信念教育是旨在让人树立高尚的理想、形成坚定信念的教育。理想是人类特有的一种精神现象，是人类社会实践的产物，是人们在实践中形成的、有可能实现的、对未来社会和自身发展的向往与追求，也是人们世界观、人生观、价值观在奋斗目标上的集中体现。信念同样是人类特有的一种精神现象，它是认知、情感和意志的有机统一体，是人们在一定的认识基础上确立的对某种思想或事物坚信不疑并身体力行的心理态度和精神状态。理想信念相互依存，理想是信念是根据和前提，信念是实现理想的重要保障。有时，理想即信念，信念即理想。理想信念是人心灵世界的核心。有无理想信念，有何种理想信念，决定了人生的高尚与否。理想信念不仅是一个人的重要精神动力和支柱，还是一个政党、一个民族的重要旗帜和向导。为此，理想信念教育历来受到我党领导人的高度重视。邓小平说："在军队里要讲信念，在人民中间，在青年中间，也要讲信念。"① "我们一定要经常教育我们的人民，尤其是我们的青年，要有理想。"② "要特别教育我们的下一代下两代，一定要树立共产主义的远大理想。"③ 胡锦涛在加强和改进大青年思想政治教育工作的会议上更是强调指出，理想信念是一个政党治国理政的旗帜，是一个民族奋力前行的向导，更是青年奋发向上的动力。习近平强调，国家富强、人民幸福在很大程度上取决于青年一代的成长成才，而青年人能否健康成长成才直接关系到中华民族伟大复兴中国梦能否顺利实现。习近平在同各界优秀青年代表座谈时，对广大青年提出了五个"一定要"的要求，其中第一个就是

① 《邓小平文选》第3卷，人民出版社1993年版，第191页。

② 同上书，第110页。

③ 同上书，第111页。

“一定要坚定理想信念”。习近平把理想信念比作精神上的“钙”，强调没有理想信念，就会导致精神上“缺钙”。[①] 可见，让青年树立崇高的理想信念，培养青年高尚的道德情操是青年思想道德教育的首要目标，也是成人仪式思想道德教育的重要内容。

青年期是人生中特殊而又重要的时期，是世界观、人生观和价值观的形成时期，处于该时期的青年很容易受到不良信息、思想、观念、生活方式的影响，如果不能及时给予青年正确的引导，他们将来的世界观、人生观和价值观就有可能是扭曲的。国际、国内环境更是对青年理想信念教育提出了挑战。就国际环境来说，随着两极格局的瓦解，世界多极化趋势在全球范围内，在政治、经济等领域都有新的发展。这有利于世界的和平与发展。但与此同时，世界社会主义运动转向低潮，又让青年对未来，对自己应持有怎样的理想信念产生许多疑虑。就国内环境而言，改革开放以来我国出现的大好形势为学校对青年进行理想信念教育提供了非常有利的客观条件。特别是在2007年由美国的次贷危机引起的波及全球的国际金融危机中，我国的种种做法表明，我国是个负责任的社会主义大国，这在一定程度上为使青年增强对国家社会制度的认同，更好地树立中国特色社会主义理想创造了有利条件。同时，我们也应看到，现阶段我国正处在改革的攻坚阶段和发展的关键时期，社会情况发生了极为复杂而深刻的变化。经济成分和经济利益多样化，社会组织形式多样化，社会生活方式多样化，就业岗位和就业形式多样化日趋明显，这使青年的思想观念和价值取向呈现多元化的特点，加上社会存在的种种不良因素，特别是一些党政干部的贪污腐化现象，使青年对社会主义制度和中国共产党产生了认识困惑，甚至产生了某种不信任，进而转向其他非科学的信仰阵地。

中国人民大学马克思主义学院刘建军教授收到了一封学生讲述

---

① 中共中央宣传部：《习近平总书记系列重要讲话读本》，学习出版社、人民出版社2016年版，第106页。

自己信仰困惑的信，看后他用心给学生写了回信。我们能从刘教授的回信中感受到目前部分青年在理想信念层面存在的困惑。刘教授的回信全文如下：

亲爱的同学：你好！

收到你的来信，并认真读过了。谢谢你对我的信任，谢谢你把自己在信仰上的苦恼这样真实地告诉我，并希望我给你一些建议或忠告。作为一名“思修”课的教师，能够在这样深层的心灵生活问题上得到你的信任，我感到很荣幸，也觉得有责任在这些问题上把自己的真实的想法写出来，告诉你，以及像你一样的那些对宗教有强烈兴趣或受到宗教吸引，或多或少有某种信仰宗教的意向的同学们。

你问我：“假如我去信教”，老师和学校“是否允许?”“是否会失去学籍?”对于这个问题，虽然我不是领导，但我也可以明确地告诉你：只要你是出于自愿和内心的信仰，老师和学校并没有权力不让学生信教，你当然也不会因此会失去学籍，因为这是你的宗教信仰自由。不论是我们党的宗教政策，还是我们国家的法律，都是主张宗教信仰自由的。我国的宪法第三十六条明确规定：“中华人民共和国公民有宗教信仰自由。任何国家机关、社会团体和个人不得强制公民信仰宗教或者不信仰宗教，不得歧视信仰宗教的公民和不信仰宗教的公民。”

当然，在我国，在学校里，绝大多数同学和老师是没有宗教信仰的，人们对此习以为常。而对于有些同学去信教，大家可能不太习惯。因为这也是这些年来的新现象，人们可能对此感到惊奇，想知道究竟是怎么回事。有的老师或者同学，对于你去信教会加以劝阻，或者表示忧虑。但这通常只是出于好意，也往往只限于建议，并不是强行阻止，否则就是违犯法律了。可见，不论你信还是不信，都是你个人的事情，不是别人的事情。在这方面并不存在外在的强制。

你还问到马克思主义指导思想的事情，似乎这与信教问题有关。其实，是没有多大关系的。不错，马克思主义是我们党和国家的指导思想，这一点也写在了党章和宪法之中了，成为我们立党立国的根本思想。这是国家根本制度层面的问题，与公民个人的信仰问题不是一回事，不在一个层面上。马克思主义在我国作为指导思想，指的是我们国家的根本制度的设计，遵循和体现着马克思主义指导原则和社会主义价值观；指的是我们国家的大政方针，是在马克思主义指导下，从实际出发而制定出来的。这是治国理政层面的问题。而公民是否信仰宗教，是个人生活层面的问题。以马克思主义为指导，并不是让人们必须信仰马克思主义，也并不是让人们放弃自己的宗教信仰。在以马克思主义为指导的国家里，有着真正的信教自由。信奉无神论的执政党，也可以实行真正的以真诚为基础的信仰自由政策，这似乎是矛盾的，但却是事实，而且其实在理论上是毫无矛盾的。如果侵犯了公民的信仰自由，歧视了信仰宗教的公民，那才是违反马克思主义的，违反了马克思主义科学的宗教观。

你问我："世界上到底有神，还是无神？"我说："没有神。"虽然信神的人都认为神确实无疑地存在，但我作为局外人，在这个事情上应该说看得一清二楚。如果说神是一种"真实"的话，那么，也是心理上的真实，并不是物理上的真实。对世界的解释，应该遵循世界本身的规律，而丝毫不用加上神意的解释。我不想说得太多，因为争议有神还是无神没有多大意思，这个问题上有很强的个人感受性，属于所谓"信则有，不信则无"这样一个领域中的事情。而且，从党和国家的政策层面来讲，夸大有神与无神的差异是有害的，是在人民群众中制造分裂。

法律上合法的事，在道理上未必正确。从法律上讲，宗教的存在是合法的，信教是自由的，但这并不意味着宗教的道理就是正确的。事实上，宗教的理论，宗教的世界观，从基本方面看是不科学的。我不知道你是否了解马克思主义关于宗教的基本观点，特别是关于宗教本质的观点。我认为这些基本观点是靠得住的。恩格斯有过一个宗教定义：一切宗教都是支配着人们日常生活的外部力量在人们头脑中的反映，在这种反映中，人间的力量采取了超人间的力量的形式。意思是说，它是对世界的一种幻想性的反映。而人们之所以产生这种幻想，是由于受到外部异己力量的支配，而不能掌握自己的命运。它提供的是一种神话世界观，而不是科学的世界观。神话世界观产生于人类文化早期，随着人类科学认识的发展，这样原来被奉为绝对真理的神话，就只具有文学文艺的价值了。当然，宗教不只是一种世界观，它是一种复杂的社会现象。但是，它的多方面的内涵和积累都是建立在其思想信仰和世界观之上的。

你感受到了宗教在情感上的吸引力。你说，你经常去某个兄弟院校听研究生的布道，听得你热泪盈眶。还说，你每次都是高高兴兴，唱着歌一路走去，为的就是再次体验这种感受。而之所以这样受感动，是因为那些话语中充满了爱。爱当然是非常美好的，人需要爱，也应该追求爱，享受爱，但真正的爱是否只存在于某一种话语之中呢？在别的地方，用另外的方式，是否就不能找到爱，得到爱呢？你也说，其实内心里很困惑，也并不能真正肯定自己相信神，并担心这样的感受会带你不知不觉走到一个很遥远很陌生的地方。在那里，生活的一切将不同于现在，也就是说失去现在。确实，现实的生活，尽管有这样那样的不如意，但毕竟也是真实的生活，有很多美好的东西。人间不是没有真情，只是有时需要我们去寻找，去发现，去创造。所以，建议你先停一下或放缓一下自己的脚步，不要听任它不由自主地向前走。也就是说，适当冷静一下，考虑考虑这个问题。

情感当然是重要的，得到情感上的慰藉当然也是一种快乐。但是，信仰本身不仅仅是一种情感上的慰藉，也是理智上的认同。人应该用理智的标准，来对各种道理进行考察和比较，进行思考和研究；不能仅仅从情感出发，一路走下去，把自己完全交出去。信仰上的皈依，有时确像恋爱，由于陶醉于强烈的情感体验，而把理智丢在一边。但是，毕竟恋爱与婚姻相联系，是不能完全抛开理性的。在信仰问题上，就更是这样了。

信仰不是儿戏，甚至也不是尝试。真正的信仰是献身，就是把自己完完全全地交出去。如果说人生中有些大事，那么也许没有比这更重大的事件了。这是心灵的事业，是终生的事业，是命运的抉择。从这个意义上讲，信仰比我们通常所说的“理想信念”更深刻一些，更严峻一些。它不是某种社会流行的集体意识或舆论，不是一般性的价值观念认同，而是处于心灵最深层，与人的生命根基血肉相联系。因此，对于这样的事情，一个人绝不能采取轻率的随意的态度，而应以极为慎重的态度对待之。

我的意思是说，要进行信仰的选择，要以极为慎重的态度来思考和对待这样的事情。信仰并不是文化商店里的普通消费品，不是那种可以随意购买、试用和更换的商品。作出信仰的抉择，某种意义上是孤注一掷。因此，必须进行信仰的选择。现在的社会是多元化的社会，价值观念和理想信念都是多样化的。这种情况为我们带来了思想和价值观上的困惑，但也为我们自觉地探索人生信仰提供了可以比较的平台。在信仰上有意识地去了解，去探寻，去研究和比较，这是一种自觉的信仰意识。要善于运用自己的理智，这种理智的能力在大学生阶段已经达到了某种高峰值。如果一个当代大学生，在其他一切事情上都在运用理智，而且运用得那样好，但却在信仰这样最为重大的事情上放弃理智，而只诉诸情感。我认为，这无论如何都不能算是明智的。

要辨别一种信仰是否合乎理性，是否与科学发展相一致。理性和科学是人类区别于动物的本质属性之一，人类文明的进步很大程度上有赖于理性和科学的发展。理性和科学当然不是人的本质力量的唯一体现，它当然也不能解决一切问题，特别是并不是解决所有的价值观和信仰的问题，但是完全抛开和放弃理性也决不能解决任何价值观和信仰问题。理性有它的局限，但也有它的优势。作为一个有文化的人，作为一个受过高等教育的人，为了社会，也为了自己，完全应该和必须用理性去客观地思考和研究人类的信仰现象。我相信，人类科学事业（自然科学、社会科学、精神科学）的发展，人类实践的发展，会逐步揭开人类信仰现象的谜底。人类会越来越以自觉的态度来对待他们的信仰，越来越使他们的信仰与理性科学一致起来。对于公开攻击理性和科学的信仰，我认为应当保持警觉。

还要看一种信仰怎样对待人的现实生活，是肯定人的现世生活，使人的现世生活更幸福美满，还是让人放弃现世生活去追求世外幻境。人之所以需要信仰，说到底是为了使生活更有意义，更幸福。如果有一种信仰否定人的生活，否定在地球上生活的意义，那么这样的信仰就违背了事情的初衷，走向了反面。我们屡次听说，有一些极端教派和邪教组织，大力宣扬世界末日即将到来，让人放弃现实生活，尽快去天国世界云云，导致集体自杀的悲剧。

对于普通人来说，要相信自己健全的常识。我们每一个人，只要有健康的意识和常识，就大体上能够区别什么是可信的，什么是不可信的。对于一个大学生来说，不仅应该有健全的意识和常识，也应该能够从理论的高度去思考问题。对于可疑的事情，对于一时拿不准的重大的事情，要持存疑的态度，并力求加以检验。只要有这样的态度，经过慎重的思考和检验，就会做出自己信仰选择的。

如果你经过自己的慎重考虑，最终还是选择了一种宗教信仰，那么尽管这并不是我的期待，但我也向你表示祝贺。毕竟你有了自己认同的信仰，你认真思考和郑重对待了信仰的事情。同时，在祝贺之余，也给你一个新的忠告。那就是，善于分辨和运用宗教中的积极因素，促进自己的成长，促进自己道德水平的提高，并为我们社会的和谐发展作出自己的贡献。宗教是复杂的现象，宗教教义从世界观上讲是唯心主义的，是不正确的，但它作为人类庞大的文化积累，里面也包含有许多有积极意义和合理性的东西。同时，宗教中也会有些不那么美妙的东西，这作为长期历史的积淀也是必然的。作为一个现代青年，作为一个大学生，不仅要把自己的热情投入到信仰中，也应该把自己的知识和理性投入到信仰中，促进自己信仰的完善和提高。最后，当然并不是不重要，就是要寻求宗教信仰与社会发展的结合点，努力促进宗教与社会主义社会相适应，做爱国爱教，爱社会主义的信徒，并以一个具有宗教信仰的公民的身份，为国家的发展，民族的复兴，社会主义美好事业的推进，作出自己应有的贡献。①

从信中不难看出，这位青年的确在理想信念问题上存有太多太深的困惑，正因为他困惑，因而会在某一个特殊的情境、机遇与时刻伸手向宗教寻求帮助。如果我们不能为这类青年提供一个科学的理想信念，他们就会成为宗教等非科学力量的俘虏，而我们也就少了一批马克思主义理想信念的青年维护者。这对于中国特色社会主义事业来讲不能不说是一种损失，甚至是一种遗憾。因此，我们要对青年加强理想信念教育。

---

① 刘建军：《信仰的忠告——致部分有信教意向的同学》，《全国高校“思想道德修养与法律基础”课教学研讨会交流论文集》2010 年 10 月。

对成人仪式思想道德教育而言，理想信念教育不仅是其主要内容，还是其重要核心。成人仪式理想信念教育不仅引导青年围绕如何认识社会主义发展的历史进程、如何认识资本主义发展的历史进程、如何认识我国社会主义改革实践过程对人们思想的影响、如何认识当今国际环境和国际政治斗争带来的影响等重大问题进行深入探讨，让青年进一步认清社会主义必然代替资本主义的客观规律和发展趋势，让青年树立中国特色的社会主义共同理想，还包括对青年进行马克思主义理论的教育。[①] 因为，没有理论上的成熟，就不会有政治上的坚定。只有具备了较高的马克思主义理论素养，确立马克思主义的科学信仰，青年才能牢牢把握世界和我国发展的大趋势，才能坚定社会主义方向和中国特色社会主义共同理想。对青年进行科学理论教育，就要在成人仪式教育的各个环节（主要包括十六岁预备期、十七岁成人预备期以及十八岁成人仪式宣誓）和程序中渗透马克思主义理论教育，使青年认识到马克思主义是科学且崇高的，是具有持久生命力的，也是以改造世界为己任的，通过马克思主义理论教育进而让青年确立马克思主义的科学信仰，让青年能以马克思主义为指导，将个人理想与社会理想有机结合，将自己的成人责任定位在促进社会的发展，国家的繁荣，甚至是全人类的解放上。当前，包括邓小平理论、“三个代表”重要思想以及科学发展观等重大战略思想在内的中国特色社会主义理论体系，坚持和发展了马克思列宁主义、毛泽东思想，凝结了几代中国共产党人带领人民不懈探索实践的智慧和心血，是马克思主义中国化的最新成果。因此，成人仪式思想道德教育应对青年进行一定程度的中国特色社会主义理论教育，这也是马克思主义理论教育的重要组成部分。

如何使青年树立中国特色社会主义共同理想也是成人仪式理想信念教育的重要内容。中国特色社会主义共同理想是社会主义核心价值体系的主题，有着广泛的社会共识，具有令人信服的必然性、

① 张耀灿等：《现代思想政治教育学》，人民出版社 2001 年版，第 183 页。

广泛性和包容性，具有强大的感召力、亲和力和凝聚力。这个共同理想集中体现了我国工人、农民、知识分子和其他劳动者、爱国者的利益和愿望，是保证全体人民团结奋斗、克服困难、争取胜利的强大精神武器。为此，引导青年确立为实现中华民族伟大复兴而奋斗的共同理想和坚定信念是成人仪式思想道德教育的必要内容和重要目标。具体来说，成人仪式理想信念教育的形式应坚持多样化、生动化。成人仪式应充分利用大、小环节来把严肃古板的理想信念教育变得生动形象，如通过家长和老师给青年送上寄语、让青年回忆自己成长的点滴、让青年面对国旗宣誓等形式去感染青年，影响青年，尽量做到春风化雨、润物无声，让青年在真实的体验中去感知自己的过去、现在以至将来始终是同党、国家和人民紧密联系在一起的，让青年在确立自己个人理想的同时，也能积极确立体现党、国家、人民共同需要、共同追求的中国特色社会主义共同理想，并将自己的个人理想融入中国特色社会主义共同理想之中，使自己始终具有不断进步的动力。

第四节　家庭道德教育

家庭道德教育主要是对人在家庭中行为规范的教育，是旨在内化家庭道德规范，养成良好家庭美德，形成良好道德品质的活动。家庭是以婚姻、血缘或收养关系为基础的一种社会生活组织形式。家庭是社会的细胞，是社会生活的基础。通过家庭形成的各种关系是社会最基本的关系，或者说是社会关系的“初坯”。家庭是一个庇护所。精神分析学家罗伯特·威纳认为，家庭的特点在于为人提供终生的过渡空间，是个人与社会、幻想与现实、内心世界与外部世界之间的休息场所。[①] 个人离不开家庭，离不开家庭中的美好情

① ［美］朱迪丝·维尔斯特：《必要的丧失》，张家卉等译，北京大学出版社 1988 年版，第 106 页。

感。意大利思想家马志尼曾说过："家庭的种种情感缓缓地缠绕着你们，它们虽然不被人所注目，但强烈而持久，就好像常春藤缠绕着树一样。……你们往往觉察不到这些情感，因为它们是你们自身的一部分。但是，一旦你们失去它们，你们就会感到丧失了某种无法确切表达，然而又是与你们的生存密切相关和必不可少的东西。"① 从某种意义上说，即将成年的青年意味着将要离开家庭，走入社会，青年自然会对家庭中的情感，特别是父母对自己无私的爱有一种自觉和感知，进而产生不舍和眷恋。对父母的这种爱，对家庭持有的这种观念是其他一切社会关系和人伦秩序的元点。尤其是在中国文化中，伦理最深厚的根源被认为是在家族血缘关系之中。这样，一个人的道德生活和道德教育必定从家庭开始，家庭道德教育对每个人来讲都具有特殊的重要意义。因此，家庭道德教育不仅是成人仪式思想道德教育的重要内容，也是成人仪式思想道德教育的重点。

成人仪式家庭道德教育着重培养青年孝爱双亲、尊敬长辈的良好品质。孝爱父母、尊敬长辈是青年起码应有的道德品质。历史地看，尽管在不同的社会经济制度、不同的社会文化背景下，家庭呈现出不同的类型和模式，但孝爱双亲、尊敬长辈始终都是主流社会中青年应该具备的基本家庭美德。著名人类学家玛格丽特·米德从教育与文化二者关系的角度出发，区分了三种不同的人类文化模式，这种划分能为我们提供认识家庭及家庭中父母长辈同子女晚辈之间关系，认识孝爱双亲、尊敬长辈的道德品质提供依据。米德认为，人类社会文化大致存在三种模式，前喻文化、并喻文化以及后喻文化。原始社会属于早期的前喻文化，具有个人权威、历史连续感的父母在成年仪式中向儿女传达一种承诺，为子女晚辈提供一种完整的生活模式。这其中不仅包括基本的生存技能，还包括他们对生活的理解、简拙的是非观念。为了维系整个文化的绵延不断，每

① ［意］马志尼：《论人的责任》，吕志士译，商务印书馆1995年版，第93页。

一代长者都会将把自己的生活原封不动地传给下一代看成是自己最神圣的职责。这样，年轻一代的全部社会化都是在老一代的严格控制下进行的。[①] 可以说，在前喻文化家庭中，子女晚辈对父母长辈是完全的服从，没有完全的自我意识，也没有任何质疑。在这种关系中，子女晚辈给予父母长辈以十分的信服。

前工业社会处于晚期的前喻文化和并喻文化阶段。如米德本人所分析的那样，包括科学发展在内的诸多因素导致前喻文化崩溃，并喻文化诞生。先前文化的终端使年轻一代在与家庭关系的树立中丧失了现成的行为楷模，而趋向于以当今流行的行为模式为自己的生活准则。在这种并喻风潮中，家长的权威受到了挑战，并难以扮演导师的角色，其塑造儿女的作用渐渐弱化。青年在青春期规律性反抗就是并喻文化的必然结果。[②] 此时，父母的权威逐渐让位于同龄人之间的相互影响。可见，在并喻文化家庭中，子女晚辈对父母长辈完全服从的态度发生了变化，而这种转变使子女晚辈给予父母长辈的信服已不足十分。工业社会处于并喻文化或者向后喻文化过渡的时期。米德的后喻文化理论完全奠基于第二次世界大战以来迅猛的社会变迁之上。第二次世界大战以后，世界跨入了一个新的时代，科学技术的迅猛发展使得人与人之间的关系，特别是长辈与晚辈、父母与子女之间的关系发生了巨大变化。在这全新的历史时代面前，长辈、父母的经验不可避免地失去了特定的传喻价值，使在前喻文化中晚辈子女对长辈父母完全的敬重和绝对的服从，被强烈的自我意识和质疑态度所代替，子女对父母已不足十分的信服又被大打折扣。

受文化模式的影响，家庭教育方式可以区分为三种主要类型：前喻文化家庭教育，主要是子女晚辈向父母长辈学习；并喻文化家

① ［美］玛格丽特·米德：《文化与承诺》，周晓虹、周怡译，湖北人民出版社1987年版，第8页。

② 同上书，第56页。

庭教育，主要是指父母长辈和子女晚辈的学习都发生在各自的同辈人之间；后喻文化家庭教育，主要是指父母反过来向子女学习。[①]尽管三种社会文化模式下父母长辈与子女晚辈在家庭中的认知互动关系、家庭教育方式在不断变化，但晚辈子女对长辈父母应有的尊敬和孝爱是不变的。无论何时何地，父母长辈都是子女长辈尊重的对象。正如心理人类学倡导者许烺光先生对中国文化所作的基本假定，其中有一条就是“年龄即代表智慧，并且是值得尊敬的”。[②]在前喻文化家庭中，尊老自然成为一种最为基本的美德。与这种文化相适应，原始社会的成人仪式，集中、深刻地让青年领悟父母长辈对于个人的重要性，而青年也都较为自觉地接受调节自己同父母长辈之间关系的各种原则、规范，大多数人都接受父母长辈的养育及训练，认同父母长辈为之设定的社会角色。在并喻、后喻两种文化家庭中，不管长辈的生活经验对青年来说意味着什么，他们始终都应是青年敬重的对象。父母不仅赋予子女生命，并且在长期的共同生活中同子女形成深厚的情感，亲子之爱成为人类最自然的心理情感。父母的生育、抚养、照顾、爱怜、培养是子女应永远铭记于心的。可见，孝爱父母、尊敬长辈，是青年应具备的基本道德品质。

“百善孝为先。”在我国传统文化中，孝道可以被视为其理论与实践的核心与重点。孝不仅是传统文化价值取向的核心内容，也是社会个体行为准则的重要判断标准。孝是忠的基础，忠是孝的扩大。孝道也成为统治阶级维护其统治地位与社会秩序的重要手段。我国历代统治阶级都对孝道给予了高度的重视，他们利用多种手段来强化孝道，其根本目的在于通过孝道来维护其专制统治。阶级社会时期的历代统治者在强化孝道的过程中，使孝道得以弘扬。

---

① ［美］玛格丽特·米德：《文化与承诺》，周晓虹、周怡译，湖北人民出版社1987年版，第27页。

② ［美］许烺光：《文化人类学新论》（中译本），台湾联经出版公司1979年版，第110页。

我国传统孝文化的核心首先倡导的就是孝敬、奉养父母。父母生育子女，日夜操劳，为子女的成长耗尽心血，当他们年老体衰的时候，子女理应承担起赡养的责任。对父母的孝不能仅仅是物质上的奉养，更重要的是一种感恩之爱，使父母内心愉悦，即做到尊亲、敬亲。“今之孝者，是谓能养。至于犬马，皆能有养；不敬，何以别乎？”① 说的就是这个道理。另外，我国传统孝道还包含珍爱生命、善待自己、移孝为忠、忠孝相通、承志立身、光宗耀祖等内容。概括来讲，阶级社会时期的孝道具有两面性，就其糟粕一面而言，主要表现为两点：一是统治阶级宣扬忠孝合一、移孝作忠的思想，使孝成为封建专制统治的基本道德力量；一是封建孝道宣扬对于父祖绝对服从的奴隶主义，剥夺了子女的独立人格。

今天，我们通过成人仪式思想道德教育所要弘扬的是新孝道。新孝道不仅包含我国传统孝道的合理内核，如养亲尊亲、善事父母、珍爱生命、善待自我、承志立业、光宗耀祖等，同时又剥离了传统孝道的糟粕。新孝道之新主要体现在以下几个方面。

第一，观念新。新孝道由以往对父母的盲目绝对服从转变为理性独立自主。传统孝道要求子女对父母绝对服从，做到无条件的“无违”。子女的人生大事，诸如婚姻、职业、人身都受父母的绝对支配。在一定意义上可以说，子女们所奉行的是绝对服从的奴隶主义。新孝道从“孝”的单方面转变为双方面，不但强调子女对父母的“孝”，而且也强调父母对子女的“慈”、“孝”与“慈”相辅相成。新孝道不再强调权威与绝对顺从，而是更重视基于亲子之间的平等。子辈要求父辈尊重他们的自由意志和独立人格，建立独立平等的亲子关系。子辈要求能够自主决定人生大事，可以自主选择职业、恋爱对象以及适合自己承担责任的方式等。

第二，方式新。新孝道由以往注重厚葬转变为注重赡养，从注重物质供给转变为精神赡养。传统孝道强调“厚葬久丧”，其主要

① 杨伯峻：《论语译注》，中华书局2006年版，第15页。

目的在于借此表达孝子对先祖的哀思和追悼，然而这种孝行却建立在人财物力极度浪费的基础之上。在传统社会，有许多人在居丧守墓期间严重地损害了自己的身体，也有人借大事父母丧葬而达到功利目的。新孝道在一定程度上抛弃了“厚葬久丧”的行孝方式，代之以“厚养薄葬”，简化丧办，更加注重对在世的赡养和慰藉。另外，传统孝道注重对父母的物质赡养，新孝道则从物质方面转化为更注重对父母的精神赡养，注重了解他们的心理、情感和需求，尊重他们的经验、意见、建议和决定，给予父母充分的爱和情感支持。

第三，旨向新。新孝道从一种传统的政治性旨趣回归了社会道德旨向。封建统治阶级为了维持统治，将协调家庭父子关系的孝上升为处理君臣关系的道德规范，即移孝作忠。统治阶级还大力提倡孝道，并通过一系列政治法律措施和手段保障与刺激孝行的实施。在这样的政治背景下，行孝成为个体获取社会地位和政治职权的一种手段，而孝道也就具有了浓厚的政治性旨趣。新孝道提倡一种社会性的尊老、敬老、爱老，回归了社会道德旨向。这有利于老年人合法权益得到保障，有利于为老年人提供社区志愿服务的落实，也有利于以家庭养老为主向以社会养老为主的养老模式的转变。

作为成人仪式思想道德教育的主要内容，家庭道德教育集中突出的是孝道教育。这种教育应体现在成人仪式的各个环节之中，只有这样，成人仪式才能成为青年感悟父母之爱、感悟父母养育之恩的重要时刻，并发挥其应有作用。第一，促进青年形成健康人格。孝为入德之门，德为成事之本。人的优良品德由孝产生，良好的道德修养也依赖孝道教化。不教孝道，其他的品德便无从谈起。因此，孝道教育就其实质来说是塑造人格的教育，因而具有鲜明的时代性。在构建和谐社会的环境下，对青年进行现代孝道教育，对培养青年关心人、理解人、尊重人及自尊、自信、自立、自律等理想人格具有重要作用。第二，有利于提高青年的人际交往能力。中国的孝道文化向来重视家庭的和睦，追求父慈子孝、兄友弟恭，也要求以“一日为师终身为父”的人生信条来对待老师，以“老吾老以及人之老，幼吾幼以及人之幼”的爱众原则来处理人际关系。这种价值理念能有效提高青年的人际交往能力。

另外，父母的参与能直接影响青年在仪式中的心理体验，因此，学校要尽量调动青年家长的积极性，让他们参与到青年的成人仪式活动中来，让父母与子女共同度过青年生命的重要时刻，以增进彼此的情感。邀请父母参加成人仪式也符合青年自身的需要。调查结果显示，有51.2%的青年希望自己的父母能参加自己的成人仪式。学校还可以通过让父母为青年写成人信的方式，给青年提供一个回忆的机会，让青年体会成长路上的点点滴滴，去用心感悟父母对自己浓浓的爱。许多收到父母写给自己的成人信的青年表示，成人信对自己的触动非常大，它能增强自己对父母的感恩之心和感恩之情，还有青年说，他在那个时刻暗下了决心，一定要努力学习，以后更好地报答父母。再有，成人仪式也可以通过成人宣誓誓词来增强青年对父母的感恩之心，增强青年的家庭责任感。誓词内容能直接影响到青年在成人仪式过程中的心理体验，若在成人宣誓誓词中加入诸如“用爱心对家庭负责”“勤勉自励，奋发有为，不负长辈厚望”之类的语句，相信能发挥一定的积极作用。

第五节 爱国主义教育

爱国主义是个人对自己祖国依存关系的集中反映，体现为深厚的爱国之情、自觉的报国之行和坚定的强国之志的统一。爱国主义曾在我国历史上发挥了重要作用。江泽民在《爱国主义和我国知识分子的使命》一文中提道：“在我国历史上，爱国主义从来就是动员和鼓舞人民团结奋斗的一面旗帜，是各族人民共同的精神支柱，在维护祖国统一和民族团结、抵御外来侵略和推动社会进步中，发挥了重大作用。在爱国主义精神的激励下，我们的国家和民族自强不息，具有伟大的凝聚力和生命力。”[①] 为此，“在新的历史条件下继承和发扬爱国主义传统，需要广泛深入地进行爱国主义教育。这种教育要从少年儿童抓起”。[②] 胡锦涛也曾指出，希望青年们能把爱国主义作为始终高扬的旗帜。习近平指出，爱国主义是中华民族精神的核心。爱国主义精神深深植根于中华民族心中，是中华民族的精神基因，维系着华夏大地上各个民族的团结统一，激励着一代又一代中华儿女为祖国发展繁荣而不懈奋斗。5000 多年来，中华民族之所以能够经受住无数难以想象的风险和考验，始终保持旺盛生命力，生生不息，薪火相传，同中华民族有深厚持久的爱国主义传统是密不可分的。习近平还指出，要结合弘扬和践行社会主义核心价值观，在广大青少年中开展深入、持久、生动的爱国主义宣传教育，让爱国主义精神在广大青少年心中牢牢扎根，让广大青少年培养爱国之情、砥砺强国之志、实践报国之行，让爱国主义精神代代相传、发扬光大。可以说，对青年进行爱国主义教育是青年思想道德教育的重要内容。对于成人仪式思想道德教育来说，爱国主义教育不仅是其应有之义，而且是其重要依托。成人仪式爱国主义教育主要是对青年进行历史、公民意识、政治信仰以及法律意识等方面的教育，培养青年的爱国情感、报国之行和强国之志的教育活动。具体来说，成人仪式爱国主义教育主要包括历史教育、政治信仰教育、法律意识教育。

一　历史教育

我国历史是一部活生生的爱国主义教科书。中华民族热爱祖国，渴望祖国的统一和富强，对内反对分裂、对外反对侵略始终是我国历史的基本线索。长期以来，中华儿女为反对外敌侵侮，争取民生、独立和解放，进行了不屈不挠的斗争。爱国主义是中华民族

---

① 《江泽民文选》第 1 卷，人民出版社 2006 年版，第 121 页。

② 同上书，第 123 页。

的光荣传统，我们应使其发扬光大，只有这样，中华民族才能永远屹立于世界民族之林。用中国的历史与现实教育青年，帮助青年了解祖国的昨天，珍惜来之不易的今天，是培养无产阶级革命事业接班人，保证社会主义、共产主义千秋伟业代代相传不可或缺的重要内容。毛泽东也曾经讲过："我们是历史主义者，……只有讲历史才能说服人。"① 邓小平曾告诫青年："……历史告诉我们，中国走资本主义道路不行，中国除了走社会主义道路没有别的道路可走。一旦中国抛弃社会主义，就要回到半殖民地半封建社会，不要说实现'小康'，就连温饱也没有保证。所以了解自己的历史很重要。青年人不了解这些历史，我们要用历史教育青年。"② 江泽民说过："中华民族波澜壮阔的历史，是我们十分宝贵的财富。把握了历史，我们就能更好地开辟未来。"③ 他还说："一个人的一生，要接受家庭教育、学校教育、社会教育，这些教育都很重要，对于自己世界观、人生观、价值观的形成和巩固都会起重要作用。在所有这些教育中，都应该重视和贯穿历史的学习。不了解、不懂得祖国的历史文化，爱国主义观念和民族精神是很难自觉、牢固地树立起来的。"④ 对即将成人的青年来讲，了解祖国的历史，培养对祖国深厚的情感意义重大。因此，成人仪式要充分发挥自身的特点和优势，通过与特定历史事件的结合，如同"五四"纪念活动相结合等形式来实现对青年的历史教育，使青年在了解历史的基础上，从思想深处真正认识并坚信，社会主义不仅能够救中国，而且只有社会主义才能发展中国，以加深青年对社会主义中国的热爱。

二 政治信仰教育

政治教育是进行政治理想、政治信念、政治方向、政治立场、

---

① 《毛泽东文集》第 8 卷，中央文献出版社 1999 年版，第 276 页。

② 《邓小平文选》第 3 卷，人民出版社 1993 年版，第 205—206 页。

③ 《江泽民文选》第 2 卷，人民出版社 2006 年版，第 301 页。

④ 同上。

政治观点、政治情感、政治方法、政治纪律等方面的教育，主要是解决对国家、阶级、社会制度等重大政治问题的立场和态度。① 政治信仰教育是政治教育的重要内容。政治信仰是生活在特定社会历史条件下的社会群体或个人，对理想社会模式以及理想社会模式社会政治理论坚定不移的一种笃信和追求。它是社会群体或个人的政治价值取向，也是对现实社会政治经济结构状况的反映。政治信仰在实现社会有效整合、增强社会凝聚力、促进社会政治稳定中都发挥着巨大作用，政治信仰对社会来讲意义重大。法国思想家托克维尔说过："一个社会要是没有这样的信仰，就不会欣欣向荣；甚至可以说，一个没有共同信仰的社会，就根本无法存在，因为没有共同的思想，就不会有共同的行动……为了使社会欣欣向荣，就必须用某种主要的思想把全体公民的精神经常集中起来，并保持其整体性。"② 尽管托克维尔所说的"这样的信仰"并非完全指代政治信仰，但政治信仰是其重要构成之一。若没有共同的政治信仰，一个社会就不能保持长久的稳定和发展。青年是社会的组成部分，是社会未来发展的重要力量，他们是否具有坚定的政治信仰直接关系着社会的发展，关系着中国特色社会主义事业的成败。受国际、国内政治形势的影响，当代青年的政治信仰日趋多元化，因此，对青年进行必要的政治信仰教育至关重要。成人仪式作为一种社会性表达，应对青年进行政治信仰教育，为青年提供正确的政治方向，提供强有力的政治价值导向，特别是通过仪式过程中大量象征性、实质性的环节和内容来突出集体与个体、国家与个人之间的依存这一主题，让青年正确认识社会发展规律，认识国家的前途命运，认识自己的社会责任，积极引导青年确立马克思主义的坚定信念，确立在中国共产党领导下走中国特色社会主义道路的坚定信念。

① 张耀灿等：《现代思想政治教育学》，人民出版社 2001 年版，第 179 页。

② ［法］托克维尔：《论美国的民主》，董果良译，商务印书馆 1988 年版，第 524 页。

三　公民意识教育

公民意识是指公民个人对自己在国家中地位的自我认识，它是公民作为社会成员在国家生活和社会生活中最基本的理性角色认知。公民意识内涵合理性价值取向，是国家和社会生活中思想道德关系对公民内在人格和社会品格角色的塑造，使人既是共同体中的经济存在，也是文化存在。在一定意义上，公民意识是社会制度实现稳固的重要文化价值观念，有利于社会良好秩序的营造，也有利于个人良好道德品质的形成。公民意识内容丰富，包括公民的主体意识、权利意识以及社会责任意识等。公民意识教育应将培养公民的公共精神作为重要指向。公共精神可以理解为社会成员在公共生活中对人们共同生活及行为的准则、规范的主观认可并体现于客观行动上的遵守、执行。为此，成人仪式应通过十六岁预备期教育使青年对公民的内涵有所了解，让青年对自己即将获得的成人公民身份形成正确认识，明确自己将以成人的身份开始新的社会生活，应当遵守特定的社会生活准则和规范。这可被视为对青年公共精神的认知教育。成人仪式还应通过十七岁成人预备期教育让青年在生动的社会实践中感受自己的社会性，践行社会生活准则。这是对青年公共精神的实践教育。总之，通过特定形式的教育，成人仪式要使青年不仅实现年龄上的跨越，而且也能实现心理上的转变，为青年成为一名合格的社会公民打下良好的基础。

四　法律意识教育

中共中央宣传部、教育部、司法部、全国普及法律常识办公室联合制定的《中小学法制教育指导纲要》明文规定："学校要通过青年入学仪式、开学典礼和毕业典礼、十八岁成人仪式以及入队、入团、入党等各种仪式，精心组织设计，渗透法制教育，使青年了解自己的健康成长与法律的关系，培养爱法、敬法的情感，增强守法、用法的能力。”[①] 成人仪式法律意识教育是让青年了解法律反映了个人自由与社会秩序之间的关系，理解法律规范存在的价值，形成理性的法律意识和法治观念，懂得依法治国是我国社会主义建设的重要方略等。成人仪式应通过十六岁预备期教育让青年知道法律是国家意志的体现，了解法律具有维护社会秩序、实现社会公正、规范法律主体行为、调整利益关系的功能，能促进个人、社会、环境的协调发展；让青年大致了解规范我国政治、经济和文化生活方面的主要法律；让青年理解宪法关于我国国体、政体、国家机构的设置和职权的相关规定，了解与公民参与政治生活相关的法律；让青年理解宪法关于我国基本经济制度和基本分配制度的规定，了解发展社会主义市场经济的相关法律法规；让青年了解我国加强教育、科学、文化等社会主义精神文明建设的相关法律；让青年理解公民权利和义务的关系，了解公民权利的主要内容，懂得公民在享有权利的同时必须履行相应的法定义务，树立正确的权利观和义务观等。2004 年 5 月 4 日在北京举行的成人仪式活动上，中宣部、教育部、团中央、北京团市委的有关领导出席了活动，并向参加宣誓的中学生每人赠送了成人纪念物《中华人民共和国宪法》单行本。[②] 这是成人仪式法律教育的有效形式之一。

无论在古代还是今天，生命都是最宝贵的东西，生命意义永恒，所以，成人仪式生命教育无论在古代抑或是今天都具有十分重要的意义，而且也是成人仪式的最深层和本源之所在。通过对当前我国成人仪式思想道德教育内容的概括，我们可以看到，成人仪式生命教育被赋予了全新的内涵和深刻的意蕴，与以往不同，成人仪式生命教育实现了一定程度的继承与发展，更具深刻性与层次性；伴随着社会的快速发展，人类面临并亟须解决的问题不断增多，而

---

① 中宣部教育部等：《中小学法制教育指导纲要》2007 年 8 月，http：//www.chinanews.com.cn/edu/kong/news/2007/08 – 29/1013123.shtml。

② 李海秀：《各地中学生开展 18 岁成人仪式教育》，《光明日报》2004 年 5 月 5 日第 A2 版。

人自身的心理状况也不断复杂化。就青年来说，对其进行有效的心理教育，促进其自我身份的真正转化，使其自觉成人身份意义重大。作为成人仪式思想道德教育的重要内容，成人仪式心理教育比以往更为重要，特别是在新的历史条件下，成人仪式心理教育被赋予了更多内涵，兼具科学性与有效性；阶级社会的理想信念存有诸多局限性，因为阶级社会的成人仪式理想信念教育是阶级社会统治阶级的理想信念教育，其理想信念同社会部分青年特别是处于社会底层阶级青年的理想并非一致，统治阶级的理想与部分青年的理想不同，甚至相背离。当前我国的成人仪式理想信念教育则代表社会大多数人的利益，并集中体现了社会大多数人的理想追求。可以说，当前我国的成人仪式理想信念教育更具完备性与崇高性。由于所处社会状况不同，当前我国的成人仪式家庭道德教育不同于阶级社会的家庭道德教育。在阶级社会家庭中，父子之间关系如同君臣关系，所谓的家庭道德和家庭美德无非是子对父无条件地服从和遵从、父对子无条件的严教与管制。阶级社会时期的家庭道德教育是家庭成员人格地位不等基础上的道德教育。社会主义社会家庭中成员之间的地位平等，没有高低之别，而且家庭成员之间的人格彼此独立且平等。因此，当前我国成人仪式家庭道德教育是在家庭成员，特别是父母长辈同子女晚辈间实现了真正平等基础上的家庭道德教育，它兼具交互性和平等性。当前我国的成人仪式爱国主义教育不同于阶级社会时期的成人仪式爱国主义教育，这需要对“爱国”的内涵作具体的分析。爱国包括爱祖国和爱国家。祖国是指包括山水、同胞、文化等在内的统一体，爱祖国就是要爱祖国的大好河山，爱自己的骨肉同胞，爱自己的灿烂文化等。国家是阶级统治的工具，爱国家主要是指认同国家的政治制度，拥护统治阶级的统治。祖国是无论何时何地都应当热爱的，但是否要热爱国家则要做具体分析。阶级社会时期成人仪式爱国主义教育旨在教育青年顺从、遵从统治阶级的压迫和奴役，而社会主义社会的成人仪式爱国主义教育则是教育青年热爱并拥护无产阶级政权和无产阶级先锋队中国共产党的领导。可以说，社会主义社会成人仪式爱国主义教育具有一致性和统一性。

当前我国成人仪式思想道德教育内容主要包括生命教育、心理教育、理想信念教育、家庭道德教育以及爱国主义教育等，这五方面内容构成了一个相对完整的结构体系。生命教育是成人仪式思想道德教育的前提，是其他几方面教育的重要基石；心理教育是成人仪式思想道德教育的基础，为其他几方面教育的开展提供心理支撑；理想信念教育是成人仪式思想道德教育的核心，为其他几方面教育的开展提供动力；家庭道德教育是成人仪式思想道德教育的重点，是其他几方面教育的必要保障；爱国主义教育是成人仪式思想道德教育的依托，为其他几方面教育的开展提供方向。成人仪式思想道德教育的五方面内容互相交融，渗透于成人仪式思想道德教育的各环节，共同推动青年的社会化进程。

第四章　我国成人仪式思想道德教育的成就与不足

认清当前我国成人仪式思想道德教育的现状，了解成人仪式思想道德教育的得失，对今后更好地利用成人仪式进行青年思想道德教育具有重要意义。笔者以对 8 所高校（内蒙古师范大学、西南政法大学、安徽师范大学、河北大学、山东理工大学、北京石油化工学院、北京体育大学、中国传媒大学）560 名年满 18 周岁的青年学生进行的问卷式抽样调查结果为依据，对我国成人仪式思想道德教育取得的成就和存在的不足进行概括分析。一方面，我国成人仪式思想道德教育取得了一定的成就，主要体现为增强了青年对生命的敬畏感、唤起了青年对家庭的责任感、培养了青年对社会的责任感；另一方面，我国成人仪式思想道德教育也存在一定的不足，主要体现在有关部门重视程度不足、相关理论研究薄弱、对青年身心特征把握不够、仪式自身程序性不强、仪式活动分布不均等方面。

第一节　我国成人仪式思想道德教育取得的成就及原因

在新的历史条件下，以崭新面貌出现的成人仪式活动得到了中共中央宣传部、团中央的高度评价和重视。另外，成人仪式思想道德教育发展迅速，其内容不断丰富化，环节日益合理化，形式逐渐多样化，这些为成人仪式思想道德教育作用的发挥提供了重要条件。成人仪式思想道德教育在青年思想道德教育中发挥了重要作用，它增强了青年对生命的敬畏感，培养了青年的家庭责任感与社会责任感。

一　我国成人仪式思想道德教育的主要成就

（一）增强了青年对生命的敬畏感

调查结果显示，在参加成人仪式的学生中，认为成人仪式能够增强其生命敬畏感的学生占83.3%。成人仪式道德教育通过象征功能的发挥实现对青少年精神和心灵的洗礼，增强青年对生命的敬畏感。青年处于人生的重要阶段，无论是身体还是心理，都处于过渡时期，处于这一阶段的青年开始认真思考生命问题，探索生命意义。如果说个体离开母体是一个人自然生物性的开始，那么，成人仪式则可被视为一个人社会性的开启。在这个意义上，成人仪式不仅象征青年社会身份的转换，也代表着一种新的生命的开端，是青年新生之旅的开启。越过成人仪式这道门槛，青年就成了一个新人，一个成人。而获得了成人资格的人是一个充溢着生命活力的人，一个倍加珍惜自己生命也理所当然尊重他人生命的人。基于对生命尊严的理解，一个人才能自重、自爱、自强和自主，能够为自己的行为担当责任，能够领悟到道德、伦理、习俗的价值，领悟到家人、他人、社会及国家与自我生命的关联，也才能真正唤起其心灵深处对于生命的敬畏感。实践证明，成人仪式道德教育的确能增强青年对生命的敬畏感。以事实为例，2000年4月23日，来自江苏南京不同学校的青年聚集在南京师大附中，与自己的父母、同学和老师共同度过了他们生命中一段难忘的时光——十八岁成人宣誓仪式。青年们表示，这次活动让他们深刻体会到了生命的可贵，增强了他们对生命的敬畏感，这份体会将伴随他们一生。应该说，成人仪式作为一个特殊的时空停留，是人一生中一次特定的、片刻的、具有永恒意义且不可重复的生命体验。正是这种体验能为青年提供了正确认识生命的契机，并在一定程度上解除了青年对生命的困惑，培养了青年对生命的敬畏感。

(二) 促进青年对自我角色转换的认知

成人仪式能让青年感受到自己已成人，感知自己从懵懂少年到成熟青年的转变。“今天，我很高兴参加由我国国学礼仪学院的申教授主持的成人仪式。整个仪式围绕儒家文化来进行，十分神圣。经过简短但又庄严的仪式，我感觉自己真的长大了。”① 这是参加成人仪式的青年对自己感受的描述。“作为一名高中生，为了我的梦想，为了我的母校，为了我的父母和老师，无论再苦再累，我都要奋起！一直奋起！我坚信：我的梦想，终会实现。也许，这就叫成长，成长的旅途是一段一段的……”“我真的长大了吗？”“哦！是的，我长大了……成长，像是离开儿时幻想中的美丽森林，是一泉溪水潺潺地流向外面的世界，汇入江河，汇入海洋……在不知不觉中，我们已经长大，我们将要挑起许多不可推卸的责任，做一名合格的青年，努力实现梦想。”② 这是成人仪式促进青年对自我角色转换认识的最好说明，它让青年明确了自己角色的转变，也让青年懂得该角色应担当的一切。

(三) 唤起青年对家庭的责任感

调查结果显示，在参加成人仪式的学生中，认为成人仪式能够增强青年对父母的感恩之情，进而增强自己的家庭责任感的学生占82.6%。可见，成人仪式道德教育通过交流功能的发挥实现了青年与父母情感的交融，唤起青年对家庭的责任感。成人仪式道德教育通过营造温馨感人的情境，让青年与父母进行情感的充分交流，让置身其中的青年真切地体会到父母对自己的爱，以加深青年对父母的爱和感恩之情，进而唤起青年对家庭的责任感。精神分析学家罗伯特·威纳认为，人类家庭的特点在于它为一个人提供终生的过渡

① 邹昀瑾（建水一中高中生）：《我长大了——参加“成人仪式”有感》，《云南教育》2009年第11期。

② 同上。

空间，充当个人与社会、幻想与现实、内心世界与外部世界之间的休息场所。[①] 对青年来讲，家庭就是庇护所，父母就是庇护人，青年应对父母怀有感恩之情，而这是青年家庭责任感的集中体现。2009 年 2 月 26 日的《光明日报》上发表了一篇题为“家书情动九零后，儿女泪洒成人礼”的文章。文章提到，“90 后”陆续步入十八岁，北京市第一五九中学在政协礼堂为 256 名高三青年举行了庄重的十八岁成人宣誓仪式。仪式上，每个孩子都意外地收到一份惊喜——学校事先让每对家长都写好一封“成年家书”，瞒着孩子们藏在漂亮的信封里。当一封封“家书”递到孩子们手里时，孩子们读着爸爸妈妈饱含深情的话语，都忍不住流下了泪水。其中，有一封信这样写道：“儿子，今天是你长大成人的日子，想着十八年前那粉嘟嘟的小脸蛋今天已经长成了一张帅气英俊的脸庞，我和你妈妈骄傲地想哭……”一个男生看到爸爸熟悉的笔迹，想着自己成长路上的每一个镜头，流下了感动的热泪。成人仪式增进了青年对父母的理解，加深了青年对父母的感恩之情，唤起了青年的家庭责任感。

（四）培养青年对社会的责任感

调查结果显示，在参加成人仪式的学生中，认为成人仪式能够一定程度地唤起自己社会责任感的占 77.3%。可见，成人仪式道德教育通过规范功能的发挥来实现对青年的一种规约，培养青年对社会的责任感。人并不是孤立的，若不能与他人和社会联结在一起，人是无法生存的。对青年而言，成人仪式不仅强调某种行为规范，也强调行为所涉及的已有或是正在形成的社会关系。在成人仪式中，大量象征性与实质性的环节、内容所突出的主题就青年个人同社会、同国家之间的依存关系，体现出一种规约性，如成人仪式中升国旗、唱国歌以及面对国旗宣誓等环节。国旗、国歌是国家的

---

① ［美］朱迪丝·维尔斯特：《必要的丧失》，张家卉等译，北京大学出版社 1988 年版，第 106 页。

显著标志与象征，成人仪式上通过让青年面对国旗进行宣誓，齐唱国歌等来培养青年的爱国情感，培养青年的社会责任感，让青年真切地体会到自己与国家和社会的关系，以此让青年自觉承担社会责任。以武汉东湖中学高三青年于 2008 年 5 月举行的成人仪式宣誓誓词为例，青年宣誓要捍卫神圣宪法，维护法律尊严，履行公民义务，承担社会道义，国家昌盛为先，人民利益至上，热心公益，奉献社会，无愧祖国培育，勤勉自励，奋发有为，不负长辈厚望，以壮志激情，创造崭新未来；以火红青春，建设锦绣中华。可以说，誓词就是一种规约，通过这一环节，传递给青年一种信息，即青年要有社会责任感、国家使命感。

调查结果还显示，认为成人仪式能增强自己家庭责任感的学生中有 81.2% 认为，成人仪式同时也能增强自己的社会责任感。由此可见，家庭责任感同社会责任感之间存在着密切的联系。家庭责任感的形成能促进青年社会责任感的形成，青年对父母的感恩之情能够延展出青年为他人和社会服务的念头，能对青年社会责任感的形成起到积极促进作用。同时，在认为成人仪式不能增强自己家庭责任感的学生中，有 88.2% 的人认为成人仪式不能唤起自己的社会责任感，不能让自己萌生服务他人和社会的念头。这种现象给我们提供了重要启示，即一定要做好青年的家庭道德教育，因为这是青年形成社会责任感的重要前提，青年家庭美德的具备是青年形成社会公德的重要保障。这并不是说，具备家庭美德的人就一定能够形成社会所需的品德，但具备家庭美德的人更易养成良好的社会公德。

青年社会责任感和社会公德意识的增强，从另一个角度反映出成人仪式帮助青年规避非主流负面影响的功能与作用。非主流是以主流为比照而存在的，人们对主流的理解和界定也就决定了对非主流的认识。主流一般是指大众化的约定俗成的行为方式、多数人普遍接受并奉行的价值观念和生活样式。非主流则更多的是指一种不为大多数人接受、并非约定俗成的行为方式、价值观念及生活样式，其往往以服装、言行的另类、非大众化为特征，与主流和大众化保持一定的距离。非主流作为一种具有独特性的社会事实与社会存在，构建起了独具特色的表达方式，它们通过这些非主流的方式和手法来表达自己对这个世界、社会和自我的看法，这其中既有高调的外在喊叫，也有低沉的内心独白。

非主流在很多人眼里是解构权威、无视生命的代言人，恶俗和肤浅的发言人。然而，当我们用客观态度去对待非主流，并对非主流进行细致分析后会发现，非主流中也具有积极因素。首先，非主流在一定意义上是自我意识觉醒的特殊方式。非主流通过离经叛道让青少年对自我、自我的欲求有了新的认识，非主流是青少年表现自我及独特追求的一种途径，即不再一味地“被教育”，而是勇于创造、敢于打破现有的一切，颠覆价值、创造新的世界。其次，非主流丰富着社会文化，凸显了社会文化的多样性。部分人诟病非主流，因为非主流在这些人眼里是恶的、假的、丑的。然而，在当前这个多元化的世界里，人们有着多元的选择，没人能够保证自己的选择就是最好的，没人能用一把绝对的尺子说他的选择就是最美的，因为，文化多样是保证社会发展进步的重要前提。非主流作为一种独特的社会事实创造了一种生活方式，也呈现了一种社会文化。最后，非主流本身是对主流的一种批判和建设。因为在主流世界里，同样存在很多与当前社会发展需要相背离的文化理念，这些理念可能会因置身主流圈中而不易为人们所察觉或批判。非主流的存在本身就是对主流的一种反叛，或者说是批判，它对主流中的不合时宜的价值和理念提出挑战。这样，非主流以新思路、新做法而使本身成为一股积极力量推进着主流本身的发展。

非主流在我国已经流行多年，对青年具有特殊的吸引力。我们暂且抛开其积极正面的影响不谈，仅从部分追捧非主流的青年身上来窥视非主流的负面影响。追捧非主流、践行非主流的部分青年会出现讨厌学习、丢弃责任、娱乐权威、迷恋网络、扭曲审美、搞怪扮相的现象。女生会扮孤单、装忧郁，男生则打唇环、打耳洞。青年对非主流的这种身体力行，让我们看到，尽管非主流具有使青少年张扬个性、凸显自我、创新理念、改变生活的影响力，但由于青少年对非主流，仍缺乏清醒的意识，导致他们不知道如何来确立自我、提升自我，而一味凭借外在的包装，以外在不同于他人的发型、饰物及体貌来标榜自我、凸显自我，最后迷失于外在的物质世界而无暇顾及内在的精神需求。非主流的负面影响使得部分青年堕落颓废，不思进取、不求上进，不负责任、缺少担当。面对这种现状，成人仪式应该、也能起到帮助青年规避非主流负面影响的作用。因为，成人仪式能给青年提供思考的空间，让青年在特定的氛围内思考什么是自己应当面对的、什么是自己应该担当的、自己应该成为一个什么样的我等问题，这能为非主流青年和即将走上非主流道路的青年重新回归主流提供思想保证。成人仪式也给青年提供感受体验的场景，让他们感受社会、老师和家人对他们的殷切希望和深深祝福，这能为非主流青年和即将走上非主流道路的青年向主流靠拢提供情感保证。

除了对青年具有重要的影响作用外，成人仪式还能对到场的青年家长及老师产生积极的影响。一位参加了女儿成人仪式的父亲写道："仪式大约有一个半小时。氛围异常热烈，几乎就是一场心灵的对对碰与感情的大洗礼。崇高的感觉让家长、老师和学生都满脸透着不同寻常的表情。"① 这位父亲还说道："仪式，确实很重要。它是升华感情的催化剂，把特殊的时刻赋予永恒的意义。"② 由此可以看出，成人仪式不仅能给青年以心灵上的触动，也能给青年家长及老师们带来莫名的感动。人大附中校长刘彭芝也有这样的体验，她写过这样的文字："看着600多名学生身穿整齐的校服，有说有笑，兴高采烈地进入会场，我能感受到他们心中抑制不住的兴

① 都市牧歌：《成人仪式上的眼泪与欢笑——人大附中分校成人仪式侧记》2009年4月，http：//blog. sina. com. cn/s/blog_ 537888330100d64w. html。

② 同上。

奋和好奇。此刻，我的心情竟有些和孩子们相同的新奇，因为那些小组织者们同样也没有把仪式的内容和程序告诉我。现在，谜底就要揭晓了。转眼看看周围，年级组长王小欣穿了一件金色的唐装，胸前还别了一朵紫色的鲜花，惯于严肃的面容被新装和笑容映衬得年轻漂亮了许多；新老两位政教主任也坐在我旁边，穿戴得整整齐齐；再看年级组的老师和各位班主任，更是面露喜气，着意打扮。放眼会场的最后，虽然看不清楚，但我知道还有一个同我们一样，也许比我们更兴奋的人群，那就是孩子们的家长。此刻，置身于这个会场，我相信他们会为自己的孩子走进人大附中而感到庆幸，也会为自己的孩子能这样度过人生的十八岁而感到骄傲。这是一个隆重的生日庆典，这是人生中一个难忘的时刻，无论对我，对我的同事，还是对学生，对他们的家长。"① 可以说，成人仪式不仅对青年来说十分难忘，对参与活动的老师和家长而言，也同样是个"动人心弦的日子"。

二　当前我国成人仪式思想道德教育取得成就的原因

首先，在新的历史条件下，成人仪式以新的面貌重新出现并发展迅速。自20世纪90年代以来，以学校为单位进行的成人仪式活动发展迅速。学校主办的成人仪式活动，首创于1990年。受当时社会上青年人流行过集体生日的启发，当时担任上海市嘉定县黄渡乡团委书记的陆惠明设想举办一次寓教于乐的集体生日活动。1990年4月29日，"黄渡乡第一届18岁青年生日活动"正式推出，这是国内最早的由共青团组织举办的大型成人仪式。1993年12月18日，在上海黄浦江边新外滩广场，上海市800多名青年代表参加了由上海市精神文明建设活动委员会、团上海市委、市青联联合发起的上海首届18岁成人仪式。在首届成人仪式中，青年们接到了党

---

① 刘彭芝：《学生"十八岁的宣言"感动》，http://blog.sina.com.cn/s/blog_474e8c060100cxl2.html。

的祝愿、前辈的祝福和父母的期望。在乐曲声中，领导向青年代表颁发了成人纪念册。随后青年代表们手持《宪法》，面对五星红旗宣读《成人誓词》。在仪式上，青年代表们还向上海医科大学附属医院白血病儿童捐了款。逐渐地，上海市18岁成人仪式基本形成了统一的程序、誓词、标志、主题歌和纪念册。这项孕育着勃勃生机的18岁成人仪式教育活动，迅速在全国的大城市普及。如1994年12月30日，广州举行了以“托起明天的太阳”为主题的成人宣誓仪式，共有6万多18岁的青年参加了这一仪式。[①] 到1995年5月，全国已有20多个省市及其基层的18岁成人仪式推广了上海首创的一套誓词和程序。[②] 1996年，厦门市十届人大常委会第25次会议通过的《关于确定“厦门市18岁成年人宣誓日”的决定》规定，从1997年起，每年10月17日（厦门解放纪念日）定为“厦门市18岁成年人宣誓日”，为当年年满18周岁的在厦门学习和工作的公民举行成年人宣誓仪式。[③] 时至今日，成人仪式活动的范围不断扩大，从个别地方已扩展向全国大部分省市地区。成人仪式思想道德教育的内容不断丰富，包括生命教育、心理教育、理想信念教育、家庭道德教育以及爱国主义教育等。成人仪式环节日渐完善，从当初面对国旗宣誓的单一环节，发展成为包括16岁身份证颁发仪式、17岁志愿者上岗仪式以及18岁成人宣誓仪式等环节在内的相对科学的整体。

其次，18岁成人仪式教育活动逐渐得到了中共中央宣传部、团中央的高度评价和重视。1994年中共中央颁发了《爱国主义教育实施纲要》，其中明确指出：“提倡各地组织年满18周岁的公民

---

① 陈冀京：《成人仪式趣谈》，《青年探索》1996年第1期。

② 专业志/上海青年志/第四篇青年社会教育/第二章青年道德教育，http://www.shtong.gov.cn/node2/node2245/node66268/node66279/node66331/node66395/userobject1ai62350.html。

③ 《厦门日报》2006年5月12日，http://www.csnn.com.cn/2006/ca462730.htm。

举行对国旗宣誓的成人仪式。”共青团中央也相继下发了《共青团中央关于规范18岁成人仪式教育活动的暂行意见》（1996）、《关于1999年深入开展中学生18岁成人仪式教育活动的通知》（1999）、《关于继续大力推进18岁成人仪式教育活动的通知》（2000）、《关于深入开展中学生18岁成人仪式教育活动的通知》（2002）等多个文件来强调和规范18岁成人仪式活动。2001年中共中央颁布的《公民道德建设实施纲要》中也再次提出，要提倡在重要场所和重大活动中开展成人仪式等活动。

最后，成人仪式思想道德教育形式灵活多样。当前我国成人仪式思想道德教育有四种主要形式。

第一种形式，与传统冠礼相结合的成人仪式思想道德教育，如2006年5月16日，武汉1000名18岁的学生将身着传统服装（汉服），在编钟奏出的音乐声中，咏诵成人誓词，接受父母及师长对自己的冠礼（男性）和笄礼（女性）。2007年4月15日上午，宁波市江北区慈城镇慈湖中学60名年满18岁的青年在孔庙举行传统成人仪式冠礼。冠礼作为成人礼延续上千年，是我国古代社会第一大礼，用现代“冠礼”方式来完成青年的成人转折，无疑具有承继民族文化传统、增强民族自豪感和自信心、加强民族意识和民族责任的积极作用。同时，也具彰显时代精神的作用。[①] 当然，继承并不等于复古，继承传统成人礼的教育内涵，而不是复古着装、诵文等表面形式。因此，成人仪式活动应当在形式创新的基础上去继承，使成人仪式跟上时代发展的步伐。

第二种形式，与社会实践相结合的成人仪式思想道德教育。如天津市的许多中学也多在青年年满18岁这一天为青年学生举行成人仪式，多开展以“服务社会奉献爱心”为主题的活动，组织青年义务无偿献血，为社会作贡献。还有的学校则开展以“青年志

---

① 一凡：《宁波：60名中学生行“冠礼”》，《人民日报》（海外版）2007年4月16日第01版。

愿服务社会实践启动仪式”为主题的成人仪式。[1] 这都是以社会实践方式来进行成人仪式教育。2004 年 5 月，吉林松原市 1000 余名 18 岁青年宣誓后，在“今天我成人，明天做栋梁”的条幅上签名，并在成人林里栽植了 1000 多棵成人树；江苏南京 2 万多名年满 18 岁的青年在胜利广场刘伯承铜像前举行成人宣誓后，以徒步行走 9 公里、互换慰问卡、到老年公寓开展志愿服务等方式度过了自己的成人节。[2]

第三种形式，与历史纪念日相结合的成人仪式思想道德教育。如 2000 年 5 月 4 日上午，来自北京市的近 2000 名年满 18 岁的青年走过成人门，面向鲜艳的国旗，举行了 18 岁成人宣誓仪式。[3] 在五四运动 85 周年纪念日里，全国 100 多个大中城市广泛开展了“继承五四传统，弘扬民族精神”18 岁成人宣誓仪式活动。其中，辽宁省营口市 4000 多名青年在省爱国主义教育基地——西炮台遗址举行了成人宣誓仪式；山东临沂市数千名青年参加了以“祝福 · 风采 · 畅想”为主题的成人盛典晚会；广西南宁 2000 名青年在成人宣誓仪式后，开展了“清洁南宁，服务南博会”的绿色志愿服务活动。此外，上海、黑龙江、湖南、云南、四川、重庆等地也都在五四运动 85 周年纪念日期间开展了形式多样的成人仪式教育活动。[4] 2009 年五四青年节期间，北京开展了“纪念五四运动 90 周年暨中学生成人主题教育活动”，年满 18 周岁的青年学生在庄重的成人仪式中，增进了对父母、师长的感恩情怀和对国家、社会的责任感，激发了努力学习、奋发成才、报效祖国的决心。[5]

---

① 励小捷：《中国民俗知识（天津民俗）》，甘肃人民出版社 2008 年版，第 129 页。

② 《人民日报》2009 年 5 月 4 日第 04 版。

③ 李海秀：《各地中学生开展 18 岁成人仪式教育》，《光明日报》2004 年 5 月 5 日第 A2 版。

④ 同上。

⑤ 《人民日报》2009 年 5 月 4 日第 04 版。

第四种形式，与时代主题相结合的成人仪式思想道德教育。如2000年4月23日，来自江苏南京不同学校的青年聚集在南京师大附中，与自己的父母、同学和老师共同度过他们生命中一段难忘的时光——18岁成人宣誓仪式。[①] 以21世纪为起点，开启青年新的人生之旅。再如，2006年9月30日，由中宣部、教育部、共青团中央共同举办的全国百城青年18岁成人宣誓仪式在北京育才学校举行。校内彩旗飘扬，团歌阵阵。来自北京市育才学校、六十二中学、北纬路中学等学校的1000多名适龄青年参加了活动。同时，全国100多个大中城市同时开展了该项活动，通过组织年满18周岁的青年集中举行“成人宣誓仪式”等有意义的活动，引导广大青年树立和践行社会主义荣辱观，与祖国共奋进，与时代同发展。[②] 2007年5月18日，以“与祖国共奋进，为社会担责任”为主题的“迈入青春门，走好成人路”教育活动，在全国百座城市和部分区县青年中深入开展。[③]

第二节　当前我国成人仪式思想道德教育存在的不足及原因

成人仪式思想道德教育存在一定的不足之处，主要表现为：重视程度不够，理论研究薄弱，程序性不强，活动分布不均。而造成这种结果的原因主要在于成人仪式自身社会地位的下降。

一　当前我国成人仪式思想道德教育存在的不足

（一）重视程度不足

成人仪式多在高三举行，面临高考压力，无论学校，还是家长

① 《人民日报》2000年7月25日第12版。

② 李海秀：《全国百城市中学生开展成人宣誓仪式》，《光明日报》2006年10月1日第3版。

③ 李海秀：《百城中学生开展“迈入青春门　走好成人路”主题教育活动》，《光明日报》2007年5月19日第2版。

都希望青年能抓紧时间搞好学习，而忽视了成人仪式活动是否举行，以什么方式举行等这些在他们看来并不重要的问题。很多省市的中学根本不为青年组织成人仪式活动，而有些搞成人仪式活动的学校也仅是做做表面文章，流于形式，并未精心策划成人仪式活动。成人仪式活动也不能收到实效。应该说，成人仪式教育对于青年成人意识的确立、道德品质的提高乃至一生的发展有着非常重要的意义和作用。一次精心准备的成人仪式对青少年的影响非常大，这种影响往往会超乎学校、家长、老师和孩子本人的想象。因此，学校应对成人仪式给予高度重视。另外，也要让青年认识到成人仪式的重要性。让青年在对成人仪式一无所知的状态下去参加这一活动，不仅活动的作用无法得以发挥，而且容易使青年对该活动产生反感情绪，认为这仅是一种形式，这种情绪会影响人们对成人仪式的认识和评价。只有当青年了解了什么是成人仪式，知道了成人仪式的重要性之后，他们才能为自己的成人仪式做好各方面的准备，才能从思想、心理上给予自己参加的成人仪式以重视，也才能在成人仪式中认真体会其每个细节、每个环节带给自己的感动和影响。

现实地看，在此次被调查的506名学生中，仅有26.1%的学生参加了成人仪式，而没有参加的人数占总人数的73.9%。这说明成人仪式活动并未引起学校的重视，因而活动仅仅是走过场，主办者没有下功夫去认真筹备。参加成人仪式的青年中，53%的人认为自己所参加的成人仪式存有不足。其中，认为成人仪式“太过形式化”的学生占54.2%。有学生还直接指出：“学校不重视成人仪式，感觉和上操无差别”；还有学生提道，“活动本身不够严肃、庄重”；也有学生认为，成人仪式中“形式化的、冗余项目过多，政治色彩太过浓烈，冲淡了‘成人’色彩，带有实质内涵、能触动青年情感的环节太少，过程太过于简单”。可见，成人仪式活动存在与主题相偏离现象，成人仪式所要传递的教育信息出现失衡现象。造成上述现象的原因有很多，对成人仪式重要性认识不足，重视程度不够就是原因之一。长期以来，我们始终受制于应试教育这根指挥棒，过分强调智育而忽视德育，过分注重学生的分数而忽视学生其他方面的能力。这种观念直接影响学校对待成人仪式的态度。

（二）理论研究薄弱

实践需要科学的理论做指导，没有理论指导而进行的实践活动往往是盲目低效的，甚至是流于形式的。对成人仪式思想道德教育相关理论的探讨及把握程度，直接影响着成人仪式教育活动的有效开展。对成人仪式思想道德教育相关理论的研究和掌握情况直接影响主办方对成人仪式内涵的理解程度，决定其对整个教育活动的驾驭能力。缺少必要的理论指导，成人仪式教育活动便不能得到生动呈现，不能让青年深刻、准确地体会到成人的本真内涵。也就是说，成人仪式教育活动不仅需要成人仪式活动的组织者能在成人仪式活动上始终弘扬主旋律，不偏离成人仪式教育的主题，更需要成人仪式活动的组织和实施机构（主要指学校）能从促进青年长远发展的角度出发，提升对成人仪式教育重要性的认识，积极开展成人仪式教育的理论研究，总结成人仪式应遵循的基本原则，挖掘成人仪式教育的主要内容，完善成人仪式的基本程序，使学校成为成人仪式理论研究的主阵地，为成人仪式活动提供科学指导。

现实地看，当前我国成人仪式理论研究还不够，学界对成人仪式的理论研究仍停留在成人仪式自身内容的探讨上，没有专门对成人仪式思想道德教育的内容、价值作全面细致的研究。调查显示，有的学校在成人仪式教育活动中会安排文娱演出活动。部分学生认为，这类成人仪式活动普遍存在“主题不突出”“不能带给青年应有的触动”等不足，这是成人仪式活动缺乏科学理论指导的表现。成人仪式教育活动并非不能以文娱演出的形式呈现，关键在于学校能否为这些活动内容把关，给予科学的指导。理论指导做得好，文娱演出就是成人仪式教育活动的正效载体，并能得到广大青年学生的喜爱；反之，理论指导做得不好，文娱演出就是成人仪式教育活动的负效载体，它会冲淡成人仪式教育活动主题，并给青年传达一种模糊的信息：成人仪式即是文艺会演，会使成人仪式教育活动的效果大打折扣。

（三）程序性不强

对仪式而言，程序具有权威性。只有按照人们认可和习惯接受的程序规定才算得上是仪式，如果程序被篡改或变动，仪式本身所具有的那种庄重性就会消失殆尽。应该说，仪式的程序对仪式的效力至关重要。作为一种社会表达方式，成人仪式的程序因此尤为重要。现实地看，我国成人仪式的程序性较弱。调查显示，超过50%的青年认为，成人仪式程序简单，对自身的作用效果不佳。如学生们提出“程序混乱”“没有固定的流程”“服装不正式”等，这说明，当前我国成人仪式程序性不强，没有形成固定有效模式。这主要表现在两个方面：一是我国成人仪式没有一套严格的可操作性程序；二是成人仪式程序混乱。有的过于烦琐，而有的太过于简单。正如调查结果所表明的，成人仪式程序五花八门。有的学校的成人仪式“只是宣誓”，有的学校的成人仪式包括“典礼、聚餐、送礼品”内容，有的学校的成人仪式包括“讲座、宣誓”内容，有的学校的成人仪式包括“领导讲话、宣誓”，还有的学校的成人仪式包括“升国旗奏国歌、领导致辞、学生代表发言、面向国旗宣誓”等内容。由于没有特定程序的限制，表面看来，成人仪式活动似乎具有了一定的灵活性，但没有固定模式，有些学校举行的成人仪式只是简单应付了事，这让成人仪式缺少严肃性和权威性，也使成人仪式的效果大打折扣。

（四）对青年身心特征把握不够

成人仪式的对象是青年，全面准确把握青年身心特征，了解青年的心理需要，对于成人仪式作用的发挥至关重要。正如前面提到的，青春期概念是个社会文化概念，而青年在青春期的种种心理特征同样也是特定社会文化的产物。因此，对青年心理特征的把握直接决定了成人仪式活动能否真正走进青年的心里，能否让青年真正地意识到自己已经成人，并敢于担当，敢于承担国家、社会、家庭赋予自己的责任。青年特定身体特征的形成离不开社会和文化背景，因为青年身心特征是青年对生活于其中的文明施以种种限制的一种反映。而青年时期又是人生的一个特殊、关键时期，青年在这个关键时期更是具有其特殊的身心状况。处于该阶段的青年需要张扬自己的个性，要自由表达自己的思想和观点，希望得到父母的认同，也需要得到同龄人的认可。不注意、不顾及青年这些身心特征的成人仪式对他们来说没有吸引力，没有感召力，更不会有影响力。因此，成人仪式的内容和形式都要符合青年的身心特征，符合青年的需要，只有这样，青年才能与仪式活动的主题及其传达思想发生共鸣，进而真正能实现“心理成人”。

现实地看，有些成人仪式活动存在忽视青年的身心特征，忽视青年自身心理情感体验的问题。16.9%的调查对象认为成人仪式不能满足自己的内心需要，不能彰显自己年轻的个性。成人仪式缺乏情感教育，在情感上下的功夫不够，不能以情动人，不能给青年带来应有的感动，不能触及青年的心灵深处并给青年留下深刻而美好的回忆，不能顾及青年个人的真切感受，特别是对青年的激励作用得不到充分发挥，仪式本身缺少青年自身想法的表达，没有让青年充分表达自己的内心体验。这些都是成人仪式对青年身心特征把握不够的表现。还有学生提到，希望自己的父母甚至爷爷、奶奶都能到场参加自己的成人仪式，也有学生希望和同学、朋友来共同见证自己的成人。事实上，有些学校没有邀请学生的家长前来参加学生的成人仪式，这降低了学生对成人仪式的心理接受程度。有的学生还提道：“成人仪式参与人员太少，感觉不到成人仪式的重要性。”可见，成人仪式活动参加人员的构成及数量，都会影响青年在仪式活动中的心理体验。

（五）成人仪式活动分布不均

就成人仪式对象来说，大多是在校学生，而对非在校 18 岁青年的覆盖面不够。由于种种因素的影响，我国还有相当数量的青年较早地离开了学校，成为一名社会劳动者，特别是许多来自农村的青年务工人员。这部分青年并未参加任何标志成年的象征活动，便走上了工作岗位，步入了社会。或许，他们并没有因未参加成人仪式而在心理上存在多么重大的缺陷和不足，但没有参加成人仪式毕竟使这部分青年丧失了一次实现自我心理转变、社会角色转化的重要机会和场合，这无论对青年个体还是对社会来说，都是一种缺憾。人大附中校长刘彭芝在参加完青年学生的成人仪式后发出过这样的感慨："那一时刻，我的心里充满了幸福和感慨——我为孩子们的成长感到幸福；我为自己的18岁感到辛酸。我的18岁没有成人仪式，没有这样快乐轻松地对童年的回顾，也没有这样浓浓的诗意和美好的祝愿……我羡慕这些孩子，他们有勇气，有机会为自己的成年亲手涂上如此诗意的色彩。"① 成人仪式是青年生命的一个重要节点，是青年成长、成人的一个里程碑，也是社会价值与社会理想的一次集中表达，这种表达能够实现个人与社会的直接沟通与交流，实现个人发展与社会需要之间关系的明晰勾勒与呈现。

然而，调查结果显示我国成人仪式活动分布不均，城镇所占比例高于农村，北京、上海等中东部地区所占比例高于西部地区。在参加过成人仪式的学生中，26.5%来自于农村，73.5%来自于城市。在来自于城市且参加过成人仪式的学生中，67.7%来自于东部城市，32.3%来自于西部城市。在506名调查对象中，73.9%的学生没有参加过成人仪式。其中，62%的学生来自于农村，38%的学生来自于城镇。在来自于城镇且未参加成人仪式的学生中，32%来自于东部，68%来自于西部。可以看出，成人仪式活动分布不仅在城乡之间存有较大的差别，而且在东西部地区之间同样存在一定差距。这种差异与城乡、地区之间经济发展水平，教育发展程度，人们思想观念状况存在分疏相关，也与每个学校具体对待成人仪式的态度有关。

---

① 刘彭芝：《学生"十八岁的宣言"感动》，http://blog.sina.com.cn/s/blog_474e8c060100cxl2.html。

（六）成人仪式后续教育不足

所谓成人仪式的后续教育，主要是指青年18岁成人仪式后所应接受的较为正规和全面的思想道德教育。关注成人仪式对青年思想道德教育的功能与作用，并不意味着成人仪式思想道德教育无所不能，这涉及合理看待成人仪式思想道德教育功能与作用的问题。年满18周岁的青年在法律上已是成年人，但在社会生活上并未完全独立，如进入高校继续读书的青年，尽管年满18周岁，但尚未实现经济独立，与之相应地，思想心理情感均处于从不成熟到成熟的过渡期。尊重青年思想、心理和情感的发展规律是青年教育的前提。鉴于此，成人仪式必然不是万能，其思想道德教育功能与作用的发挥离不开青年在成人仪式之前与之后两个时间段所接受的思想道德教育。仅就后续教育而言，生活在城镇的部分青年会进入大学继续学习，这部分青年相对来说能够也应该接受系统全面且正规的思想道德教育。这既是对中学时成人仪式思想道德教育效果的一种巩固，更是青年在大学学习生活过程中提升个人专业素养的同时也能不断提升个人思想道德素质实现全面发展的有效途径。生活在农村的部分青年可能就此离开校园，系统全面的思想道德教育对他们而言或许将无从谈起。这部分青年又包括参加过成人仪式教育的和未参加过成人仪式教育的两种情况，对未参加过成人仪式教育的青年来说，他们更多地接受的是一种融家庭、学校和社会为一体的生活式思想道德教育，教育的主要内容和基本方式都未经过教育者精心筛选和设计，并非以青年个体的生活特别是青年参加工作后的生活为主要载体和途径；对参加过成人仪式教育的青年来说，后续用以强化成人仪式思想道德教育效果的思想道德教育同样为生活教育所代替。生活教育本身并非不具有对青年进行思想道德教育的作用，但这与我们所指的系统全面的思想道德教育完全不同。

二　当前我国成人仪式思想道德教育存在不足的原因

成人仪式思想道德教育作用的发挥始终同成人仪式自身在社会

中的地位密切相关。成人仪式的地位高，社会就会给予其相应的重视，不仅重视成人仪式的理论研究和程序设置问题，也会关注成人仪式的对象——青年的身心发展状况。相反，成人仪式的地位低，社会自然不会给予其高度重视，也就不会关注成人仪式理论的研究和程序环节的设置等问题。同原始社会与阶级社会时期的成人仪式相比，当前我国成人仪式在社会中的地位相对下降，这是导致当前我国成人仪式思想道德教育存在不足的最根本原因，而引起成人仪式社会地位下降的原因很多，具体来说主要表现在以下几点：

第一，生产和生活方式的改变。原始社会生产力相对低下，人们面对的是恶劣的环境、凶残的猛兽，为了生存，人们需要学习并掌握基本的生存技能，具备勇敢、坚韧等意志品质，而这些大多是在成人仪式中习得。另外，成人仪式是人们获得成人资格，享有成人全权的唯一途径。因此，在原始社会时期，成人仪式具有相对较高的社会地位。现代人类的生产力取得了巨大进步，人类的生存环境、生存方式发生了改变，原始社会时期基本的生存技能以及勇敢、坚韧等品质也不再具有当初的重要意义。这样，教授人们获得基本生存技能、培养人们特定意志品质的成人仪式不再具有当初的重要地位，其受重视程度相对减弱。换个角度来看，随着生产力的提升，人们生产生活方式不断发生改变，原始氏族部落逐渐被国家代替，原有的各具特色的成人仪式之间开始相互交融，成人仪式的独特性开始减弱，大众化、普适化程度不断提高，而大众化、普适化在一定程度上意味着成人仪式的低要求化，成人仪式的特殊性弱化，受重视程度和社会地位不断降低。

第二，原始蒙昧心理的消除。原始社会成人仪式的产生有其特定的心理根源，即人们对自身生理状况的无知与困惑。青春期男女生理上的种种变化，特别是第二性征的出现让对自然、社会、人自身并无多少科学认识的早期人类感到困惑不解甚至惶恐不安。人们不能正确解释这些生理现象，而又必须面对这些现象。为了寻求缓解和消除不安，人们需要通过完成一些特殊的行为，并希望能通过完成这些特殊的行为顺利进入生命历程的下一个阶段，这便是成人仪式最初产生的心理根源。这种心理赚足了人们对成人仪式的重视，也为成人仪式拥有较高的社会地位提供了条件。原始的成人仪式在其渊源和程序中都充斥着包括神秘感和对祖先的崇拜感在内的色彩浓重的宗教元素，正是这些把原始成人仪式推向了神坛。伴随着自然科学的发展，人们能对自身的种种生理状况能够作出科学的解释，这使人们以往的迷惑不解荡然无存。因而现代成人仪式在科技发展和社会进步的脚步声中，逐渐退去了自身的神秘性。人们不再对成人仪式充满畏惧和向往，甚至成人仪式变得可有可无。人们不再迷信成人仪式的神圣性，这大大降低了人们对成人仪式的重视程度，无论仪式的组织者还是参与者均如此。

第三，传统教育方式的转变。古代社会青年获取知识与信息的渠道单一，知识量又少，社会化程度低，成人仪式自然就成了青年接受特定生存、生活及与部落有关的知识的重要途径，更是青年实现社会化，进入社会的唯一渠道，成人仪式就是当时的学校，因此，成人仪式的重要性十分突出且备受人们重视。在今天，情况有所不同。随着教育的快速发展，学校替代了以往成人仪式的知识传授功能，教育形式的多样化也使青年获取信息的渠道不断增多，获取信息的速度不断加快，这使以往成人仪式的信息传递功能逐渐弱化，自然会带来成人仪式社会地位一定程度的下降。

第四，家庭模式的变化。家庭模式的变化使成人仪式作用空间逐渐缩小，仅以封建社会家庭模式与社会主义社会家庭模式二者的比较为视角。受封建社会家族制度决定，封建大家庭会按照封建道德规范对子侄进行严格的教育与训练，目的不仅在于使子侄出人头地，光宗耀祖，更在于使子侄学到主持家族产业的本领。封建家族子侄主持家族产业的前提在于子侄获得成人身份，具备社会承认的社会地位。这样，封建社会的成人仪式不仅是青年成人身份的标识，是其继承家族产业的许可证，还是其习得社会纲常伦理来约束自己言行的重要场合。在现代家庭中，成人仪式没有如此的地位。

当前，我国以核心家庭为主，无所谓家庭产业的继承，加上教育形式的多样化以及法律对青年成人身份和社会地位的规定，使得现代家庭无须成人仪式这种形式来对青年的成人身份和社会地位加以认证，这使成人仪式的社会地位下降。

第五，青年心理特征的变化。在文化多元、价值多元的社会中，青年们逐渐形成了独有的价值标准和价值选择。与以往的青年相比，今天的青年不会完全遵循社会主流文化的价值标准，不会完全用社会主流文化的标准去评判事情的对错、好坏及美丑，更不会像以往青年那样更多地是依照传统价值观去进行价值选择。他们会以自己独有的文化特质做标尺，他们更注重横向的选择，即参照外来文化价值观进行价值选择。在对待成人仪式问题上，青年自然也是如此。他们不再去沿用古代的成人仪式，而是按照个人喜好用一种独特的方式来标志自己的成人，有的会自发创造个人仪式，如与朋友开成人 Party 等，他们希望且以为这样能够让自己寻找到生命跨越、生活转变的意义。青年自发进行的成人仪式往往会因青年的私人性质而具有不确定的功能和效果，有时会对青年产生更大的影响。

第六，实用主义和功利主义影响。随着市场经济的快速发展，相当一部分人的思维方式和生活方式在某种程度上开始带有实用和功利的色彩。这些人做事讲究效率，在乎收益，说得再直接一些，这些人试图用最低的成本（如时间、金钱、精力等）在最短的时间内获取最大利润。成人仪式教育效果并非立竿见影，也非一劳永逸，因此，在一些人——既包括学校的领导和教师，也包括部分家长——看来并非必要，他们更愿意让青年把参加成人仪式的时间和精力用来背更多的公式和英文单词以应付各类考试。这也正面回答了前面提到的为什么成人仪式重视程度不足这一问题。人生是由许多的节点串联起来的，成人仪式作为人生一个重要的节点联结着过去与将来，它应在每个人的生命中留下深刻的印记。这个印记既要帮助青年在认知上不断积累，更要帮助青年在情感上实现蜕变，继而在意志上形成某种自觉。当人们看到了成人仪式的重要性和特殊性，也愿意花时间和精力来感受生命的这一特殊时刻时，成人仪式的教育作用无论对青年自身还是旁观者来说都是十分巨大的。

概括地说，自20世纪90年代以来，人们对成人仪式的兴趣和关注与日俱增，特别是由此引发的对我国古代冠礼、笄礼等成人仪式的深入研究，标志着对成人仪式的关注达到了小高潮，但热情多是以消沉为结局，甚至是流于形式而草草收场。青年在成人仪式活动中的真切感受，直接说明当前我国成人仪式活动中存在许多不足，这就需要我们认真思考并探求弥补不足和解决问题的路径，以促进成人仪式思想道德教育的创新发展。

第五章　我国成人仪式思想道德教育的未来发展

成人仪式思想道德教育无论对青年个体，还是对社会整体都具有积极的价值。就其个体价值而言，成人仪式思想道德教育能增强青年对生命的敬畏感、促进青年的道德社会化与政治社会化。对其社会价值来说，成人仪式思想道德教育能够扩大社会政治认同，培塑社会政治人才，促进家庭和睦，维护社会稳定，保持文化连续、促进文化发展。为此，要通过遵循基本规律、遵守主要原则、借鉴国外经验、完善仪式自身、加强外部保障等途径和举措来实现成人仪式思想道德教育的创新发展，使其更好地服务于青年与社会。

第一节　我国成人仪式思想道德教育发展的必要性

当前，我国正处于实现“两个一百年”奋斗目标和中华民族伟大复兴的关键时期，这不仅需要具有良好思想道德素质的青年才俊，还需要稳定的政治环境与社会环境。成人仪式思想道德教育一方面，具有积极的个体价值，能通过培养青年对生命的敬畏感促进青年的道德社会化和政治社会化来提高青年的思想道德素质，为中国特色社会主义事业培养建设者与接班人；另一方面，也具有积极的社会价值，能扩大社会政治认同，培塑社会政治人才，促进家庭和睦，维护社会稳定，保持文化连续，促进文化发展，为社会主义和谐社会的构建、中国特色社会主义事业的不断向前推进以及中华民族的伟大复兴提供有力支撑。

一 成人仪式思想道德教育具有积极的个体价值

青年是国家的未来，民族的希望，是社会中最有朝气、最具创新精神、最易接受新鲜事物的群体。青年的思想道德状况，直接关系到中华民族的整体素质，关系到社会主义和谐社会的建设进程，关系到中国特色社会主义事业的成败。中国共产党历来重视青年且把青年学生的思想道德教育摆在极为重要的位置。党的十七大报告中提出："动员社会各方面共同做好青少年思想道德教育工作，为青少年健康成长创造良好社会环境。"党的十八大报告中提出："中国特色社会主义事业是面向未来的事业，需要一代又一代有志青年接续奋斗。全党都要关注青年、关心青年、关爱青年，倾听青年心声，鼓励青年成长，支持青年创业。广大青年要积极响应党的号召，树立正确的世界观、人生观、价值观，永远热爱我们伟大的祖国，永远热爱我们伟大的人民，永远热爱我们伟大的中华民族，在投身于中国特色社会主义伟大事业中，让青春焕发出绚丽的光彩。"经过全社会多年的努力，我国青年思想道德教育取得了一定的成就，青年的思想总体上积极向上，青年思想道德素质有了很大提高。但与此同时，青年身上也存在一定的问题，如心理承受力较弱、道德理想观淡漠、社会责任感缺失等。导致这一状况的原因很多，青年思想道德教育形式相对单一而不能适应青年思想道德的发展需要就是其中之一。为此，我们必须积极探寻青年思想道德教育的新形式，以更好地服务青年，为中国特色社会主义事业培养优秀人才。作为一种古老的青年教育方式，成人仪式思想道德教育已发展成为当前我国青年道德教育的重要形式之一。它不是纯粹的灌输和说教，而是一种注重青年自身体验，注重青年主体性的发挥的引导式教育方式。成人仪式思想道德教育能满足青年思想道德的发展需要，并能在一定程度上提高青年的思想道德素质。

（一）增强青年对生命的敬畏感

对个体而言，生命是个不可复制的过程，因此，每个人都应珍爱生命，而让处于花季时代的青年懂得生命的可贵，进而形成对生命的敬畏感更为重要。青年对生命敬畏感的形成不仅需要获取正确的生命知识，更需要情感、心灵上对生命的感悟，即对生命的心理体验。成人仪式思想道德教育能让青年形成一定的生命知识，加深青年对生命的认识，也能培养青年对生命应有的态度和情感。情感的原始发生，并非外部单向知识灌输的结果，也非主体自身决定的结果，而是主体所处环境中多种关系、特定情境及氛围共同作用的结果。成人仪式能通过营造神圣、庄严、庄重的场景与氛围，为青年提供一个这样的场景和氛围，影响青年的心理体验，让青年从仪式中获得一种生命的质感、生命的力量感，以至一种勇于担当的责任感。从这个意义上说，成人仪式可被视为一种心理仪式，这种心理仪式调动着青年的心理体验积极性，增强着青年对生命的敬畏感。

一方面，成人仪式能让青年懂得珍爱生命。珍爱生命是指在认识到生命重要性的基础上珍惜、爱护生命。成人仪式本身是一个人生命走满十八年的标志，这次独特的生命体验能让青年形成对生命的感受。因为对待生命的态度总是与对生命的感受相联系，青年对生命的认识和理解，受到他对生命的体验和感受的影响。成人仪式上父母写给青年的"成人信"，通过直观再现青年成长的点滴，让青年真切地体会到生命的流动性、珍贵性及独特性，让青年感知生命的庄严与神秘，从而形成对生命的感受，形成对生命应有的敬畏感。先有敬畏，而后才有对生命的珍爱。成人仪式能让青年珍爱生命。就成人仪式的主题、内容、形式、环节等方面而言，始终突出了生命主题，彰显了生命的价值。成人仪式生命教育首先将对生命应有的态度呈现给青年，而青年也感知、理解并接受这些内容，进而接受成人仪式生命教育传达给自己的对待生命的态度，然后践行之。也就是说，成人仪式生命教育不仅能让青年从思想上认识到在任何情况下都不应放弃生命，没有人有权利伤害自己的身体和生命，而且还能让青年学会善待自己、自觉远离各种伤害源。从认知心理学上讲，这是从认知到行为，是青年从对生命的认知到由对生命态度而引发行为的具体过程。成人仪式帮助青年认识了生命，认识了生命生存的需求，让青年懂得了生命的来之不易和生命成长的艰辛，让青年懂得了要珍爱自己生命。同时，成人仪式还能让青年学会感恩，感恩于父母亲人对自己无私的爱，感恩于老师对自己的谆谆教诲，感恩于朋友对自己的关心爱护，感恩之余，青年会在懂得保存、珍惜自己生命的同时，也学会了尊重和爱护他人生命，形成“尊重别人就是尊重自己”的意识。进一步讲，成人仪式生命教育能让青年尊重每一个生命存在的价值，能让青年认识到要珍爱并善待包括人在内的一切生命个体。当事物以生命的形态呈现在青年面前时，青年能以足够的耐心来观察生命的演变，而不漠视其存在，这或是成人仪式生命教育的价值的一种有益延伸。

另一方面，成人仪式能让青年学会发展生命。发展生命是指在保存、珍爱生命的基础上，探寻生命真相，追求生命价值。人的生命存在不同于动物生命的直接性和重复性生命存在，而是一种历史性的和有意义的生命存在，是在发展中得到展示与实现的生命存在。人生命的本真意义在于谋求发展。青年时代的毛泽东对生命有着超乎同龄人的深刻认知，他认为，人的生存目的在于实现自我，实现自我就是要“发达”个体的生命存在和精神存在，即让身体和精神都发展到最高境界。换言之，发展是人类生命存在的高级自觉与永恒追求，也是生命意义的标志。成人仪式能让青年贴近生命需要，探寻生命真相。或许在成人仪式中，青年的这种生命体验是片刻的，但它对青年生命的启迪意义却是长久的。在成人仪式中，走成人门、进行面对国旗的成人宣誓能给青年以积极的指示，它表示青年已经迈入成人之门，开始担负对家庭、社会、国家的责任。在一定意义上，对责任的担负就是对人生命本真和生命价值的一种理性把握，因为生命的真谛始终同一个人与他人、社会、国家的关系紧密联结在一起。当青年自觉意识到肩负的责任，并为之努力时，青年也就走向了发现生命真相之路。总之，成人仪式生命教育能让青年充分认识到生命的价值和意义，从而不断去探寻生命真相，实现生命价值。可以说，增强青年对生命的敬畏感是成人仪式思想道德教育的首要价值。不懂得生命可贵，不懂得生命价值的人，是靠本能生活的人，只有懂得生命的可贵，懂得生命价值的人才是靠理性生活的人。尽管人永远无法摆脱本能的束缚，但人却可以有超越本能、高于本能的生命理想和生命追求，而这正是成人仪式带给青年的生命启发。

（二）促进青年道德社会化

成人仪式思想道德教育通过影响青年的道德认知、道德情感、道德能力以及道德人格来促进青年的道德社会化。本书第一章中提到人的社会化问题，但当时并未对社会化再作细分，而且没有对社会化的功能作详尽的阐释。社会化的功能主要包括两个方面：一个是使个体“形成共性”，即获得参与社会生活所必需的品质，成为被社会所接受的人；另一个是使个体“发展个性”，即使个体的个性得到逐渐生成、发展，形成个体的独特性等。[①] 作为社会化重要内容的道德社会化同样具备这样的功能。道德社会化是个体社会化的基础内容，是社会的道德文明规范逐渐内化为个人的品质和行为习惯的过程。道德社会化的目标是使个人接受社会道德文明的熏陶，自觉地按道德标准评价社会现象，支配自己的道德行为，形成符合社会道德要求的价值观和人类美德。青年道德社会化是指青年形成某一特定社会的道德标准和与之相符的行为的过程。青年道德社会化过程既是使青年接受社会道德原则、规范，获得社会所必需的道德品质的过程，更是青年形成个人品德，塑造个体道德人格的过程。青年道德社会化过程既是青年被动接受社会道德原则规范的过程，也是青年自主建构个人道德品质的过程。作为青年教育重要

① 庞丽娟等：《论社会化及其现代教育意义》，《北京师范大学学报》（社会科学版）2003 年第 1 期。

方式的成人仪式思想道德教育，能有效促进青年的道德社会化。

首先，成人仪式思想道德教育能帮助青年在一定程度上提高道德认知。道德认知过程包括感觉、知觉、记忆和思维等。道德感觉是大脑对直接作用于感觉器官的客观道德现象的个别属性的反映。道德知觉是人脑对客观道德现象和过程、各个部分和属性的整体反映，不再是道德事物个别属性或部分孤立的现象。道德记忆是指感知道德现象之后将结果在头脑中保存起来，需要时会加以重现。道德思维是道德认知活动的高级阶段，是青年个体在直接对道德现象产生感受的基础上转化为运用逻辑思维规则和语言符号系统去思考道德现象，形成通过大脑中枢神经系统对各种道德信息进行加工、分析、比较、判断、推理及概括的道德思维，进而达到认识道德现象的本质和内在规律。[①] 成人仪式活动本身以及活动中老师给青年的祝福和寄语、父母写给青年的“成人信”以及青年的成人宣誓誓词等内容，都会直接作用于青年的感觉器官，让青年在感觉、知觉、记忆和思维过程中对成人、对责任形成初步认识，这种认识将成为青年日后看待自我与生命、与父母、与社会以及与国家关系的重要参照，影响着青年的思维方式，甚至影响青年的具体行为。有例为证，2004 年北京四中举行了以“18 个春秋，我们走过”为主题的成人仪式。仪式上，一位男生说，孝爱父母是每个人应该做的，成人仪式之后这种意识更加强烈、到位。[②] 这是青年在成人仪式中获得的一种真切体会，成人仪式让青年对自身同父母之间的关系有了深层次的认识，这种认识不再是靠外在力量灌输给青年，而是来自于青年的切身体会，这种认知对青年来讲十分深刻。可见，成人仪式思想道德教育能将特定社会的道德原则与规范内蕴于成人仪式过程当中，或直白明了或潜移默化地影响着青年的道德感觉、知觉、记忆及思维，青年再通过将成人仪式传达给自己

① 彭希林等：《青年道德心理学研究》，国防科技大学出版社 2002 年版，第99 页。

② 《一声感恩泪长流》，《高中生》2005 年第 9 期。

各种认知同自身已有的各种道德原则和规范相融合，继而通过自我教育系统内化为青年不同程度的道德认识，这是青年道德社会化的重要基础。

其次，成人仪式思想道德教育能培养、升华青年的道德情感。青年道德情感是指青年对社会客观现象所产生的内心体验，是青年对各种道德现象的好恶情感。大多数青年在形成态度的过程中并非经过周密的心理推论，往往是遵循情感而非理智的逻辑。道德情感是青年道德社会化的重要一环，对青年特定道德态度的形成至关重要。成人仪式思想道德教育能营造特定的情境，这种情境的营造可以为青年提供一个道德体验场，即道德体验所由以发生的功能性关系情境和氛围形成。这个道德体验场存在有效诱发和唤醒道德体验的因素，会对置身于该情境中的青年产生情感上的积极影响，能培养、升华青年的道德情感。成人仪式充分运用布景、灯光、音乐、誓词等多种手段，从视觉、听觉等各个方面去影响青年。在成人仪式创设的特定情境中，青年的一切感觉和思维器官得到了全面调动，青年的兴奋点得到了多方面的触动，青年会因活动中的某一因素或线索的诱发和唤醒而产生某种对父母家人、社会国家的感悟，进而实现情感上的凝聚和升华。正如马斯洛所说，在一般的人际关系中，在一定程度上我们彼此很难相互理解，但是在“爱的关系”中，我们变得“可以理解”。[①] 在一定意义上，成人仪式就是由“爱的关系”凝结而成的特殊场合，这其中有父母与青年之间爱的关系，有学校老师与青年之间爱的关系，还有社会、国家与青年之间爱的关系。正是在这种“爱的关系”中，成人仪式中青年与父母、老师以往的彼此之间的不解似乎被搁置在了一边，留下的满是相互的理解与爱。大部分参加过成人仪式的青年表示，以往他们不理解自己的老师和父母，尤其是父母，他觉得父母是自己的束缚，

---

① ［美］马斯洛：《人性能达的境界》，林方译，云南人民出版社 1987 年版，第 22 页。

父母不能理解自己，但在成人仪式上，这种隔阂会消失殆尽，换来的是青年对父母的无限感激以及深深的爱。

青年已有的生活阅历、特定的道德认知也在一定程度上影响青年道德情感的形成。因为道德认知与道德情感二者是相互促进的，一定的道德认知是道德情感形成的基础，特定的道德情感又会反过来推动和加深道德认知。如成人仪式中的宣誓环节，青年们身着统一服装，面对五星红旗整齐地站立，齐声对祖国许下自己成人的誓言。在那一时刻，青年们心潮澎湃，激动不已，青年已有的对祖国历史的认知会让青年对祖国的热爱之情油然而生。又如，成人仪式中，青年收到父母写给自己的“成人信”，青年在成人仪式活动营造的特定氛围下阅读这封信，会心生颇多感动，尤其是对父母的感恩之情即由心生。调查结果表明，有许多青年在读到父母给自己的信，用心倾听父母讲述他成长的点点滴滴时，都激动得哭了，仿佛就在那一瞬间，他们感觉到自己长大了，感觉到了肩上的责任。这份责任不仅是青年对父母真挚情感的流露，也是青年对祖国挚爱深情的体现。

再次，成人仪式思想道德教育能培养青年的道德能力。道德能力指个体面对各种道德问题时，能分辨是非、作出正确的道德判断并将其转化为实际行为的能力。道德能力的培养包括道德判断能力与道德行为能力的培养两方面，它是青年道德社会化的重要组成部分。成人仪式思想道德教育在将特定社会道德原则、规范传达给青年的同时，也就是为其提供了道德判断的标准。成人仪式思想道德教育在对青年道德认识和道德情感的影响中培养着青年的道德判断能力；道德行为能力不是自然养成的，而是个体在道德行为实践中形成和发展的，道德行为的结果直接反映个体道德社会化的程度与水平。掌握了正确的道德准则，能够作出准确的道德判断并不代表该主体具有了采取正确的道德行为的能力。在道德行为实践中，具有较高道德行为能力的人会依据科学的道德准则及对道德准则的认知迅速合理地作出判断，并果断地采取正确的道德行为。成人仪式思想道德教育，一方面，为青年提供着特定的社会道德原则与规范，即积极培养青年的道德判断能力；另一方面，也通过规范青年在成人仪式活动中的具体行为来培养着青年特定的道德行为能力。可以说，成人仪式思想道德教育是在道德实践中发展青年的道德行为能力的重要形式，对青年道德行为能力的形成起到了积极促进作用。

最后，成人仪式思想道德教育能促进青年道德人格的形成。道德人格是个体人格的道德性规定，是人的脾气习性与后天道德实践活动共同作用形成的道德品质和情操的统一，也是个人在一定社会中的地位、尊严和作用的统一体，还是做人的资格和为人品格的总称。它既有心理学所说的人格方面的特征，又有道德品质方面的特征。青年期是青年的自我意识成熟和人格意识觉醒的关键时期，他们发现除身体和按照社会规范行事的自我外，还有一个独立的精神自我，一个人格的自我。这时他们会强烈地意识到重新设计、重新塑造自我的必要性和可能性。青年期是塑造道德人格理想的关键时期。形成道德人格的条件有很多，其中，通过角色训练、自我识别、社会认同等行为，纠正青年道德行为中不正确的内容，增强青年的包容力、判断力和受挫力，构建青年积极的心理防御机制必不可少。成人仪式思想道德教育不仅能够引导青年形成并利用各种积极的心理，而且还能使青年在成人仪式活动过程中实现身体与心理的平衡，培养青年以后实行自控并达到稳定状态的必要能力。另外，成人仪式还为青年们提供了一个值得不断追求的目标，即道德意义上的成人，以此培养青年担当意识的形成。这些都激励并指导着青年的道德行为，使青年能够关心，帮助别人，服务社会，以此接近青年的道德理想，培塑青年的道德人格。调查显示，绝大多数参加过成人仪式的青年都表示，成人仪式能让他们暗下决心好好学习，以最好的成绩来回报父母、回报社会。这种目标和定位是青年实现道德人格的必要动力，也是成人仪式思想道德教育能促进青年道德人格形成的生动说明。

（三）促进青年政治社会化

青年政治社会化是指青年内化政治价值观念、学习政治态度以及形成政治行为样式的过程，也是青年从一个自然人转化为政治人的过程。从政治学的角度来看，青年处于从政治不成熟向成熟过渡的阶段。在这个阶段，青年的独立意向增强，能做出自己的政治判断，形成一定政治见解，但政治立场不坚定，政治态度不稳定。我国青年在政治社会化过程中表现出了积极的一面，如青年的政治认识更加丰富、政治情感相对坚定、政治态度更加积极以及政治行为趋于理性等。与此同时，青年在政治社会化过程也是面临着诸多挑战，主导政治文化遇到了一定的冲击，政治社会化实施主体素质亟待提高，政治社会化手段及方法缺乏创新等。引起这种状况的原因很多，网络就是其中之一。网络对青年政治社会化具有双重作用。一方面，网络对青年政治社会化具有积极作用。网络使青年从以往的被动接受者变为主动参与者，凸显并发挥了青年政治社会化过程中的主动性。网络也扩大了青年与社会的接触范围，扩展了青年政治社会化的空间。网络还促进了青年与社会之间的互动，为青年提供了政治参与的演练场。另一方面，网络也对青年具有消极作用。青年在网络空间可以自由地表达自己的政治诉求，甚至是与主流政治文化相悖的政治言论，这在一定程度上削弱了传统媒体对青年政治社会化的影响，容易使部分青年发生政治认同危机。网络也会一定程度地挤占青年政治社会化的实践途径，减少青年在现实实践中参与政治、习得政治技能的机会。由于网络具有虚拟性，会导致青年政治责任感下降。另外，网络文化多元交织，也会影响青年的政治价值选择。可见，青年期阶段的青年存在政治意识与行为的未定性和二重性，该阶段是青年政治社会化的关键时期，是正确政治观和健康政治人格形成的关键阶段。

成人仪式思想道德教育能通过明示、暗示两种方法，影响青年的政治认知、政治情感、政治信念，塑造青年良好的政治人格，促进青年的政治社会化。

一方面，成人仪式思想道德教育通过明示方法提高青年的政治认知，增强青年的政治情感。政治认知是政治主体对政治制度、政治文化、政治现象等内容的认识和理解，是个体政治心理的基础。政治认知水平的高低制约着一个人的政治态度、政治选择、政治方向、政治信念以及政治人格的形成。我国《爱国主义教育实施纲要》（1994）中明确指出："提倡各地组织年满 18 周岁的公民举行对国旗宣誓的成人仪式。"2001 年中央颁布的《公民道德建设实施纲要》中也提出，要提倡在重要场所和重大活动中升国旗、唱国歌，开展成人仪式活动。这充分说明成人仪式能提高青年的政治认知，是提高青年政治认知水平的重要方式之一。前面曾提到，成人仪式是社会文化的传承载体，既有历史文化的传承，也有特定社会主流文化的传播，其中包括社会的主流政治文化。成人仪式思想道德教育通过正面宣传，明确地将社会主流政治观念如爱国主义、集体主义、社会主义等传达给青年，而誓词是这些内容的直接反映，它能反映出青年与国家之间的关系，也能反映出青年肩负的社会责任，这些都能对青年的政治认知产生重要影响。另外，在参加成人仪式之前青午所受的政治教育，接受的政治价值观念，都能在成人仪式中得到进一步的激发和深化，能使青年以往的模糊认识逐渐地清晰，变被动地接受为主动地接纳，进而使青年能自主地认同成人仪式所传达出的这些主流政治价值观，实现自身政治认知水平的提高，加速自身的政治社会化进程。

成人仪式思想道德教育还通过明示方法影响青年的政治情感。成人仪式通过悬挂国旗、面对国旗宣誓、青年齐唱国歌、念成人誓词等环节来进一步提高青年的政治认知，培养青年的政治情感。政治情感是政治行为的内驱力，是政治心理的沉淀。就爱国主义来说，成人仪式活动现场悬挂的国旗是国家的象征和标志，组织青年面对国旗进行宣誓不仅是一种潜移默化的爱国主义认知教育，更是一种爱国情感培养。可以说，利用成人仪式进行爱国主义教育有它独有的效果，既直观又直接。直观是指青年面对鲜艳的五星红旗，而五星红旗能让青年直观地感受到自己面对的是养育自己的祖国，这能让青年产生一种朴素且不乏真挚的爱国情感；直接是指在成人仪式中没有课堂上的那种说教，而是通过一种庄严肃穆的氛围，通过青年自身的情感体验来直接将爱国主义映射到青年的头脑和心里。再如，成人仪式中青年齐唱国歌也是激发青年爱国情感行为的重要一环；又如，成人仪式宣誓誓词同样对青年爱国情感的形成起着巨大的促进作用。

另一方面，成人仪式思想道德教育通过暗示方法规范青年的行为，强化青年特定的政治意识，坚定青年特定的政治信念，形成青年稳定的政治人格。政治信念是政治主体对政治客体相对稳定的综合性心理反应倾向，表现为对某种政治生活、政治现象、政治过程或肯定或否定，或赞成或反对的倾向状态。作为社会主义事业接班人的青年，面对信息多样化的挑战，更应该牢固树立中国特色社会主义共同理想和共产主义远大理想，坚定对马克思主义的信仰，坚定对社会主义的信念，增强对改革开放和现代化建设的信心，增强对党和政府的信任。成人仪式具有规范化、程式化特点，它能潜移默化地让青年认识到自身同国家是紧密相连的，能让青年意识到自身的成长、成才离不开中国共产党的坚强领导，离不开中国共产党领导的中国特色社会主义事业的不断胜利。通过系统的思想教育，成人仪式能让青年的政治思想与中国共产党的要求保持一致，为青年识别和抵制反党、反社会、反人民的错误政治思想观念的侵袭提供牢固防线，能引导青年自觉将个人抱负同时代、国家、人民的要求结合起来，把个人奋斗融入实现中国特色社会主义的伟大事业之中，融入中华民族伟大复兴的历史洪流之中。在此基础上，成人仪式能让青年认识到，唯其如此，自己才能获得强大而持久的前进动力，并实现自己远大的政治目标和崇高的人生理想。这个过程对青年政治人格的形成作用巨大。

政治人格是指一个人拥有稳定的政治心理、正确的观念信仰以及具有正确的政治思想。不能说青年的政治人格就形成于成人仪式，但成人仪式思想道德教育对青年政治人格的形成具有重要的促动作用。成人仪式能促进青年为自己设立一个理想的政治目标，寻找一个理想的政治榜样。如在五四运动85周年纪念日里，全国100多个大中城市广泛开展了“继承五四传统，弘扬民族精神”18岁成人宣誓仪式活动。[①] 青年会将开创中国历史新纪元的新青年视为自己的榜样；同时，也会一定程度地将完成中国特色社会伟大事业和实现中华民族伟大复兴视为自己的奋斗目标。可以说，这样的成人仪式活动对青年政治人格的形成起到了积极促进作用。另外，参加成人仪式的青年集体能产生出一种独特的力量，这种力量能感染每个青年，给予每个青年以力量感，使青年不由自主地进入一种激情之中，进而由心生发出一种信念，一种作为青年群体一员所具有的那种为祖国和社会奋斗的信念。这种信念同一个人内在向上的追求和目标相契合，共同作用于青年政治人格的形成。

对青年个体自身的发展而言，成人仪式思想道德教育无疑有着重要的促进作用。成人仪式思想道德教育不仅在增强青年对生命的敬畏感，促进青年道德社会化方面发挥着重要作用，也在青年的政治社会化中更是通过明示、暗示两种方式影响着青年的政治认知、政治情感、政治信念以及政治人格。总之，成人仪式思想道德教育能让青年学会关心自己、他人、社会和国家，能引导青年肩负起对自己、他人、社会和国家的责任，能引导青年学会参与，积极主动投身于社会生活的实践活动，引导青年在实践中不断进行自我教育、自我磨炼，把自己培养成爱祖国、爱人民、富有道德责任感和社会责任感的合格公民。

二　成人仪式思想道德教育具有积极的社会价值

成人仪式思想道德教育对于促进社会主义和谐社会的构建，推

① 李海秀：《各地中学生开展18岁成人仪式教育》，《光明日报》2004年5月5日第A2版。

进中国特色社会主义事业不断向前，促进中华民族的伟大复兴具有积极意义。成人仪式思想道德教育的社会价值具体表现为政治价值、社会价值以及文化价值三个方面。

（一）扩大社会政治认同，培塑社会政治人才

成人仪式思想道德教育的政治价值主要是指成人仪式思想道德教育在维护社会政治稳定，促进社会政治发展方面的作用和意义。

一方面，传播主流政治文化，扩大社会政治认同。“对于一个政治制度来说，没有人们对它的信任和支持，政府就没有权威……政治就不能稳定。”[①] 人们关于社会政治制度和政治问题所持的情感、态度、信念和价值评价对于政治共同体的稳定与发展具有不可忽视的重要作用。任何政权要想维护社会政治稳定，就必须取得人们对其政治制度的信任和支持，这就离不开对社会成员进行政治价值观、政治信仰、政治态度以及政治行为方式等方面的教育和引导。这是使社会成员能够自觉地接受和认同社会主流政治文化，进而扩大社会政治认同，这是实现维护社会政治稳定的重要途径。具体来说，政治认同是人们在社会政治生活中产生的一种情感和意识上的归属感，它与人们的心理活动有着密切的联系。政治认同对特定政权的稳定有着重要的作用，它是特定政权获取凝聚力的基础，是政治制度获得坚定支持的力量源泉，是维护社会政治稳固的重要黏合剂。政治认同的形成离不开社会主流政治文化的传播，社会主流政治文化的传播需要一定的途径，成人仪式思想道德教育就是其中之一。社会主流政治文化始终带有一种张力，并通过各种途径和载体来使自己得到传播和发展。作为一种文化形式，成人仪式的内容受到社会主流文化，特别是社会主流政治文化的影响和规约，因而，成人仪式思想道德教育必然涂有特定的政治文化色彩。成人仪式思想道德教育通过对青年的影响来增强社会主义政治制度的吸引力，增强社会主义政治文化的凝聚力，进而起到维护社会主义政治

① 黄玉馥：《人与社会》，辽宁人民出版社 1986 年版，第 146 页。

文化主导地位，维护社会政治稳定的功能与作用。具体来说，通过对青年进行政治态度、政治信仰、政治知识教育，进行中国特色社会主义共同理想、爱国主义教育等，成人仪式思想道德教育影响着青年的政治认知和政治情感，让青年对社会持有一种积极的态度，进而能够认同社会主义政治制度，接受社会主义政治文化。由于青年群体是未来社会的主人，他们的政治立场、政治态度直接决定着未来社会的政治发展方向。因此，可以说成人仪式思想道德教育通过社会主流政治文化的传播，通过获得青年群体在认知、情感、态度上对中国特色社会主义政治制度及文化的认同维护社会的政治稳定。

另一方面，引导青年政治行为，培塑社会政治人才。青年是祖国的未来，民族的希望。社会在青年身上寄托了种种希望，作为国家命运的担当者，青年应当担负其使命，这是社会对青年角色期待的核心，更是历史赋予青年的重任。不管意识到与否，责任都已实实在在地落在了青年的身上。随着改革开放的不断深入，各种社会思潮冲击着思想尚未成熟的青年，使他们或多或少地迷失了方向，出现缺失理想信念的现象。成人仪式思想道德教育用其特有的方式在提醒、教育着青年，并致力于将青年培养成社会主义建设者和接班人。在某种意义上，成人仪式思想道德教育是再生产既定政治关系的重要载体，它通过促进青年的政治社会化，实现青年对自身政治角色的认同，实现培养成社会主义建设者和接班人这一任务。成人仪式思想道德教育通过对青年进行主旋律教育，包括中国特色社会主义理想教育，爱国主义、集体主义和社会主义教育等，使青年自觉肩负历史的使命，自觉担当历史的责任，不断充实、完善自身。青年在发挥主观能动作用的基础上，整合接受到的各种政治观点和政治舆论，分析各种政治关系，形成自己独立的政治信念和政治态度，形成自己的政治人格。青年的政治观念、政治态度直接影响社会政治文化的发展，影响社会政治的未来走向。成人仪式思想道德教育在促进青年政治社会化的同时，实现了培塑社会主义事业接班人的目标，在一定程度上确保了未来社会的政治权力始终能掌握在马克思主义者的手里。从这个意义上可以说，成人仪式思想道德起到了促进社会政治发展的作用。

（二）促进家庭和睦，维护社会稳定

这里提到的成人仪式思想道德教育社会价值，特指成人仪式思想道德教育在社会延续、稳定、发展以及社会凝聚力的形成方面的意义。从社会构成来看，家庭是社会的细胞，是社会和人群最基本的单位。家庭不仅在婚姻、生育、经济和生活等方面发挥着基础性作用，而且在维持社会发展、维护社会稳定、促进社会和谐等方面同样发挥着积极作用。因此，把握成人仪式思想道德教育的社会价值理应从其在家庭中的作用谈起。

一方面，成人仪式思想道德教育能促进家庭和睦。政治认同十分重要，情意浓浓的家庭关系更难能可贵。成人仪式思想道德教育的社会价值并非只涉及生硬的政治（如前面提到的成人仪式思想道德教育的政治价值），也关涉温软的情感。延续性对一个家庭的稳定、维系来讲至关重要。旅美人类学家许烺光先生在对家庭文化作了深入研究后认为，我国家庭成员关系是以父子关系为“主轴”的，而以父子关系为“主轴”的家庭具有“延续性”特征，即父子关系在家庭中一连串地勾连下去。[①] 这种父子关系的特性，已经扩大为中国文化的主要特征之一，即将男性世系的家名及香火一代代传下去是我们中国人最看重的事情。为此，对于一个家庭来讲，家族的兴旺、家系的维持是家庭生活的重要内容，也是关系着家庭稳定、家族凝聚力的关键所在。成人仪式对一个家庭来讲，是青年成人的标志，是家族香火得以传续的体现，也是增强家庭、家族凝聚力的重要形式。成人仪式是“家庭继承人的成年礼仪，是关系到家族传承和发展的大事”。[②] 成人仪式思想道德教育对于维护家

---

① 李亦园：《文化与修养》，广西师范大学出版社 2004 年版，第 86 页。

② 彭林：《冠者礼之始也——冠礼》，《文史知识》2002 年第 7 期。

庭的稳定具有积极作用，特别是对父母与子女关系的改善，家庭氛围的和谐作用巨大。成人仪式能增强青年对家庭的责任感，特别是能增强青年对父母的孝爱之情。这种情感对于家庭稳定具有积极作用。具体来讲，情感是家庭关系的重要黏合剂，如果家庭成员之间，特别是父母长辈同子女晚辈之间缺少感情纽带，则不利于家庭的和睦。家庭情感不仅来自于自然本能，更重要的是来自于后天的培养，特别是子女晚辈对父母长辈的孝爱之情，后天培育更是至关重要。通过生命教育、家庭道德教育，成人仪式能潜移默化地增强青年对父母的情感，增强青年对父母的感恩感，培养青年对家庭的责任感。情感是行为的重要先导，青年们的感恩之心、孝爱之情能对青年的行为产生积极影响。青年会为报答父母养育之恩而努力学习，勤奋工作，积极参与社会生活，努力实现自身价值，这种孝亲之情不仅推动青年的道德进步，更重要的是能促进家庭和睦、维护家庭稳定。

另一方面，成人仪式思想道德教育能维护社会稳定。前面提到，成人仪式思想道德教育对于促进家庭和睦具有积极作用。家庭和睦是社会稳定的重要前提，因此，成人仪式思想道德教育对社会稳定同样具有积极作用。社会稳定需要有稳定的政治环境，还需要有良好的社会道德氛围。成人仪式思想道德教育在提高成人仪式的直接参与者青年自身道德素质的同时，也在影响着许多间接参与群体，如家长、学校以及其他社会团体。这种影响往往并不直接、短暂，而是含蓄、持久的。以成人仪式思想道德教育对青年的家庭道德教育为例。孝老、爱老、敬老是社会对公民的基本要求。成人仪式思想道德教育有利于形成青年孝老、爱老、敬老的观念，培养青年孝老、爱老、敬老的情感，引导青年孝老、爱老、敬老观念的行为。这种孝老、爱老、敬老的观念由家庭推广到社会，并通过社会教化与社会教育相结合，能有效营造尊老敬老的社会风尚，这对社会主义和谐社会的构建无疑具有重要意义。随着经济全球化、科技现代化进程的加快，特别是随着改革开放的日益深入，我国社会的方方面面都发生了许多变化，这种变化同样发生在家庭中。我国家庭在结构、功能、生活方式、行为方式等方面，特别是在家庭道德伦理观念上出现了许多新情况。在过去，受社会伦理和规范对人们的束缚和影响，人们普遍对家庭采取较为慎重的态度，不管他们是否真的打算履行家庭中的各种责任与义务，起码他们在思想观念上自觉地接受组成家庭将意味着自己角色的变化，也清楚自己在家庭中将要对儿女和父母负担的责任与义务。然而，相当一部分现代的以及那些所谓的后现代的新新人类却压根儿没有这种观念。在他们眼里，进入婚姻、组成家庭只不过是众多生活方式的一种。目前，子女辈家庭与父母辈家庭分支独立的倾向日趋普遍，加之各种思想文化的冲击，家庭间的代际关系也随之淡化，视老人为包袱的观念在道德氛围不浓厚的情况下蔓延滋长，不公正对待老人、不孝敬老人的现象时有发生，虐待遗弃老人的现象屡屡出现，对社会的稳定发展造成了一定影响。到 2009 年，我国进入老龄化已经 10 个年头，新中国的同龄人逐渐步入老年。我国将出现第一次老年人口增长高峰，老年人口由年均增加 311 万人发展到年均增加 800 万—900 万人，预计到 2050 年进入重度老龄化，老年人口将达 4.37 亿，约占总人口的 30%。[①] 这意味未来几年内，老年人的生活问题将成为重要的社会问题。2009 年 10 月，国家正式启动了对人口老龄化战略的研究。[②] 应该说，老年人问题的解决不仅只是为老人提供基本的生活条件，更在于为其提供情感上的寄托。年轻一代对老年人的态度直接影响着老年人的生活质量，而老年人的生活质量问题也直接影响着整个社会的稳定、发展和进步。成人仪式思想道德教育能培养青年孝老、爱老、敬老的道德品质，青年孝老、爱老、敬老的道德品质对于社会老龄化问题的解决，对社会的和谐稳定同

① 新华网，2009 年 10 月 26 日，http://news.eastday.com/c/20091026/u1a4760581.html。

② 《旭日无限好　夕阳也美丽》，《人民日报》2009 年 10 月 26 日第 04 版。

样具有积极作用。

（三）保持文化连续，促进文化发展

本书用“承前启后”一词来概括成人仪式思想道德教育的文化价值，所谓“承前”，是指成人仪式思想道德教育能通过传承历史文化来保持社会的文化连续性；所谓“启后”，是指成人仪式思想道德教育能传播社会主流文化，促进社会主流文化的发展，不仅为未来社会文化的发展提供重要前提，也为社会文化的发展提供具有创造力的人才。中华民族的伟大复兴离不开文化软实力的支撑，成人仪式思想道德教育不仅能传承中华民族优秀的传统文化，也能适当吸纳当下有益的文化因子，促进文化的连续发展。具体表现在以下两个方面：

一方面，成人仪式思想道德教育能传承历史，保持文化连续。社会的连续性不仅仅体现在经济层面，还体现在政治以及文化上。从某种意义上讲，文化更是社会得以延续的根本。因为文化是人的重要存在方式，也是社会的重要表现形式。人类社会同动物群的区别就在于是否具有文化，而文化的表征之一即是社会的连续性。文化的传播是不知不觉的，就像旅行者并没有意识到在陌生的土壤中播下了文化的种子，正如晴和日丽的微风吹拂了高山深谷中的各种花草。① 仪式同样如此，在无意识中传播了文化。在某种意义上可以说，仪式是文化的纪念碑。对社会来讲，成人仪式也是文化的一座纪念碑，并发挥着承前启后的作用。所谓承前是指成人仪式联结社会历史。历史即文化，它意味着人类道德、智力和精神生活的连续和延续。历史的发展如同“时间之箭”，它总是从过去向现代和未来单向运行，不会逆转。只有曾经穿越了时光隧道，在历史的天空中留下自己痕迹的事物才能带有历史性，具有连续性，也才能起到传承历史、保持文化连续性

① ［美］克拉克·威斯勒：《人与文化》，钱岗南译，商务印书馆 2004 年版，第 146 页。

的作用。可以说，成人仪式是社会新陈代谢的表征，它代表人类社会生活的传承与接力。在新生力量进入社会之初，让青年明白并了解他们应承担的责任和义务，让青年明白并了解国家、社会、家庭的意义，从而将既有的生活观、价值观、文化观传承下去。[①] 这样，成人仪式思想道德教育不仅保持了社会的稳定发展，更重要的是实现了社会文化的传承，促进了文化的发展。成人仪式具有独特的文化内涵，这是历史形成的。它不仅是种文化，更是一份记忆，成人仪式具有集体“非遗传性”记忆特征，成人仪式能保存过去的经验信息。成人仪式是历史留存的一个物化形式。今天的成人仪式是在历史上存在的各种成人仪式的基础上演变发展而来。成人仪式可以被看作古代的一种习俗，经过岁月的冲刷，它以崭新的面貌出现在人们的面前。因来自历史，故成人仪式始终带有历史的味道，是历史的记忆。在人类学研究领域中，成人仪式的记忆是对过去的记忆，其中包含着个人的、社会的意义，特别是呈现出集体记忆的样态。正是这种记忆样态，有效地实现了历史与现实的相互联结。换句话说，成人仪式就像一个“历史的容器”，可以装载变迁的历史内容，同时，它也在历史的变化中改变自己的形式和样态以适应历史的变迁，特别是通过其内容的不断变化来适应历史发展需要。在此过程中，成人仪式传承着历史。可以说，已成为一个文化符号的成人仪式，联结着历史与现实，传承着历史文化与时代精神，保持着社会文化的连续性。

另一方面，成人仪式思想道德教育能承载现实，促进社会文化发展。成人仪式思想道德教育并非历史文化与未来文化的唯一桥梁，但它在一定意义上起到了承前启后的重要作用。如果将成人仪式思想道德教育传承历史文化视为承前，那么，成人仪式思想道德教育传播当前社会主流文化则可视为“启后”。这里的“启后”包

---

① 张承宗：《六朝民俗》，南京出版社 2002 年版，第 228 页。

含两层意思：

第一层意思是指成人仪式思想道德教育能为今后社会文化发展提供精神资源。成人仪式思想道德教育的启后功能不仅源于其对象的特殊性，还在于其自身的发展性。青年是未来社会的主人，是中国特色社会主义事业的建设者和接班人。因此，以青年为教育对象的成人仪式思想道德教育是面向未来的，它不仅关照社会现实，把握传播当前社会的主流文化，而且关注未来发展，为今后社会文化的发展提供重要前提。成人仪式思想道德教育的演进过程告诉我们，它是一种极具发展性的青年教育方式，其具体内容、表现形式、教育方法都会随时代的发展而发展，发展性特征使成人仪式思想道德教育能够始终面向未来传播当前社会的主流文化。当前，社会主义核心价值观承载着我国社会的主流文化，是青年思想道德教育的指导方针，内蕴了青年思想道德教育的重要内容。对成人仪式思想道德教育而言，它坚持社会主义核心价值观的引领作用，通过家庭道德教育、理想信念教育、爱国主义教育促进社会主义核心价值观的传播，这为今后我国社会主流文化的发展提供了重要精神资源。

“启后”的第二层意思是指成人仪式思想道德教育能为今后社会文化发展提供人力资源。社会主义核心价值观是社会主义思想道德建设的指导方针，是激励全民族奋发向上的精神力量和维系全民族团结奋斗的精神纽带，它也是成人仪式思想道德教育的重要指南。成人仪式思想道德教育能促进社会主义核心价值观深入青年头脑，武装青年头脑，不断提高青年的思想道德素质和法律素质。成人仪式思想道德教育能有效促进青年的道德社会化、政治社会化，提高青年的道德品质、政治素养。成人仪式思想道德教育能帮助青年树立中国特色社会主义共同理想，引导青年自觉履行法定义务、社会责任、家庭责任，自觉实践社会主义荣辱观以自身的思想道德素质和法律素质。可以说，成人仪式思想道德教育不仅能为今后社会文化发展提供人力资源，更能为中国特色社会主义伟大事业培养合格的建设者和接班人。

第二节　我国成人仪式思想道德教育的发展举措

在新的历史条件下，成人仪式思想道德教育要与时俱进，创新发展，这是青年道德教育的需要，是成人仪式自身发展的要求，更是时代发展的必然。今后，成人仪式思想道德教育应遵循基本规律、遵守主要原则、借鉴国外经验、完善仪式自身、加强外部保障。

一　遵循基本规律

（一）注重道德体验，遵循青年自我教育规律

体验是人生存的基本方式，它具有重要的道德教育价值。道德体验教育旨在强调道德教育要深入体验者的心灵世界，引起体验者的生命感动，进而诱发体验者的道德体验。体验者的情绪体验，或者说体验者的情感又是道德体验发生的基础性内在因素。因为，情感是个体一项重要的非认知因素，它对个体在特定情境下的实际体验具有重要影响。离开了情感体验，道德体验教育将失去重要前提。另外，道德体验的发生离不开情感体验，也离不开导引者与体验者之间的互动交往。在一定意义上可以说，成人仪式思想道德教育就是一种较为有效的道德体验教育模式。成人仪式思想道德教育过程中，教育者同青年之间进行着主体间的相互交往，特定的仪式活动能青年产生特定的情感体验。具体来说，在成人仪式思想道德教育过程中，教育者不是以一种居高临下的姿态对青年进行教育，而是以同青年平等的身份，用具体、形象的教育方式对青年进行思想道德教育，这更易为青年所接受。在成人仪式思想道德教育过程中，青年则不断将在仪式中接收到的相关教育信息同自己已有的思想观念相结合，进而通过思维整合，并用自己的方式把所理解的内容存储起来，从中明白和理解思想道德教育的内容。如对生命的敬

畏之情、对父母的感恩之情等，都是青年在成人仪式中形成的情感，是青年在成人仪式中获得的道德体验。为此，今后的成人仪式思想道德教育，要让青年始终处于一种积极的参与状态，真正扮演着教育主体这一角色，能在和谐、轻松、开放的环境中同教育者进行对话，通过自己的亲身体验来感知、理解、接受特定的思想道德观念。

在道德体验过程中，青年从自身的体验和实践中获得教育，这种教育可以被视为自我教育。作为道德教育的一种方法，自我教育强调教育者按照受教育者的身心发展阶段予以适当的指导，充分发挥他们提高思想品德的自觉性、积极性，使他们能把教育者的要求变为自己努力的目标。应该说，青年的自我教育对于青年把握、认同、内化并践行特定的思想道德观念至关重要。青年进行自我教育是以获得学习动机为前提的，而学习动机主要由三种内驱力构成，求知内驱力、自我提升内驱力和附加内驱力。求知内驱力是以求知为目标，指向学习任务的动机，也就是想要获得知识并解决实际问题的欲求。成人仪式思想道德教育应通过将青年置于特定的情境之中，通过各种环节给青年提供有关生命、责任等方面的认知刺激，以激起青年的求知欲，进而使其形成求知的内驱力。自我提升内驱力是指个体为了赢得相应地位而要求提升自身特定能力的动机。成人仪式思想道德教育应紧紧把握青年社会角色、社会地位变化这一契机，通过教育者同青年平等的对话，通过给予青年足够的尊重和话语权，来促进青年自我提升的内驱力的形成。附加内驱力是指为了获得认可和赞许而表现出的要把工作做好的一种动机。青年的成人仪式在某种程度上应当是青年承担成人责任，履行成人义务所作的公开声明，成人仪式本身即发挥着促进青年工作做好动机形成的作用，即促进青年附加内驱力的形成。这样，青年能够获得一定的学习动机，为进行自我教育提供重要的前提。总之，成人仪式思想道德教育要注重青年的道德体验，调动青年的积极性，激发青年的道德情感，也要让青年获得学习动机，并积极进行自我教育。

（二）注重纲目并举，遵循思想道德教育的运行规律

思想道德教育内容可以分为两个不同的层面：一是特定社会和阶级所要求和确定的思想道德教育内容，可被视为“纲”；二是在具体的思想道德教育活动中，教育者根据相应的教育目的，按照教育规律要求而对第一个层面的思想道德教育内容进行组织、编制，以直接用于教育活动的内容，可被视为“目”。思想道德教育的有效运行，离不开前者，也离不开后者，要做到“纲目并举”，这符合思想道德教育的运行规律。进一步来讲，“纲目并举”是指从具体的生活世界当中来确定进行青年思想道德教育的内容、形式及方法，也就是说，既遵循思想道德教育第一个层面内容的科学制定，也要有效地发挥第一层面向第二层面内容转化的机能。因此，在成人仪式思想道德教育中，应注重“纲目并举”，遵循思想道德教育的运行规律。要做到纲目并举，成人仪式思想道德教育就必须始终贴近生活。成人仪式思想道德教育者只有全面分析和正确把握了青年所面临的真实的生活，才能深入了解青年的思想状况、道德状况，适时调整成人仪式思想道德教育的具体内容、形式、方法，才能真正让青年在成人仪式活动中有所体验，有所感知，进而有所收获，才能真正发挥成人仪式对青年的思想道德教育的功能与作用。这里的生活既包括青年置身于其中的社会大生活，也包括青年自己的小生活。就大生活而言，贴近生活即贴近社会主义初级阶段，贴近不断发展完善的社会主义市场经济，贴近经济全球化；就小生活而言，即贴近青年的实际生活，满足青年的生活需要。

要做到贴近青年的实际生活，成人仪式思想道德教育的目标定位、表现形式以及基本内容就都要以青年现实生活为依据。成人仪式思想道德教育的目标定位要来自于现实生活，要以青年的实际生活为出发点。成人仪式思想道德教育旨在培养社会主义“四有新人”，培养以实现中华民族伟大复兴为理想，具有良好道德品质，遵纪守法的社会主义新人。成人仪式思想道德教育的内容也要来自于生活，以青年的实际生活需要为出发点。处于青年期，青年总会

出现一定程度的心理波动，有些甚至会出现心理上的不适。为此，成人仪式思想道德教育内容包括心理教育，以此来帮助青年实现心理上的过渡，为青年进入成人行列做好心理准备。受身心特征影响，处于青年期的青年会试图最大限度地争取自己的权利，要求最大限度的自由，进而摆脱父母的管制，而父母对青年的管教似乎更加严格。这种严格会在青年眼里变成一种压制，容易使青年与父母之间的关系陷于紧张境地。其表现在于青年从不向父母吐露心声，即使出现了问题，遇到了困难也不会去找父母寻求帮助，而是更倾向于去找自己的朋友，因为在青年眼里，朋友似乎更加可靠，更能理解自己。归根结底，这种隔阂主要是父母与青年之间沟通不力造成的。基于此，成人仪式思想道德教育将家庭道德教育列为重要内容之一，通过成人仪式活动来为青年与父母的沟通提供一个平台，给他们营造一个进行心与心交流的氛围。事实也表明，成人仪式能够起到沟通、增进青年与父母之间情感的作用；成人仪式思想道德教育的形式要来自于生活，要以青年熟悉的生活、体验模式为参照和依据，还应充分调动青年的积极性，引导他们找寻属于自己的成人仪式形式，这也是成人仪式思想道德教育贴近青年生活的重要体现。

二 遵守主要原则

（一）成人仪式思想道德教育必须始终坚持方向性

方向涉及“为谁培养人”和“培养什么人”的根本问题。正如“学校应该永远把坚定正确的政治方向放在第一位”[①]一样，成人仪式思想道德教育也要始终遵循方向性原则，即成人仪式思想道德教育必须始终坚持马克思主义在意识形态领域的指导地位，始终坚持社会主义方向，旗帜鲜明地对青年进行爱国主义、集体主义、社会主义教育。随着改革开放的深入、社会主义市场经济的发展、

① 《邓小平文选》第2卷，人民出版社1994年版，第104页。

价值观念的日益多样化，具体到道德领域中，则是良莠并存。在一些领域和一些地方存在道德失范现象，主要表现为是非、善恶、美丑界限混淆，拜金主义、享乐主义、极端个人主义有所滋长，见利忘义、损公肥私行为时有发生，不讲信用、欺骗欺诈成为社会公害，以权谋私、腐化堕落现象存在等。对青年来说，他们并非生活于真空之中，他们会受到上述种种社会丑恶现象的影响，因此，对青年进行正确的价值引导十分必要。具体来说，成人仪式思想教育的方向性应体现在成人仪式教育要始终坚持社会主义核心价值体系的引领，即以马克思主义思想为指导，以中国特色社会主义共同理想为动力，以民族精神和时代精神为精髓，以社会主义荣辱观为基础来进行青年思想道德教育。

成人仪式思想道德教育在始终坚持正确的政治导向、始终弘扬主旋律、传播社会主流文化的同时，也要关注其他各种非主流社会文化形式及思潮，要做到既尊重差异、包容多样，又有力抵制各种错误和腐朽文化思想的影响。只有这样，成人仪式思想道德教育才能为青年提供正确的引导和方向，让青年在人生的重要关口不至于彷徨、迷失。这需要成人仪式道德教育工作者具备良好的政治道德素质和较强的驾驭能力，以保证道德教育过程始终能凸显主旋律。如有些成人仪式以文艺会演的形式举行，如果工作者自身没有扎实过硬的政治道德素质，那么，他们会因组织不力、把握不当而使成人仪式道德教育主旋律受到挑战，使会演这种形式在某种程度上冲淡成人仪式道德教育的本真内涵，还会传达给青年一些模糊信息。当然，成人仪式道德教育工作者要对成人仪式道德教育相关理论有一定的了解和掌握，并具备一定的吸引力和感染力。

（二）成人仪式思想道德教育必须始终坚持以青年为本

坚持以青年为本，是成人仪式思想道德教育的出发点和落脚点，也是成人仪式思想道德教育的内在要求。因为成人仪式思想道德教育归根结底是做青年的工作，所以必须始终坚持以青年为本，充分发挥青年的主观能动性，最大限度地挖掘青年的潜力。以青年为本，是对青年在自身成长中和社会发展中主体地位和主体作用的肯定，是一种价值取向，意味着给予青年应有的尊重与权利，强调尊重青年、塑造青年。尊重青年就是尊重青年的独立人格、成长需要。塑造青年就是把青年塑造成权利与责任的主体。要做到尊重青年、塑造青年，成人仪式思想道德教育不仅要遵循思想道德教育的普遍规律，还要适应青年身心成长的特点及其接受能力，从青年的思想实际和生活实际出发，充分调动青年的积极性，利用对青年具有吸引力与感染力的活动形式对其进行教育，力争做到深入浅出、寓教于乐、循序渐进。

由于青年期是人生的一个特殊、关键时期，青年的心理处于从不成熟向成熟的转变过程，主要表现为过渡性、闭锁性、独立性等特征。青年的这些心理特征在很大程度上是社会文化作用的结果，青年心理特征是青年对生活于其中的社会文化作用的一种反馈与反应。为此，成人仪式教育者只有结合社会文化背景来把握青年心理特征，才能做好成人仪式道德教育工作。成人仪式思想道德教育不仅是教育者遵照一定的目标，有计划、有目的地向青年进行教育的过程，更是青牛接受教育后，主动把教育要求内化为白身价值观、行为准则的过程，这个内化过程直接受青年已有价值观、情绪情感等因素的影响。这要求成人仪式思想道德教育工作者要对青年的心理特征进行认真研究，进而把握其特征及本质，只有满足青年的需要，把握青年心理发展规律基础上才能调动青年的主动性，体现青年自觉的思想和行为，成人仪式思想道德教育也才能取得实际效果。当然，在把握青年心理特征的基础上，成人仪式思想道德教育应采用青年易于接受的鲜活通俗的语言，生动典型的事例，喜闻乐见的形式，调动青年参与的积极性，以进一步增强成人仪式思想道德教育的感染力和影响力，真正发挥教育和引导青年的作用。

（三）成人仪式思想道德教育必须始终坚持知行统一

成人仪式思想道德教育不仅仅只是将相关的道德认知呈现给青年，而是要让这些认知真正被青年感到、接受并最终践行。这才是成人仪式思想道德教育的真正目的和价值所在。也就是说，成人仪式思想道德教育，不仅要使学生懂得关于如何做人，如何处理个人、社会和他人关系的道理，而且要帮助学生把知识转化为行为，引导学生对从认知上的服从上升为行为上的遵守，实现青年道德认知与道德行为的无缝连接。青年形成了有关成人的认知仅是第一步，这种认知和与之而来的情感必须能影响青年的行为，指导青年此后的学习生活。要实现知行统一，需要我们既重视课堂教育，更要注重实践教育、体验教育、养成教育，注重自觉实践、自主参与，引导青年在学习道德知识的同时，自觉遵循道德规范。同时，也要不断完善思想道德教育与社会管理、自律与他律相互补充和促进的运行机制，综合运用教育、法律、行政、舆论等手段，更有效地引导青年的思想，规范他们的行为。

具体来说，在校内，可以由班级支部发起、组织长期开展服务活动的服务队，活动内容主要应当立足于为广大老师同学服务；在校外，各个服务队可以结合青年性格特点和兴趣特长，积极与学校附近的社区、德育基地等联系，定期开展互助活动。还应抓住暑期这个时间集中的有利教育时机，开展走进社会大课堂活动，鼓励青年做一名热心服务社会、服务他人的志愿者。总之，要引导青年学会关心，关心自己、关心他人、关心社会；学会负责，学会主动积极地履行公民义务，为自己、为他人、为国家承担社会责任；学会参与，主动热情地关心、关注及了解社会生活各方面，积极参加各种公益活动，并通过自己的行为参与、投入社会生活的实践活动中进行自我教育、自我磨炼，真正做到知行统一。

（四）成人仪式思想道德教育必须始终坚持教育与管理相结合

作为一种社会活动，成人仪式思想道德教育是在一定社会历史条件和社会关系中进行的，它必然也需要采取一定的组织形式、一定的制度来承担和执行管理的职能。有道德教育活动就必然需要社会管理，管理是道德教育活动有序开展的必然要求，也是有组织的道德教育活动的必然产物。在道德教育过程中所谓的管理，也可称为制度式道德教育。这是一种特殊的道德教育，它传授道德的方式不是语言，而是强有力的制度规约和制度劝诫，帮助受教育者通过对某种制度、法规或规则的敬畏或服从而接受、实践社会道德的规范要求。从某种意义上说，这种特殊的道德教育是一种高度自觉化的富有实效性的道德教育。这是因为，每一种管理制度中都蕴含着鲜明的道德取向，每一种良好的管理方法或制度安排都能产生稳定的道德秩序。①

对成人仪式思想道德教育来说，其管理同样至关重要。这不仅关系到成人仪式思想道德教育的顺利开展，关系到成人仪式思想道德教育效果的发挥，也关系到成人仪式思想道德教育的发展与完善。成人仪式思想道德教育管理需要制定成人仪式活动的相关规则，培养专门的管理人员，还需要对成人仪式效果进行客观、科学的评价。作为活动的重要组成部分，在成人仪式结束后，可以组织学校教师、家长代表以及部分青年进行座谈，就成人仪式活动本身，结合学校的教学工作、管理工作、青年的培养和升学就业等话题展开广泛的讨论与交流，进而对成人仪式活动的组织、形式，对成人仪式之后青年的表现及状态作出较为客观的评价。应该说，评价环节是管理的重要组成部分，对成人仪式活动客观、科学的评价不仅能凸显成人仪式思想道德教育的优势，也能暴露成人仪式思想道德教育的不足，因而在一定意义上可以说，效果评价是成人仪式思想道德教育完善发展的重要推动力。

三　借鉴国外经验

成人仪式是一种普遍的文化现象，存在于世界各地。国外在成人仪式思想道德教育上一些好的做法值得我们学习和借鉴，仅以日本、美国和瑞典为例。

① 吴潜涛等：《改革开放以来我国青少年道德教育理念变迁的主要特点》，《道德与文明》2008 年第 5 期。

（一）制度刚性但不失变通

日本的成人仪式产生于683年，天武天皇仿唐朝冠礼制，制定结发加冠制度，当时的冠有漆纱冠和圭冠两种。男子的冠礼仪式在日本又称“元服”，它是皇室的传统仪式。[①] 近代以前，天皇和皇太子的元服仪式在京都御所的紫宸殿举行，其他皇族则在清凉殿举行，以示身份上的差别。天皇的元服仪式最为隆重，一般包括加冠、宴会、进献、恭贺等程序，整个过程历时三天。后来制定的《皇室典范》规定：天皇、皇太子、皇太孙的成年年龄为18岁，其他人为20岁，皇室成员的成人仪式均在宫中的贤所举行。当代的日本成人式起源于1946年11月22日，当天举办了一次青年祭，目的是激励战后的日本青年对未来抱有希望。受此影响，日本在1948年规定每年的1月15日为成人日，并于第二年开始实施。从2000年开始，每年的成人日改定为每年1月的第二个星期一。[②] 日本的做法给了我们有益的启示，即成人仪式制度化是成人仪式思想道德教育作用得以发挥的重要保障。这不仅能规范成人仪式活动自身，还能让青年意识、感受到成人仪式活动的重要性，增强成人仪式思想道德教育的效果。

日本政府根据民俗规定满20岁的青年要过成人节，即参加成人仪式，目的是让青年意识到自己已步入成人行列并成为社会的正式成员。在法律意义上，成人仪式的宗旨是地方政府为达到一定年龄的青年祝福以激励他们加入社会，而参加者则须表决心作为一名负责任并自立的社会人，为创造更美好的社会而奉献。然而，随着日本社会的变化，日本青少年的价值观也发生了很大变化，他们或是不参加成人仪式，或是仅仅把成人仪式当作集会而喧哗吵闹，成人仪式现场已经成为令组织者头痛的问题。针对这些问题，日本各地也在不断改变成人仪式形式以改变成人仪式遭遇的不利处境，如

① 宋瑞芝：《外国宫廷文化集观》，长江文艺出版社2000年版，第331—332页。

② 王秀文：《从“成人式”谈起》，《日语知识》2009年第4期。

通过发出成人仪式活动邀请函来增强青年参加成人仪式活动的自愿性，通过调整仪式活动的具体环节来消除活动现场的喧哗，通过赠送纪念品来调动青年的积极性等。日本的这些做法又给了我们有益启示，即成人仪式活动的呈现形式要不断变化，这是成人仪式思想道德教育作用得以发挥的必要条件。成人仪式活动制度化之后，组织方不应置之不理，而应根据社会的发展变化，根据青年的身心特征不断完善之，改进之，以免落入制度呆滞的尴尬。

（二）形式灵活但不失原则

美国的成人仪式教育多样灵活，不仅存在于现实生活之中，也体现在影视作品之中，以电影《阿凡达》为例。该影片讲述了在未来世界，人类为取得潘多拉星球的资源，开启了阿凡达计划，用人类与纳威人的 DNA 混血，培养出身高近三米高的阿凡达，并使其具备人类的意志和思维，以便在潘多拉星球生存活动，采掘矿产输送回地球，以谋取利益。受伤后以轮椅代步的前海军陆战队员杰克，自愿接受实验并以他的阿凡达来到美丽如诗的潘多拉星球。起初，他是带着人类的贪婪和命令而来，想混入纳威人中，成为他们的一员，好为人类占有该星球的资源提供便利。在他掌握了纳威人特别是纳威武士应当具备的各种素质和能力之后，纳威人为其举行了一个仪式。该仪式其实就是成人仪式，标志杰克为纳威人所接受，成为一个真正的纳威人。正是这个仪式让杰克切身感受到自己已经成为该部族的一员，这个部族的好坏、兴亡都和自己密切相关，让杰克意识到了自己应当肩负的责任。此后，杰克爱上了这个美丽的星球，爱上了纳威人，这为之后杰克在纳威人面临人类攻击时能够挺身而出，并以魅影骑士的身份去拯救和保护纳威人提供了重要的前提和支撑。

影片《阿凡达》将责任、使命等用以诠释成人的理念和价值观无形地传递给了青年，没有十分明显的灌输与说教色彩，有的只是沟通与感悟。美国做法给我们的启示在于：第一，成人仪式思想道德教育形式可以丰富灵活，寓教于乐，通过影视作品来体现教育内容，传递价值理念，达到教育目的。影视媒体具有较强的文化亲和力，对青少年的影响力极大。它一方面承担着满足青少年获取信息与娱乐的重任；另一方面潜移默化地影响、塑造着青少年的人生观、道德观和价值观。我国今后的成人仪式思想道德教育可以适当地运用影视作品形式来呈现。第二，注重青年的自我感悟，为青年营造一个轻松的氛围，让青年自己去体会成人之道。需要注意的是，在利用多种载体对青年进行成人仪式思想道德教育的过程中，要始终保持正确的价值导向，这是任何一种形式的成人仪式教育都应坚守的底线。

（三）充分发挥隐性教育功能

日本成人仪式的隐性教育包括很多方面，这里仅以民族教育为例。日本的成人仪式上有民间庆典和工艺等传统文化的展示和表演，如在石川县七尾市的 2008 年成人仪式上，活动流程中就安排“七尾曼达拉”和鼓的表演。“七尾曼达拉”是一种远古以来被传唱的祝典歌，庄严而高雅。为了把七尾优秀的传统文化传达给会场上所有的新成人，执行委员会成员（活动组织者）在七尾曼达拉保存协会的指导下，经过 3 个月的努力练习后，向大家表演七尾曼达拉的歌曲和舞蹈。进行 3 个月的训练之后，由执行委员中的男士表演“20 岁的太鼓”，舞台背景上放映七尾传统节日的画面。[①] 在隆重的成人仪式上安排民族文化节目表演，能让青年认识到民族文化的宝贵，培养青年对民族文化的认同感，进而培养民族认同感，这不失为一种发挥隐性教育功能与作用的方式。

我国目前开展的成人仪式教育主要包括公民意识教育、成人预备期志愿服务、成人宣誓仪式等三个环节，其中民族传统文化所占的比例较小。我们应学习日本，适当增加成人仪式中的民族文化比重，以增强成人仪式民族教育效果。在我国的成人仪式教

---

① 武小燕：《日本“成人式”的现状及其启示》，《河南教育学院学报》2009 年第 1 期。

育活动中也可以适当安排民族文化节目表演，如能够体现中国民族文化的古筝、琵琶等乐器的演奏节目等，这能让青少年在即将成人之时，欣赏民族文化的精粹，感知民族文化的内涵，形成对民族文化的喜爱，进而培养民族认同感，让青年自觉将个体成长与民族发展紧密联系在一起。这样，成人仪式的隐性教育功能与作用就能得到更好的发挥，而青年思想道德教育的整体效果也会得到提升。

（四）家人参与且不失欢乐

瑞典人有两件大事，成人是其中之一。瑞典青少年成人的标志一般就是中学毕业。在瑞典，每逢中学生毕业，学校都要举行隆重的毕业典礼。学生要穿着干净整洁的校服参加各种仪式活动，仪式之后还会举行会餐。学生的父母家人也肩负着重要任务，他们会为孩子准备车辆，一般是敞篷的卡车，还会精心挑选出一张孩子儿时的照片，并将照片制成大幅的牌子。他们不会告诉孩子他们挑选的是哪张照片，以便给孩子一个惊喜。然后，全家人包括父母、兄弟姐妹、伯伯叔叔、舅舅姑姑等都会穿上节日的盛装，乘着车提前到学校门旁等候，当孩了们参加完学校举行的成人庆典跑出校门时，家人会举着大幅照片欢迎他，表示孩子以成人身份重新进入家庭。紧接着，欢天喜地的成人庆典——敞篷车大游行就开始了。由于各学校毕业典礼举办的时间不同，因此这种热闹场面有时会持续一周，甚至外地的孩子会和家人一起开车到斯德哥尔摩欢庆自己的节日。①

独具特色的欢庆成了孩子的节日，给自己的孩子带来了真正的欢乐，也使孩子留下了终身难忘的印象，更让孩子意识到自己已成人。瑞典的做法带给我们的启示在于：第一，成人仪式要有青年家人的参与。除了学校精心的准备之外，青年的家人也应认真对待，积极参与，给青少年留下美好的成人回忆。第二，成人仪式要与快

① 《人民日报》2004 年 1 月 29 日第 11 版。

乐挂钩。成人仪式是青少年自己的节日，应该让青少年们感到快乐，而不是乏味和无聊。

四 完善仪式自身

（一）内容要体现民族性与时代性

我国的成人仪式思想道德教育始终与社会发展同步，它是历史发展的结果，是在我国传统文化的基础上不断发展而来的，因而它必然带有民族性。我们能从成人仪式思想道德教育中感受到中国传统文化的气息，找寻到传统的优秀道德品质，如孝爱父母、热爱祖国、勇于担当等。这些内容是编织中华民族生命力之网的重要纽结，定将会在今后发挥重大的作用。因此，我国成人仪式思想道德教育内容要体现民族性，把体现中华民族优秀品质的内容灌注到青年的心里，灌注到青年的生命之中。作为一种文化实践形式，成人仪式在内蕴上体现民族性的同时，也应彰显时代性。成人仪式思想道德教育必须始终坚持与时俱进。随着改革开放的不断深入，我国社会道德关系日益复杂化，面对这种现实状况，成人仪式思想道德教育的内容要不断创新，与时俱进。唯其如此，成人仪式才能符合社会发展对青年自身道德素质的需要，也才能符合青年自身发展的需要。成人仪式思想道德教育的内容要根据现实需要不断补充和增加新鲜内容，如 2008 年“5・12”汶川地震之后，有些地区的成人仪式思想道德教育中增加了生命教育内容的比重，增加了青年应当如何去珍爱生命等内容。这能更有效地增强青年对生命的感悟和理解，提高青年珍爱生命的意识及行为。再如，成人仪式思想道德教育内容中始终把爱国主义作为主要内容，对青年进行的爱国主义教育过程中，始终以中国特色社会主义理论为指导，并将社会主义核心价值体系等内容融入青年爱国主义教育中。

成人仪式思想道德教育的内容不仅应体现丰富的文化内涵，而且还应秉承现代教育理念。成人仪式思想道德教育内容要始终立足于我国的现实国情，立足社会主义市场经济的发展现状，让青年紧跟时代发展脉搏，了解自己肩负的历史使命，勇于担当社会责任。进一步来说，成人仪式在内容上既要传承我国古代优秀文化，也要能体现时代发展精神。就当前我国成人仪式思想道德教育的主要内容而言，主要包括前文中提到的生命教育、心理教育、理想信念教育、家庭道德教育以及爱国主义教育。这些内容都是建设有中国特色的社会主义经济、政治、文化等方面的综合反映，始终同其现实基础——中国特色的社会主义的伟大实践保持一致，始终保持新鲜状态。我国成人仪式思想道德教育一路走来，既有精华也有糟粕，我们应科学地对待传统成人仪式思想道德教育的内容，吸取精华，剔除糟粕，既要传承历史文化，又要彰显时代精神。

（二）形式要体现针对性与有效性

成人仪式应当通过有效的形式得以展现，这样成人仪式的象征功能、教育作用才能得到更好的发挥。成人仪式本身就是一种象征，这种象征的表现形式应当适应时代和青年的需要。也就是说，应当让青年有一个合理的成人仪式，让他们真的能够借助仪式来调节自己的身心。成人仪式要符合现代社会环境的需要，而不是一味地复古。2007 年 4 月 15 日上午，宁波市江北区慈城镇慈湖中学 60 名年满 18 岁的青年在孔庙举行传统成人仪式冠礼。[①] 冠礼是我国古代的成年仪式，并且起到了很好的作用。但这种形式在今天是否依然奏效，是否符合青年们的需要并达到成人仪式的目的，这是值得我们深思的问题。在已经是信息社会的今天，让青年穿上长袍马褂，复制一次成人加冠，它所追求的不过是传统文化的表象，给人带来的只是一种单纯的形式感。这未免使成人仪式离它的本真意义越来越远。可见，成人仪式形式要有针对性和有效性。

成人仪式必须得到广大青年内心的认同和支持，这要求成人仪式教育的形式要符合青年的生理、心理及思想认识发展的特点，要

① 一凡：《宁波：60 名中学生行“冠礼”》，《人民日报》（海外版）2007 年 4 月 16 日第 1 版。

遵循教育规律，能体现原则性又能有一定的灵活性。成人仪式的形式必须不断创新，与时俱进，要利用丰富多样的形式来完成对青年的成人仪式思想道德教育，如利用爬长城、游览卢沟桥等文化形式进行成人仪式教育。同时，在成人仪式中能较为科学、合理地使用现代多媒体技术手段来完成成人仪式教育活动，如利用摄影、录影设备展演一个人的成长历程，播放父母长辈对青年的寄语与祝福等。总之，成人仪式组织方要根据社会现实状况、青年自身的需要，改变、丰富成人仪式形式，要充分利用各种现代科技手段来传递具体的道德教育内容。只有充分考虑到青年时间、空间、精力等方面的因素，采用灵活多样的形式，确保成人仪式的有效实施，才能真正触及青年的灵魂深处，促进青年精神成长，并对青年产生持久影响。

有 18.2% 的被调查者表示，希望自己能拥有一个独特的、让自己铭记一生的成人仪式。为此，成人仪式充分考虑到青年的身心特点，采用适合其身心特点的成人仪式形式，以情感人，用真情去打动青年，给青年一个难忘的成人仪式。另外，成人仪式的形式还要符合当地的实际，充分考虑当地的风俗民情，吸取和借鉴传统成人仪式教育的优秀文化传统，同时汲取国内外成人仪式教育的宝贵经验。成人仪式是人类社会和人类自身发展的产物，存在于世界各国、各民族之中，尽管成人仪式的形式具有外在多样性，但在其文化内涵却具有内在的一致性。我国的邻国日本、韩国，它们在成人仪式活动的举行上就有许多值得我们借鉴的地方。借鉴国外好的做法，可以丰富我国成人仪式形式，进而增强其有效性。

成人仪式要发挥作用，必须坚持教育内容与形式的统一，而成人仪式教育与具有重大历史意义的纪念活动相结合是实现成人仪式内容与形式统一的有效方式。成人仪式可以同具有重要历史纪念意义的节日活动相结合，选择具有历史纪念意义的地方，如以烈士陵园等地作为仪式活动的场地。在时间上，有的选择特殊的日期进行成人仪式活动，如 9 月 18 日等。如前面提到了在五四运动 85 周年纪念日里，全国 100 多个大中城市广泛开展了“继承五四传统，弘扬民族精神”18 岁成人宣誓仪式活动。其中，辽宁营口市 4000 多名青年在省爱国主义教育基地——西炮台遗址举行了成人宣誓仪式；江苏南京 2 万多名年满 18 周岁的青年在胜利广场刘伯承铜像前举行成人宣誓。[①] 2009 年 5 月 4 日青年节期间，北京开展了“纪念五四运动 90 周年暨青年成人主题教育活动”。年满 18 周岁的青年在庄重的成人仪式中，不仅增进了对父母、师长的感恩情怀和对国家、社会的责任感，也激发了努力学习、奋发成才、报效祖国的决心。[②] 实践证明，与具有重大历史意义的纪念日相结合，成人仪式能更为生动地呈现成人仪式的内容特点，实现成人仪式内容与形式二者的有机统一，提高成人仪式思想道德教育的实际效果。

（三）环节要体现连贯性与科学性

成人仪式必须坚持各环节的连贯。成人仪式（18 岁成人宣誓仪式）要同高一年级的“16 岁身份证颁发仪式”、高二年级的“17 岁志愿者上岗仪式”联结为一个整体。这比较符合青年成长、成人的规律和要求。广义上的青年成人仪式应由预备期教育、预备期志愿服务以及 18 岁成人宣誓仪式三个环节构成。其中，16 岁预备期以成人意识教育为主，成人意识教育主要指系统、直接地通过学习以获取法律知识、生存知识、道德知识，形成人格意识、社交和家庭意识、创造意识等。预备期成人意识教育是成人仪式的重要前提。17 岁成人预备期志愿者服务活动，注重对青年进行实践教育，主要是指通过系统的学习、训练，以及“爱心行动”“文明行动”等系列活动来进行。如果说预备期教育是一种知识性学习，那么，预备期志愿服务就是一种实践性学习，其目的是让青少年

---

① 李海秀：《各地中学生开展 18 岁成人仪式教育》，《光明日报》2004 年 5 月 5 日第 A2 版。

② 《广大高校学生认真学习胡锦涛总书记重要讲话》，《人民日报》2009 年 5 月 4 日第 04 版。

在实践中培养起一种道德责任意识，让青少年渐入成人角色。18岁成人宣誓仪式，是指成人仪式活动的展示形式。包括升国旗、唱国歌、面对国旗宣誓等具体环节。严格来讲，宣誓仪式是18岁成人仪式的一个高潮，使前一阶段预备期教育和志愿服务活动的意义得以提升。成人仪式的三个环节紧密相连，构成一个完整的教育过程。

16岁成人意识教育能为青年提供系统、全面的成人认知，没有16岁的成人意识教育，没有一定的对成人的感性认知，17岁的预备期志愿者服务期的实践教育活动就不能收到实效，而18岁的成人仪式宣誓活动就不会对青年产生很大的震撼与影响。因为只有对成人具有一定的认知和感受，青年才能在18岁成人仪式宣誓活动中与仪式活动的主题发生共鸣。如果说16岁的成人意识教育重在认知教育，那么，17岁预备期志愿者服务则属于实践教育，是对认知的践行与深化。17岁的成人预备期志愿者服务活动是学校通过系统的学习、训练和活动来进行的。组织处于成人预备期的青年开展志愿服务活动，引导他们在奉献社会、服务他人的过程中强化履行公民义务的意识，进一步明确自己的责任，提高自身的知识水平和适应社会的能力，增强他们的社会责任感和道德责任感。18岁成人仪式宣誓活动是成人仪式活动的集结与升华，标志青年正式迈入成人行列，并开启新的人生。当然，三个环节之间并非完全独立，而是相互交融，共同构成成人仪式教育整体。应不断充实、完善成人仪式的环节，使三个环节紧密相连。具体来说包括以下几点：

首先，积极开展成人意识教育。成人意识教育应该包括生存意识、心理承受力、家庭意识、社会公德、法律意识教育等。成人意识教育应有效融入学校的整体教育教学体系中，贯穿于高一、高二年级的规范养成教育、社会主义民主和法制教育以及爱国主义教育之中，特别要加大对青年进行公民意识教育的力度，使青年掌握宪法和法律的有关知识，懂得公民应有的权利和义务。其次，充分开展预备期志愿者服务活动。预备期志愿者服务活动主要是指志愿者服务活动。在志愿者服务活动中，青年能更好地表现出自己的才能和爱好，同时培养青年个人高尚的道德品质。[①] 学校教育应当最大限度地利用志愿者服务活动等社会实践的社会意义，来加强青年的成人意识，培养青年的积极的道德情感、良好的道德品质，进而，增强青年的主人翁意识，增强建设者的角色体认。最后，举行庄严隆重的成人宣誓仪式。18 岁成人仪式本就是一套行为程序，程序体现内涵，程序对成人仪式作用的发挥至关重要。举行仪式前，应让每位青年掌握 18 岁成人誓词的含义，知道公民的基本权利和义务，了解成人仪式的基本内容，会唱成人仪式的主题歌。尽管不同地区、不同民族的成人仪式程序不会完全相同，但基本程序不能相去甚远。当前我国 18 岁成人仪式的程序主要有：老师发表感言、青年阅读父母事先写给自己的成人信、青年吐露成人心声、齐唱国歌、面对国旗宣誓、跨成人门、拍照留念等。要尽量使整个仪式活动紧张严肃又隆重热烈、始终洋溢着蓬勃向上的朝气。只有这样，18 岁成人仪式活动才能强化青年的成人意识，培养青年的社会责任感，提升青年的综合素质。

（四）细节要体现精致性与适宜性

成人仪式包括很多细节，应尽量使每个细节都做到细致与适度。因为，成人仪式活动中的每个细节都有可能成为影响青年认知、情感体验的信息源和诱因体，如实际生活场景、图片、音乐、影像以及语言符号信息等。

第一，誓词。在宣誓环节上，誓词显得格外重要。可以说，誓词是宣誓成败的关键，誓词的完善与否直接影响青年在成人仪式过程中的心理体验，直接影响成人仪式对青年的教育效果。誓词不仅应反映青年成人事实，也要能反映国家、社会、家庭对青年赋予的

---

① ［苏］苏霍姆林斯基：《培养学生的爱国主义精神》，尹曙初等译，湖南教育出版社 1984 年版，第 89 页。

责任和希望。2003年人大附中举行的成人仪式活动中的成人宣誓誓词：

从今天起
18岁
做一个大人
肩负起成年的责任
用信心对自己负责
用诚心对他人负责
用爱心对家庭负责
用热心对社会负责
用赤心对国家负责
要勇敢，不要鲁莽
要理智，不要冷淡
要谦和，要宽容，要坚强，要诚信
珍惜生命，珍惜情谊
坦荡处世，真善待人
做一个大人
18岁
从今天起

天津耀华中学的成人仪式宣誓誓词为：

捍卫神圣宪法，维护法律尊严。
履行公民义务，承担社会道义。
国家昌盛为先，人民利益至上。
热心公益，奉献社会，无愧国家培育，
勤勉自励，奋发有为，不负长辈厚望。
以我壮志激情，创造崭新未来，

以我火红青春，建设锦绣中华。

可以看到，上述两段誓词有几个共同点：一是以简单句为主，一句一义，朗朗上口；二是没有生僻、艰涩、抽象的字词，层次清楚，言简意赅；三是长短适中；四是有诗一般的语言、节奏和情感，感染力强，真挚动人。这四个方面的特点可以作为成人仪式宣誓誓词的基本要求。再有，长短适中也十分关键，如果誓词过短，各方面问题不易说清，宣誓的陶冶、激励、规范、警醒、导向作用难以充分发挥；若誓词过长，不仅难以突出重点、强化记忆，而且可能会使参加的青年身心疲劳、注意力涣散，以致冲淡集体宣誓对青年个体心灵的震撼力和感染力，而对青年心灵震撼与触动是宣誓誓词作用的核心。

第二，音乐。受青年自身发展的阶段性所限，音乐、图片、影像等信息比语言文字符号信息更能诱发青年的道德体验和感受。尤其是音乐，音乐是人类文化的重要表现形式之一，其内容、形式、体裁的繁衍，风格的形成以及音乐历史的发展，音乐认识观念多样化，都受特定的社会历史条件所制约。音乐又以歌曲、轻音乐等形式作用于社会，有时明显表现为对社会群体具有大范围的、功利性价值的作用，有时表现为对社会群体小范围的、对个人不具有功利价值的作用。无论如何，音乐都会影响人们的思想道德观念。音乐教育可以教化人心，可以修养人格，具有伦理关怀作用。陶行知谈到过音乐的积极意义。他认为音乐能对人的精神和思想产生巨大的作用，可以使人的心灵纯化和净化，可以使整个生活出现和谐状态，达到和谐境界。每个人可能有过这样的体验，在举行升旗仪式的时候，看着五星红旗冉冉升起，倾听着嘹亮的国歌，每个人都会激动不已，而且民族自尊心、自豪感也会油然而生。这是音乐带给人的震撼力。

具体到成人仪式中，音乐的作用更为重要。成人仪式主题曲及背景音乐不仅能渲染仪式气氛、凸显仪式主题，还能起到宣传教化、表达情感的作用。因此，成人仪式这个庄严、隆重的场合，选择、播放什么样的主题曲及背景音乐要格外慎重。不仅如此，在不同环节上使用的音乐也要有所区别。如有的青年表示，自己在成人仪式上阅读父母给自己的信时，都潸然泪下，这同抒情、缓慢的背景音乐有直接关系。可见，在青年阅读父母书信、回顾自己成长历程环节时，背景音乐应当以抒情、舒缓格调为主，而不能选用急促、硬朗的音乐。在青年面向国旗进行宣誓的时候，背景音乐应具有感染力、煽动力和表现力，应节奏明快、慷慨激昂。另外，还有18岁成人仪式歌曲。1996年团中央等单位进行了“我最喜爱的18岁成人仪式歌曲”评比活动，《18岁的誓言》受到一致好评，它体现出了青春对青年的呼唤，青年在聆听的同时，受到启发、教育和净化。

青年在成人仪式中齐唱的这类励志歌曲，能给青年心灵以触动、情感以升华、行为以指导。当然，好的音乐需要好的音响设备来播放，因此，仪式活动场地的音响设备要好，这样才能保证仪式活动中的音乐始终都能清晰、响亮，也才能保证将音乐的作用发挥至最大限度，进而提升整个仪式活动的效果。

第三，图片、影像。适当运用图片、影像来表达主题能提升成人仪式活动的整体效果。以人大附中于2003年为高三学生举办的成人仪式为例。此次成人仪式很好地运用了图片、影像以及音乐等元素，并取得了很好的效果。活动开始后，“灯忽然灭了，会场昏黑一片，刚刚喧闹的会场瞬间转为一片寂静。忽然，一声响亮的婴儿啼哭打破了寂静，大屏幕上出现了一个刚刚出生的婴儿的照片。接着，屏幕上的娃娃会爬了，他在蹒跚学步，能骑三轮小自行车了，背上书包上学了。然后，戴红领巾的少年变成了身穿人大附中校服的青年。”这些画面引得会场上迸发出一片会心的欢笑。“接着，出现了布娃娃、变形金刚、汽车模型、拼插积木……都是孩子们儿时喜爱的玩具，每一个画面，都会引出台下的一阵欢呼、一片欢笑。”① 可以说，这些图片与影像生动地呈现出了人的成长历程，能让青年真切地感受到生命的流动，感受到生命的可贵。这为整个活动打下了良好的心理与情感基础。“接下来，是年级里许多老师 18 岁时的照片展示，每一张照片都能引起一阵轰动，而每幅 18 岁的照片之后的老师们的近照，都会引出满场的欢呼和掌声。”② 相信看到老师们昔日青春美丽的容颜，青年们会真切地体会出什么叫“生命匆匆，年华似水”，他们会更加珍惜自己的生命，珍惜自己的青春年华；看到老师们今日眼角的皱纹，沧桑的面容，他们会理解什么叫“耕耘与奉献”，理解什么是“责任与担当”。应该说，图片和影像能以一种无声的力量激荡青年的心灵，提升成人仪式思想道德教育的整体效果。

第四，着装。着装对于参加 18 岁成人仪式活动的青年来说至关重要。《礼记·冠义》说：“凡人之所以为人者，礼仪也。礼义也。礼义之始，在于正容体、齐颜色、顺辞令。容体正、颜色齐、辞令顺，而后礼义备。以正君臣，亲父子，和长幼。君臣正，父子亲，长幼和，而后礼义正。故冠而后服备，服备而后容体正、颜色齐、辞令顺。故曰：‘冠者，礼之始也。’”《礼记·冠义》还说：“成人之者，将责成人礼焉者，将责为人子、为人弟、为人臣、为人少者之礼行焉。将责四者之行于人，其礼可，不重与。故孝、弟、忠、顺之行立，而后可以为人。”人之所以区别于禽兽，是因为人懂得礼仪，而礼仪是以容貌端正等为基础的。为此，责青年以成人之礼，首先要从容体等方面出发。尽管“正容体”是我国古代举行成人仪式——冠礼时对青年的要求，但这种规定在今天依然必要。因此，要求青年统一着装，而且要着正装，这不仅能让青年感到自己的变化，更能从着正装的自己身上看到责任。换个角度来

① 刘彭芝：《学生“十八岁的宣言”感动》，http：//blog. sina. com. cn/s/blog_474e8c060100cxl2. html。

② 同上。

看，青年统一着正装是青年遵守社会规范的开启。另外，统一的着装还是渲染仪式活动庄严、隆重气氛的必要条件。再有，除了青年要注重着装，仪式活动的主持人及其他参与人员也要注重自己的着装、发式等，这是对成人仪式场合、对青年尊重的表达，更是对成人仪式活动，对青年的成人事件重视的体现。

第五，形式。前面曾提到了 2009 年湖南卫视与《中国青年报》、共青团湖南省委精心打造了一台题为“十八而志，青春万岁”的成人礼节目，这是一场别开生面的围绕成人问题而设置的教育节目。这种将成人仪式与电视传媒相结合，创造性地设计了成人仪式的新形式，得到了很好的反响。由此我们也得到启发，成人仪式形式应该现代化、生动化。成人仪式就应当以亲和的方式歌颂青年，展现青春、赞美青春、憧憬未来。仪式的现场不但有偶像、明星的现场表演，更要有年轻人自己的展示，如“QQ 诗朗诵”“千人行为艺术秀”等，这些“青春盛典”能够使得整个成人礼变得现代时尚、生动可爱。该模式能够走进年轻人内心世界，以精神导师身份，解开他们内心的困惑，启迪他们的心智，赢得他们共鸣。[①] 总之，电视媒体模式是以赞美青春、启迪思考、激发斗志为主线，发挥了成人礼的基本功能和作用。但是，这种形式需要强大的制作团队来完成，加上耀眼的明星阵容，先进的演播设施，精心的排练、预演等，耗时耗力，成本高昂，因此一般的媒体、学校、家庭难以企及。这就要求我们在现有成人仪式形式基础上不断探索出更加便捷有效的成人仪式形式来服务于年轻人。

第六，载体。网络技术的迅猛发展，改变了人们的生活和学习方式，青年也不例外。青年易于接受新事物，加上他们对网络的了解及使用具有一定的广度与深度，因而青年已与网络形成了某种较为亲近的关系。每天抱着手机徜徉在网络海洋中的青年比比皆是。

---

① 洪明：《成人仪式教育的基本模式及走向分析》，《中国青年研究》2014 年第 1 期。

家长们抱怨手机夺走了他们的孩子，殊不知是网络俘获了孩子。对生活于网络时代的青年来说，他们的学习生活都离不开网络。他们热衷于网上购物，校园快递业的火热就是最好的说明；他们网上交际，各种朋友圈点赞就是证明；他们网上娱乐并获取各种新鲜资讯，他们也网上学习。当网络成为青年学习生活中必不可少的一部分时，我们自然可以让青年的成人仪式与网络这一载体有机且有效地结合起来以发生某种奇趣的化学反应：一方面实现组织成人仪式的教育目的，提升成人仪式的感染力度；另一方面让青年成人仪式的参与者们以更容易接受和喜爱的方式去感受自己的成长成人，去感受自己肩上的那份责任和担当。当然，这需要精心设计和策划，并非简单敷衍能够了事。因而成人仪式网络化的方式方法及路径仍需不断研究和探索。另外，网络化的成人仪式可视为现实空间中的成人仪式的有益补充，并不能完全取代现实空间的成人仪式。

第七，时间、场地及其他。仪式的科学安排是保证成人仪式活动顺利进行、达到预期效果的必要条件之一。为了有效发挥社会助长和心理暗示作用，成人仪式活动的时间、地点及举办单位等均应慎重选择，不可随意而定，要做到正式、庄严、隆重。就成人仪式时间而言，应相对固定在一些特殊的日子，如新学年开学日、毕业典礼或国庆日。就地点而言，要具有教育、纪念意义。时间、地点等要素是人记忆的标志性元素，也是影响人情感、心理的重要因素。特定时间、地点的选择能让青年感知到，成人仪式是在一个重要的时间、一个特殊的场地进行的一次重要活动。另外，成人仪式现场一定要庄严、郑重。有的被调查青年在问卷中提到，希望自己能在庄严的氛围中完成自己的成人宣誓，作出自己郑重的承诺。因此，活动现场应作一番精心布置，以营造出庄严隆重的气氛。主持人不一定由校长、老师来担当，也可以由青年选出自己的代表来做，这样更能调动青年的积极性，更能表达青年的心声。举办方可以邀请一些有名望的教师、家长参加活动，以凸显活动的重要性。宣誓仪式举行的前后，还应做好媒体的宣传工作，以扩大影响，渲染活动气氛。

成人仪式属于青年，因此应有青年发表成人感言这一环节。青年的成人感言既是对以往生命历程的回顾，更是对未来生活的展望。以人大附中的青年感言为例，“从今天起，我们将成为一个大人了。18岁是一个驿站，但我们只能稍事停留，因为我们要做的事很多，我们要整理自己的行囊，站在18岁的起跑线上继续更具挑战的新一段人生之路……我们应该抛弃幼稚，保留童真；抛弃任性，保留理智；抛弃莽撞，保留实干；抛弃幻想，保留创造力。另外，我们还要增加一些更为重要的东西，首先要增加一份责任，对自己的人格负责，对自己的行为负责，对家庭负责，对国家负责……我永远忘不了妈妈在寒冷的冬天陪我去参加比赛，把冰凉的牛奶揣在怀里；我永远不会忘记老师从下午4点一直到晚上8点还在为同学们答疑。看一眼身边的同学吧，他们是我们的好朋友，他们是陪我们一起欢乐、一起流泪，同自己在球场上拼抢、在学海里奋斗的人。18年的成长，请带上一颗感恩的心，感谢给了我们生命的父母，感谢给了我们知识的老师，感谢给了我们友情的同学，感谢我们18岁生命中的一切……”① 相信这样的感言能深深打动青年的心，让青年满怀感恩的心，满怀对父母家人、社会国家感恩的心继续自己的生命旅程。

五　加强外部保障

（一）形成正确认识，给予应有重视

青年是祖国的未来，塑造青年就是在塑造祖国的未来，塑造社会主义的建设者和接班人，给予成人仪式思想道德教育应有的重视是做好成人仪式道德教育工作的前提。第一，要增强成人仪式思想道德教育理论研究力度，是做好成人仪式思想道德教育工作的重要

---

① 刘彭芝：《学生“十八岁的宣言”感动》，http://blog.sina.com.cn/s/blog_474e8c060100cxl2.html。

理论前提。当前我国对成人仪式的理论研究不够，学界对成人仪式的理论研究停留在成人仪式自身内容的探讨上，没有将成人仪式同教育二者紧密结合起来，对成人仪式思想道德教育作用的探讨不足，而这直接影响成人仪式活动的有效开展。加强成人仪式相关理论问题研究是进行成人仪式思想道德教育的理论基础。第二，扩大成人仪式道德教育的受众范围，拓展成人仪式道德教育的覆盖率是做好成人仪式道德教育的必要举措。由于种种原因，现实生活中有相当一部分青年已经走上了工作岗位，步入了社会，因而他们中很多人没有举行过成人仪式。这需要发挥城市、村镇基层组织的作用，在没有学校为那些即将成人的青年举行成人仪式的情况下，肩负起成人仪式组织者、主办者的角色，努力为青年举行一次庄重、难忘并能对青年产生积极影响的成人仪式。第三，给予成人仪式合理的重视程度。尽管举行成人仪式的在校青年大都读高三，但这与他们紧张的学习并不冲突。可以利用青年的高三时间，利用青年对未来的憧憬，更好地完成对青年的成人仪式。北京石油化工学校的一名青年学生在问卷中写道："我们的成人仪式是在一所著名的高等学府中进行的，因为正值高三，所以让我们对未来更有憧憬。"可见，给予成人仪式合理的重视程度，认真为学生举行成人仪式活动，与学生的学习生活并非必然冲突，关键在于，成人仪式活动是否得到科学组织，是否真正发挥出了积极的作用。

（二）树立道德榜样，发挥榜样的力量

有时，方向比努力更重要。为即将成人的青年提供学习榜样、提供努力方向至关重要。青年良好道德的形成离不开对其进行道德认知的教授，也离不开为青年提供积极、正面道德行为的展示，道德展示、道德榜样的作用更为直接、有效。除了教师之外，社会的每个成员，特别是社会的成人群体，都是青年的示范者，他们的言行都直接影响青年的道德认知，也影响青年的道德行为。榜样教育作为一种有效的教育方式，一直被广泛运用于思想道德教育过程中，通过树立具有鲜明时代特色的榜样，发扬和倡导其所代表的真

理和道德精神，能在青少年群体中产生强大的激励作用和示范效应。由于处于相同的年龄阶段，具有相似的心理感受，因此，青年对青年的道德示范作用更有效，更能影响青年的道德认知与道德行为。成人仪式应当积极利用榜样教育的力量，特别是利用青年榜样来进行青年道德教育。

2007 年 5 月 7 日，晋元高级中学进行了一场特殊的成人仪式。在庄严的国歌声中，全体高三青年戴上成人帽，接过成人证，庄严宣誓后，正式成为一名成年人。与此同时，参加成人仪式的 225 名高三同学自愿加入了中华骨髓库，并且当场验血，用自己独特的方式庆祝自己成年。他们之所以这样做是因为有个榜样在引导着他们，在激励着他们，这个榜样就是第一个为患有白血病校友捐献骨髓的高三青年。几年前，该学校的一名女生不幸被确诊为白血病，要挽救她的生命就必须进行骨髓移植，而一般情况下骨髓配对成功的概率只有万分之一。家长和学校四处联系，希望能够找到匹配的骨髓，可因为那时中华骨髓库的容量非常小，那名女生没能等来匹配的骨髓。这件事极大地震撼了全校师生，每个人的心都被深深刺痛了。他们想，如果骨髓库能够大一点儿，捐献骨髓的人能够多一点儿，或许身边的同学就能获救。当时，不少同学都去中华骨髓库咨询，能不能成为骨髓捐献志愿者，对方的答复是，志愿者必须是年满 18 周岁的成年人。于是，同学们暗暗决定，等到 18 岁成年的那一天，一定要成为一名骨髓捐献志愿者。学校在了解这个情况后积极作出反应。2004 年初，学校与上海市红十字会取得联系，双方合作在青年当中开展宣传，让全校师生了解我国白血病患者数量正呈上升势头，让同学们认识捐献骨髓的意义，学习其中的科学常识，将其与学校的生命教育结合起来。从第一个青年在 18 岁那一天签下骨髓捐献志愿书起，每年自愿加入中华骨髓库的青年数量都在不断增长。他们克服了自身的恐惧、家庭的反对，甚至还有社会的不解，毅然加入骨髓捐献志愿者的行列。而高三青年骨髓捐赠活动在该中学已经连续开展了三年，并成为该校的一个传统。[①] 可以看到，榜样的力量是无穷的，因而成人仪式思想道德教育应当充分利用道德榜样，尤其是青年道德榜样来对青年进行思想道德教育。

（三）结合多样教育，利用两个课堂

思想道德教育本身不可能独立存在并发挥作用。就思想道德教育发展过程来看，它始终离不开教育学、心理学、社会学、政治学、伦理学等学科。这些学科已经积累的丰富理论、知识、经验是思想道德教育发展、成熟的重要前提，为思想道德教育发展提供了重要借鉴；就思想道德教育具体的实施过程及内容来看，它同样不能脱离其他学科知识的教育单独存在。为此，成人仪式要充分发挥思想道德教育作用，必须同政治教育、伦理教育、生命教育等多种教育形式相结合，否则成人仪式思想道德教育的效果无法得到很好的发挥。

除了同其他多方面教育相结合之外，成人仪式思想道德教育还要充分利用两个课堂。课堂教育旨在提高青年的思想道德认知，课外教育旨在强化课堂教育效果。如果说学校的课堂内教育是成人仪式思想道德教育的支撑，为青年提供必要的思想道德知识，那么课堂外教育则是成人仪式思想道德教育的重要保障，为青年提供必要的思想道德实践参考。只有充分发挥两个课堂的作用，成人仪式思想道德教育作用才能得到有效发挥。为此，学校及各级团组织要充分利用课外教育，特别是将民间传统节日、重大历史事件、历史人物的纪念日同成人仪式活动有机结合，使青年在集体聚会、庆祝节日的同时，接受传统美德、革命道德和时代精神的熏陶和教育，增强道德意识，增强对民族、国家与社会的热爱。例如，2016 年是中国工农红军长征胜利 80 周年，有学校就以此为契机对青年进行一次以“重走红军长征路”为主题的成人仪式活动。9 月 9 日，为

① 平泳佳：《生命故事，带来的不止是感动》，《上海教育》（半月刊）2007 年第 10B 期。

纪念中国工农红军长征胜利80周年，南开大学新生军训团举办了“走长征路·唱长征歌·读长征书”系列活动，拉开了红色文化节的序幕。成人仪式活动可以借鉴这种方式，以这种方式来完成青年社会角色的转换。相信这样的成人仪式活动能够引导青年重温长征精神，发扬优秀革命精神，培养国家安全意识，升华实现民族复兴中国梦的使命感、责任感。总之，同主题教育等其他教育方式相结合，利用课堂内、外两个教育是成人仪式思想道德教育作用发挥的重要保障。

（四）发挥合力作用，建立教育网络

以理论为支撑，以历史为依据，我们有理由认为，社会主义社会的成人仪式思想道德教育处于完善阶段，其作用和价值应当更为显著和重要。然而，事实并非如此。调查结果显示，参加成人仪式的青年中，27.3%的人认为成人仪式并不能增强其对社会政治的认同感，也不能增强其对中国共产党的认同感。可见，理论与现实存有一定差距，这种现象不能不引起我们的重视与思考。成人仪式思想道德教育作用的发挥除了内容、形式、环节的完善外，社会的外部保障同样重要。青年并非生活于真空世界之中，而是置身于实实在在的社会之中。社会、学校、家庭甚至是网络都影响着青年的健康成长，影响着青年思想道德观念的形成。因此，营造一个健康的社会环境，良好的社会文化环境，对青年自身的成长至关重要，这是成人仪式道德教育作用得以发挥的重要保障。也就是说，成人仪式思想道德教育的有效实施是一个系统工程，需要青年个人、学校、家长认识的提高，需要新闻媒体对成人仪式教育的重视，进而通过各种媒体来影响社会对青年、对成人仪式的关注程度，需要相关部门精心组织、统筹安排，特别需要社会成人集团为青年提供有益的道德行为示范。说到底，成人仪式教育需要调动一切社会力量和积极因素，需要形成一个融家庭、学校、社会、青年于一体的立体式的教育网络。这样才能确保成人仪式思想道德教育的有效实施，防止成人仪式思想道德教育成为走过场、走形式的“面子工程”，确保成人仪式思想道德教育能够落到实处。

应该说，学校是进行成人仪式思想道德教育的重要场所。学校要从深化素质教育改革的角度来提高对成人仪式思想道德教育重要性的认识，自觉进行成人仪式思想道德教育，做好成人仪式思想道德教育的普及和实施工作，使成人仪式教育成为青年受益面大、受欢迎程度高的重要教育活动，使学校成为成人仪式思想道德教育研究和实践探索的主阵地，促进理论研究和实践探索的不断拓展。另外，调查结果表明，51.2%的青年希望父母能参加自己的成人仪式，能见证自己长大成人，并与自己共同完成成人仪式。可见，家人特别是父母的参与直接影响青年在仪式中的心理体验。因此，要尽量调动青年家长的积极性，让他们参与到青年的成人仪式活动中来。再有，作为学校成人仪式的重要辅助，可以适当举行家庭式成人仪式。家庭式成人仪式主要是指通过在家庭内部为青少年个人举办庆祝其成人的仪式来提醒青年他们已长大成人的庆祝活动。家庭成人仪式所蕴含的深远意义和对青年的影响远远超过了一个简单的18岁生日庆祝晚会。父母长辈们的参与和见证，父母长辈们的祝福和希望，更能让青年们自觉到成人，自觉到肩负的使命。这种心理体验能对青年产生十分重要且长远的影响，能为青年今后拥有健康生活、积极上进的良好心态打下重要基础。总之，家庭成人仪式能使18岁青年不是在无知中步入成年，而是能够成熟、独立、富有责任感地面对成人后的学习、工作和生活。家庭成人仪式与学校成人仪式二者并不矛盾，而是相得益彰。

（五）制定各项规则，规范教育活动

应把成人仪式教育纳入法制化的建设轨道。建议教育主管部门研究教育改革政策，制定相关政策，以改变当前成人仪式教育活动的游散状态，制定实施成人仪式教育的相关政策，使成人仪式教育活动规范化、制度化。这样，任何学校就不能以任何理由拒绝对16—18岁青年进行成人教育，拒绝为青年举行18岁的成人宣誓仪式。另外，可以设立全国性的成人节。这不仅从制度上规范成人仪式活动，更能让青年意识、感觉到成人仪式活动的重要性，感觉到成人的重要性。有将近3成的被调查者希望能设立成人节，尽管呼声不高，但这毕竟代表着部分青年的真实意愿。早在1999年2月2日，在上海市人民代表大会十一届二次会议和市九届二次会议上，团市委、市青联就曾建议：确定每年5月18日为“成人节”。[①] 应该说，将18岁成人仪式教育活动纳入法制化轨道十分必要。

应把进行成人仪式教育作为各级政府的一项重要工作，明确归入其责任和义务范围。还应成立专门负责实施成人仪式教育的组织和机构，并划拨专项教育经费，定期对其实施情况和效果进行督促、检查、指导。也就是说，由政府牵头建立成人仪式教育的常设机构。加强对成人仪式教育的政策扶持，加大经费投入，充分挖掘、汲取传统文化中的仪式教育资源，结合本地区的实际状况，深入、全面、系统地开展成人仪式教育方面的理论研究，由政府牵头设立专门的研究机构也未尝不可。另外，还要认真总结成人仪式思想道德教育的成功经验，对其进行提炼加工，使其上升为成人仪式活动的一种原则和指导，让成人仪式活动具备长效性，建立长效机制。当然，除了政府之外，社会以及青年的家长也要支持成人仪式思想道德教育的开展和实施，对16—18岁青年自身来说，不应以任何理由拒绝参加成人仪式。只有通过上述各种规则的制定，才能实现成人仪式思想道德教育的规范化、制度化和长效化。

六 实现网络承接

实现成人仪式与网络的承接，以发挥成人仪式现实版与网络版两个版本的合力来服务青年的成长成才。成人仪式与网络承接的一

---

① 专业志/上海青年志/第四篇青年社会教育/第二章青年道德教育，http：//www.shtong. gov. cn/node2/node2245/node66268/node66279/node66331/node66395/userobject1ai62350. html。

种主要形式是构建以青年成人仪式为主题的网站。在网络世界里，一个公益性网站“18 岁”（www. 18year. net. cn）已开通数年。该网站的宗旨是以“18 岁成人仪式”为主题，全面推进青少年的素质教育，提高青少年的认知水平，适应时代发展的需要。网站界面生动，内容丰富。该网站建设有“仪式动态”“十八文学”“教育基地”“民族惯例”“方案展示”“青春留言”“网络仪式”等板块。[①] 网络仪式板块打开后会出现一个倒计时界面，然后出现一行黑体字提示语“请宣誓人举起右手”，接下来出现在界面中的就是青年成人仪式的宣誓词：“我是中华人民共和国公民，在十八岁成年之际，面对国旗、庄严宣誓：我立志成为有理想、有道德、有文化、有纪律的社会主义公民。遵守宪法和法律，热爱社会主义国家，拥护中国共产党的领导。正确行使公民权利，积极履行公民义务，自觉遵守社会公德。服务他人，奉献社会；崇尚科学，追求真知；完善人格，强健体魄，为中民民族的富强、民主和文明，艰苦创业，奋斗终生！”这段誓词正能量十足，相信能够给参与网络成人仪式的青年提供社会主义核心价值观的积极引导。除了宣誓外，还有一个环节就是提供个人真实信息，以此获取证书。这个环节采用实名制，能有效地让参与网络成人仪式的青年以更积极和严肃的心态来对待这一网络化的仪式。目前没有对该网络成人仪式效果好坏大小的实际调查，但该网站的“青春留言”一个板块中青年的肺腑之言或许是我们把握网络成人仪式效果的一个依据。[②] 网站还通过推荐给青年一种崭新的具有教育意义的网络旅游景点及路线，以网络旅游的形式让青年完成爱国主义的教育。成人仪式与网络的这种相承接的方式除了刚才提到的成人仪式主题网站外，还可以通过网络构建青年的学习共同体，以在更深层次完成青年的成人仪式。

---

① 成人仪式主题网，www. 18year. net. cn。

② 《青春赠言》，http：//www. 18year. net. cn/youth_ words. asp。

本书以成人仪式思想道德教育功能与作用为研究重点，但无意将成人仪式教育的功能和作用万能化。事实上，成人仪式仅是对青年进行思想道德教育的方式之一。进一步说，成人仪式的思想道德教育功能与作用的发挥，离不开青年成人前从社会、学校和家庭中所接受的思想道德教育，即未成年人思想道德教育，更离不开青年成人后应继续接受的思想道德教育。青年大多是在就读高中时参加的成人仪式，而他们中的大部分会随即进入大学。因此，高校自然应承担起对青年大学生进行思想道德教育的重任。高校对青年大学生进行的思想道德教育是青年成人仪式思想道德教育的有效继续，更是成人仪式思想道德教育效果的有力保证。例如，高校开设的“思想道德修养与法律基础”课就是成人仪式教育效果得以强化的一种有力保障。一方面，就课程教学目的而言，该课程的教学目的与成人仪式思想道德教育的目的高度一致。对青年个体来说，均是为了丰富青年的思想道德理论知识，提升青年的思想道德素质，实现青年的成长成才。对国家和社会来说，均是培育中国特色社会主义事业的合格建设者与接班人。另一方面，就课程内容的设置而言，我们能够清楚地看到，该课程与成人仪式思想道德教育的内容高度一致，均包含有爱国主义教育、家庭美德教育、心理健康教育等内容。这说明，高校课堂在应然与实然两个维度与成人仪式思想道德教育相互承接。除了“思想道德修养与法律基础”课外，高校的其他几门思想政治理论课都与成人仪式思想道德教育具有内在承接性，发挥着对青年进行思想道德教育的功能和作用。

除了高度重视课堂教学对青年的思想道德教育外，高校还应积极利用网络以更好地服务青年大学生，也使青年成人仪式思想道德教育效果得以巩固。互联网已经成为高校青年大学生学习和生活的重要组成部分，互联网给我国青年思想道德教育带来契机的同时也带来了挑战，如何加强青年网络思想道德教育是青年思想道德教育工作者需要面对的重要课题，也是青年成人仪式思想道德教育效果得以延续的关键一环。网络思想道德教育内涵丰富、类型多样，仅以受教育主体为划分标准来看，一种类型是青年大学生以个体存在形式接受的网络思想道德教育，即以网络为主要载体接受思想道德教育方面的知识、提升思想道德素质的教育模式；还有一种类型是青年大学生以集体存在形式接受网络思想道德教育，即青年大学生以某种要素为依据构建的学习共同体，如青年大学生思想政治理论网络学习共同体。

"共同体"一词在社会学视域中主要是指根据地域性和共同性而集结起来的社会集团，此概念被引入教育学领域后就形成了学习共同体，即通过某种类同性联系起来，借助相关技术手段，遵守共同规则，利用一定的学习资源，围绕特定的学习目标开展社会性交互学习的团体。随着信息科学技术特别是网络技术的迅猛发展，突破时空限制的网络学习共同体应运而生。在该共同体中，学习者利用网络平台，围绕一定的学习目标，利用学习资源，在遵守共同规则的前提下开展社会性交互学习。当网络学习共同体的学习目的与主题，主体范围与特点，学习方式与方法同高校大学生思想政治教育紧密结合起来时，大学生思想政治理论网络学习共同体开始出现。大学生思想政治理论网络学习共同体主要是指大学生群体依托网络环境，围绕提高思想政治理论素养实现个人全面发展这一总体目标，利用开放的学习资源，在遵守学生与指导教师共同制定的学习规则的情况下开展社会性交互学习的团体。该共同体是青年大学生在成人后接受思想道德教育的一种方式，也是保持和强化青年大学生成人仪式思想道德教育效果的一种途径。

大学生思想政治理论网络学习共同体离不开相关学科理论，如社会建构主义理论、群体动力理论和合作学习理论的支撑。社会建构主义既关注个体的自我建构本身，也关注个体自我建构过程中所体现出的社会性。经验背景的差异使不同个体对知识内容的理解不尽相同，所以学习者不能只依靠自身的经验进行知识建构，必须把个体认知与社会互动结合起来以不断地改造自己的知识，以尽可能与世界的本来面目和社会的真实样态相一致，只有这样，个体的学习才更有意义。换句话说，个体知识建构离不开社会性学习环境。大学生思想政治理论网络学习共同体对每个学习主体来讲本就是一种社会性学习环境，因而该学习共同体要为学生提供互动、协商、交流的学习环境，增进学生对特定思想政治理论知识的理解，更好地实现学生个体思想政治理论知识的建构。在此意义上可以说，大学生思想政治理论网络学习共同体是社会建构主义理论的一种有效实践。

群体动力理论以群体内部互动作用作为其关注重点，代表人物是德国心理学家勒温。群体动力主要关注群体行为对个体的作用力和影响力。对于群体中的个人及其行为来讲，个人的目的动机等内部动力自然发挥作用，但群体环境力量的相互作用更不容小觑。也就是说，在群体中任何成员状态的变化都可能引起其他成员状态的变化。群体行为不等于群体中每个成员个人行为的简单叠加，而是包含了集体智慧的一种新的思维和行为模式。一般来说，两人以上（包含两人）的协同活动力会超过单个人的活动力。要让群体行为对个体产生影响作用，形成群体动力是关键，而群体动力很大程度上取决于群体的一致性。只有群体成员在目标、观念、兴趣、情感等方面具有一定程度的相似性，群体动力才会发生作用。群体动力学理论有助于我们更好地从内因和环境等多角度去考察和研究大学生思想政治理论网络学习共同体的发展、变化规律，以更好地发挥该学习共同体的优势。大学生思想政治理论网络学习共同体要具备明确的学习目标，具备完成特定学习任务的灵活方式。学生之间、学生与指导教师之间、指导教师与指导教师之间要有高度的意见沟通和充分的相互了解，特别是学生与指导教师要在学习过程中尽量平等化。只有这样，指导教师才能够作出及时、有效且能够关照到每位学生学习需求的决策，并巧妙地激发出每个学生的学习潜能，给予每个学生充分的自由。

合作学习理论又称协作学习理论，旨在提高学习者的成绩、改善集体心理氛围、形成学习者良好心理素质和社会技能。在该理论看来，竞争性情境、个体性情境、合作性情境是组织学习者学习的三种主要情境，在具备了积极的相互依赖、面对面的促进交互、个体责任、人际交往技能等基本要素时，合作学习会在学习小组中真正发生，这样的合作学习才比竞争性学习及个体化学习更有教育意义和实际效果。大学生思想政治理论网络学习共同体应强调合作学习，强调师生之间、生生之间、师师之间是一个信息互动的过程。在合作学习中，指导教师充当管理者、促进者、咨询者和参与者等角色，旨在促进整个学习共同体学习效果的增进，让学生更快更好地接受思想政治理论知识，提高学生的思想政治理论素养。学习共同体成员都有表达自己观点的自由和权利，也有倾听他人观点和意见的义务，共同体成员之间通过交流、争论、讨论，实现互教互学、共同提高。大学生思想政治理论网络学习共同体可以被看作合作学习理论的一种实践，通过运用小组成绩分工法、小组游戏竞赛法、共同学习法等方法，巧妙地变学生个人间的竞争为小组间的竞争，改学生个人计分为小组计分，把小组总体成绩作为认可的依据，以提升学生在该共同体中的学习效果。

大学生思想政治理论网络学习共同体具备一般网络学习共同体所具有的类同性、社会性和技术性特征。一是类同性。类同性是保证一个学习共同体的形成和发展，并取得成功的基础。在大学生思想政治理论网络学习共同体中，最初的形成和聚集可能是因为共同的兴趣爱好、专业特长或对某些热点问题的关注等这种狭义上的类同性。但随着共同体的发展，大学生思想政治理论网络学习共同体成员之间逐渐形成了共同的学习目标和规则，形成了具有共同体自身个性的文化价值体系，从而使类同性得到了深入发展，也使类同性变成了联结该共同体成员的重要特征和属性，成为共同体成员相互理解、相互信任、互为归属的基础。二是社会性。对于大学生思想政治理论网络学习共同体而言，其目的是提高共同体中每个学生的思想政治理论素养，而要提高这种素养离不开相关思想政治理论知识的学习和掌握。知识本身可以被看作一种社会性产物，因此，共同体中每个学生获取思想政治理论知识都是一种个体的社会交互过程，这也体现了大学生思想政治理论网络学习共同体的本质属性。在社会交互的过程中，每个学生不仅能借助各种交流工具，与其他学生交流信息、情感和观念，还能借助各种交流工具与指导教师进行对话和交流，通过实现生生、师生之间、教师之间的知识共享、知识建构的目的，达到促进学生之间的情感交流，满足学生自尊和归属的需要。三是技术性。大学生思想政治理论网络学习共同体的存在离不开计算机网络技术，大学生思想政治理论网络学习共同体所需的网络空间的构建同样需要技术基础。如交流互动技术主要用于支持大学生与学习资源、学习伙伴、指导教师等在网络化情境中所进行的信息交流活动，具有多样性、灵活性、方便性以及实时性与非实时性等特点。从网络学习中从交互的时间特性来看，大学生思想政治理论网络学习共同体的交流互动技术可以分为两种：一种是实时交互，如虚拟聊天室、虚拟电子白板等技术；另一种是非实时交互如电子邮件、论坛、专家答疑室等技术。从交互的对象来看，大学生思想政治理论网络学习共同体交流互动技术可以分为两种：一种是人际交互，即大学生与指导教师、专家之间、大学生与同伴之间、指导教师之间的交互，它能够促进学生进行协作学习、讨论学习及探究学习；另一种就是人机交互，即大学生、指导教师与学习资源之间，大学生、指导教师与教学软件之间的交互等，这种交互可促进学习者的自主性学习和个别化学习。

除了具备一般学习共同体所具备的特征之外，大学生思想政治理论网络学习共同体最鲜明的特征在于其政治性。该网络学习共同体的政治性主要表现在该网络学习共同体的学习目标具有政治性。该网络学习共同体的最终目标是提升大学生的思想政治理论素养，具体来说：一方面是注重学生的理论学习，让学生掌握并运用马克思主义的基本立场、观点和方法看待问题、分析问题和处理问题，进而树立科学的马克思主义信仰；另一方面注重学生的社会实践，让学生培育并践行社会主义核心价值观。习近平总书记告诫青年大学生："道不可坐论，德不可空谈。于实处用力，从知行合一上下功夫，核心价值观才能内化为人们的精神追求，外化为人们的自觉行动。"[①] 因而网络学习共同体应充分利用校内外各种资源为学习共同体创建实践教育基地，开展相关道德实践教育活动，引导学生修身律己、崇德向善、礼让宽容，践行社会主义核心价值观。大学生思想政治理论网络学共同体的宗旨与青年成人仪式思想道德教育的目的是一致的。

大学生思想政治理论网络学习共同体应充分发挥自身优势。

一是增加师生交流机会。思想政治理论课课堂人数过多，看似授课的思想政治理论课教师是在直面学生，其实教师根本无法也不能与每个学生有过多的交流和沟通，因而无法获取与学生有关的更多有价值的信息及片段，授课教师无法了解每个学生的真实思想状况。另外，即使课堂上教师通过师生交流获取了部分信息，这些信息的真实性、准确性仍需作进一步的认证与分析。每个学生都是独立的个体，但不排除有些学生因置身于群体之中，出于自我保护而选择从众行为，其表达的观点与思想未必是其真实的想法。大学生思想政治理论网络学习共同体有规模限制，师生、生生、师师之间的互动是网状进行的，基于交互工具软件构建起的教与学的共同体，因而指导教师一般均能了解每一位学生的基本情况。加上网络学习不受时间、地点的限制，因而指导教师可以随时与任何一位学生交流，这就扩大了指导教师把握学生整体情况的可能性，使指导教师更能对学生形成全面、整体、系统的认识，也可以使教师的指导教学更有针对性。

二是延长学生学习时限。人类社会处于重要转型之中，终身教育和学习型社会将是人类社会的最终去向。对一些大学生来说，思想政治理论学习似乎仅仅局限于课堂和学校，走出课堂和学校意味

---

① 习近平：《青年要自觉践行社会主义核心价值观——在北京大学师生座谈会上的讲话》，《人民日报》2014 年 5 月 5 日第 2 版。

着告别思想政治理论学习。活到老，学到老，做到终身学习，思想政治理论学习同样如此。大学生思想政治理论网络学习共同体可以延长大学生思政理论学习时限，拓宽大学生思想政治理论学习的渠道。大学生思想政治理论网络学习共同体鲜活富有生命力，由于不受时间、地点的限制，因而它始终能为学生提供一个学习的平台和环境。在此意义上，大学生思想政治理论网络学习共同体为学生提供了实现终身学习的环境支撑和保障。另外，大学生思想政治理论网络学习共同体能够打破专业、年纪、班级甚至是大学的围墙，让不同专业、年纪、班级甚至不同大学的学生一同进行思想政治理论学习。这将有助于学生打破思想桎梏，以更开放的视野看待思想政治理论学习，以更包容的心胸看待社会。

三是降低学习疏离感，增强学习效果。传统的思想政治理论课课堂人数众多，相当一部分学生不会把自己视为班级中的学习积极者，也不认为自己必须要紧跟教师的授课思路，更不会认为自己应积极主动去回答老师的问题。几乎每个思想政治理论课教师都会有这样的体会，当你问在座学生问题时，回答的学生很少，相当一部分学生会选择保持沉默，因为他们觉得没有必要积极去回应本该由大家回答的问题，而这个“大家”似乎并不包括他们自己在内。此时，学生的学习疏离感最强，这种疏离感会让学生疏离且游离于课堂的教学，疏离且游离于课上的教学环节，疏离且游离于思想政治理论相关问题的关注与思考。结果可想而知，课堂教学效果会大打折扣。当你点到某位学生来回答问题时，情况会大不一样，他会选择积极回应。此时，学生的学习疏离感降到了最低。同样地，学生因教师的提问而关注问题本身，积极思考，在接下来的课堂学习过程中有可能始终保持良好的学习状态。可见，学生学习疏离感的强弱影响着学生的学习效果。那学习疏离感又受何种因素影响呢？应该说，影响学习疏离感的因素很多，其中，受关注度尤为重要。受关注度低，学生个体学习疏离感强，积极性弱，受关注度高，学生的学习疏离感弱，积极性强。传统大班授课由于授课时间有限、人数众多，教师不可能把有限的个人关注均等地放置在每个学生身上，因此，部分学生得不到有效的关注。对于大学生思想政治理论网络学习共同体来说，情况就有所好转。因为学生和老师的每次互动都是单线联络，能让学生感觉到老师是在和我一个人交流，学生的被关注感很强，因此学习的疏离感会变弱，学习效果会较好。

成人仪式思想道德教育效果的保持和强化既离不开青年进入大学后在传统的思政课课堂教学中所接受的教育，也离不开包括大学生思想政治理论网络学习共同体在内的网络模式与空间的拓展。大学生思想政治理论网络学习共同体并非万能，它只是传统思政课课堂教学的一种有益补充和延伸，其效果还需要在实践中不断检验。因此，当前最好的做法应是将传统的思政课课堂教学与大学生思想政治理论网络学习共同体有机结合，完成双方优势互补，实现青年大学生思想道德教育效果最优化。①

大学生思想政治理论网络学习共同体尽管以网络为主要载体，但并不意味着与现实的脱节；相反，该学习共同体更应充分发挥地区优势。网络本身并无地域界限，但网络与现实生活密切相关，特别是与该学习共同体中的青年学生的生活所在地联系紧密。对大学生思想政治理论网络学习共同体而言，除了对相关问题进行理论层面的学习、研究和探讨外，也包括社会实践这一重要组成部分。这里所说的社会实践，更多是指为了让青年大学生更好地认识国情、了解社会、锻炼毅力、培养品格而组织学生亲身参与和完成某些任务和工作，如社会调查、勤工俭学、公益活动等。社会实践中有些类型不受地域限制，无论身在何处都可以完成，如参加社会公益活动等；但有些社会实践类型要受到地域的限制，青年大学生的社会实践会具有鲜明的地区特色。地区间各具特色，并无好坏优劣之分，只要能将现有各种文化资源为青年大学生充分利用即可。

---

① 王洁敏：《大学生思想政治理论网络学习共同体基本问题研究》，《北京教育》（德育版）2016年第6期。

仅以北京市高校大学生思想政治理论网络学习共同体为例。北京是中国八大古都之一，拥有七项世界遗产，是世界上拥有文化遗产项目数最多的城市，是一座有着三千余年建城历史、八百六十余年建都史的历史文化名城，除了拥有众多历史名胜古迹外，更拥有众多红色教育基地和人文景观，如香山双清别墅、李大钊烈士陵园、北平抗日战争烈士纪念馆、中国革命博物馆、北京焦庄户地道战遗址纪念馆、天安门广场、中国人民革命军事博物馆、中国人民抗日战争纪念馆等。这些纪念馆是这个城市在漫长的历史发展过程中的一种积淀，也是这个城市精神和气质的集中表现。北京市高校大学生思想政治理论网络学习共同体本身应体现出北京精神，这种精神直接影响着该学习共同体中的每个青年大学生。在北京精神与共同体间的相互作用和影响的实践中，既可以完成学习共同体的有效构建与运行，提升青年大学生的思想道德素质，也可以实现巩固和增强成人仪式思想道德教育效果的目的。

概括来讲，实现网络承接，除了成人仪式思想道德教育自身与网络的承接，以网络为平台和载体，以更现代化且易于为青年接受的方式发挥其教育功能与作用外，还包括成人仪式思想道德教育的后续教育方式与网络的承接，主要指高校青年大学生思想道德教育要充分利用网络的独特优势与积极作用，以巩固青年成人仪式思想道德教育效果的功能和作用，更好地为青年成长成才服务。

结　语

成人仪式作为人类文化的一种表现形式，内蕴了特定人类历史发展阶段中的文化精髓，并以独特的方式呈现出来。由于成人仪式的参与对象是即将成人并迈入成人行列的青年，因此，成人仪式传达出的文化和价值观不仅代表该社会的主流，也在一定程度上内蕴着未来社会发展所需的文化与价值元素，这是成人仪式内蕴特定人类发展阶段中的文化精髓的根本所在。

从思想道德教育的视角审视成人仪式，仅是对成人仪式教育价值的一种探讨，除此之外，成人仪式所具有的丰富的文化价值等仍需作进一步挖掘。研究成人仪式的文化内涵与价值能为我们打开一扇窥探不同历史时期的政治、经济、文化与社会面貌的窗口，为我们更好地认识历史，把握历史发展脉络及规律提供独特的视角。同时，研究成人仪式也能更好地服务现实，能有效地承载当前我国社会的主流文化与价值观，培育新时期我国社会发展所需人才，为中国特色社会主义事业培养合格建设者与可靠接班人。

成人仪式是众多仪式中的一种，成人仪式各种功能与作用的发挥离不开仪式这一原点。换句话说，成人仪式功能与作用的发挥是以仪式的教育功能与作用为基础的，因此，仪式的教育功能与作用自然也应是我们关注的重点。只有把握了仪式这一原初概念，把握了仪式的教育功能与作用机理，我们才能利用包括成人仪式在内的多样形式将仪式的教育功能发挥出来。成人仪式思想道德教育功能与作用的发挥离不开其他各种形式的仪式教育途径和方法的使用，如开学、毕业典礼以及国庆、建党等各种庆典仪式，都是特殊而又重要的教育节点，对于提高青年的思想道德素质具有别开生面的积极效果。

继续对仪式教育问题进行深入研究，既从理论上进一步深刻把握仪式、仪式教育的本质与规律，也要在实践中不断摸索利用仪式进行青年思想道德教育的模式建构，使仪式教育真正有效地成为提高青年思想道德素质的重要途径与方式，真正将仪式教育的理论研究与实际探索紧密结合起来，服务于青年的成长成才。

在关注成人仪式思想道德教育的同时也要关注社会的发展同青年成长的互动关系，如各种社会思潮对青年价值观的影响，互联网对青年的学习、生活及人格的影响，等等。在现实社会空间中利用包括成人仪式在内的各种仪式对青年进行教育的同时，也要积极探索如何在虚拟空间中利用包括成人仪式在内的各种仪式对青年进行适度的教育。同时，成人仪式思想道德教育（包括现实和虚拟两个维度）也要与学校的课堂思想道德教育、家庭道德教育有效结合起来，共同完成提升青年思想道德素质、培养中国特色社会主义接班人的历史使命。

参考文献

一　中文文献

（一）著作

1.《马克思恩格斯选集》第1—4卷，人民出版社1995年版。

2.《列宁选集》第4卷，人民出版社1995年版。

3.《毛泽东文集》第8卷，中央文献出版社1999年版。

4.《邓小平文选》第3卷，人民出版社1993年版。

5.《江泽民文选》第1卷，人民出版社2006年版。

6.《江泽民文选》第2卷，人民出版社2006年版。

7.［德］恩格斯：《家庭、私有制和国家的起源》，中央编译局译，人民出版社1999年版。

8.［德］柏拉图：《理想国》，郭斌、张竹名译，商务印书馆1997年版。

9.［德］亚里士多德：《尼各马可伦理学》，苗力田译，中国人民大学出版社2003年版。

10.［美］摩尔根：《古代社会》，杨东蓴译，商务印书馆1977年版。

11.［苏］苏霍姆林斯基：《培养学生的爱国主义精神》，尹曙初等译，湖南教育出版社1984年版。

12.［德］莱布尼茨：《人类理智新论》，陈修斋译，商务印书馆1982年版。

13.［德］费希特：《论人的使命》，梁志学、沈真译，商务印书馆 2013 年版。

14. ［英］亚当·斯密：《道德情操论》，蒋自强译，商务印书馆 1997 年版。

15. ［德］马克斯·舍勒：《价值的颠覆》，刘小枫编，罗悌伦等译，生活·读书·新知三联书店 1997 年版。

16. ［英］詹·乔·弗雷泽：《金枝》，徐译新等译，中国民间文艺出版社 1987 年版。

17. ［美］P. K. 博克：《多元文化与社会进步》，余兴安等译，辽宁人民出版社 1988 年版。

18. ［美］拉尔夫·林顿：《人格的文化背景》，于闽梅等译，广西师范大学出版社 2006 年版。

19. ［德］汉斯·比德曼：《世界文化象征辞典》，刘玉红等译，漓江出版社 2000 年版。

20. ［法］弗朗兹·博厄斯：《人类学与现代生活》，刘莎等译，华夏出版社 1999 年版。

21. ［英］德里克·弗里曼：《米德与萨摩亚人的青春期》，李传家等译，光明日报出版社 1990 年版。

22. ［德］恩斯特·卡西尔：《人论》，甘阳译，上海译文出版社 1985 年版。

23. ［德］恩斯特·卡西尔：《神话思维》，黄龙保等译，中国社会科学出版社 1987 年版。

24. ［德］弗洛伊德：《图腾与禁忌》，杨庸一译，志文出版社 1972 年版。

25. ［苏］格列则尔曼：《历史唯物主义和社会主义社会的发展》，汤侠生译，生活·读书·新知三联书店 1978 年版。

26. ［苏］科恩：《自我论》，佟景韩译，生活·读书·新知三联书店 1987 年版。

27. ［英］埃里克·霍布斯鲍姆：《传统的文明》，顾杭等译，译林出版社 2004 年版。

28. ［英］理查德·利基：《人类的起源》，吴汝康、吴新智、林圣龙译，上海世纪出版集团 2007 年版。

29. ［俄］尼彼·杜比宁：《人究竟是什么》，李雅卿、海石译，东方出版社 2000 年版。

30. ［美］保罗·康纳顿：《社会如何记忆》，那日毕力格译，上海人民出版社 1991 年版。

31. ［英］埃德蒙·利奇：《从概念及社会的发展看人的仪式化》，载史宗《20 世纪西方宗教人类学文选》，上海三联书店 1995 年版。

32. ［英］埃德蒙·利奇：《文化与交流》，郭凡等译，上海人民出版社 2000 年版。

33. ［英］拉·布朗：《禁忌》，载史宗《20 世纪西方宗教人类学文选》，上海三联书店 1995 年版。

34. ［英］马林诺夫斯基：《文化论》，费孝通等译，中国民间文艺出版社 1987 年版。

35. ［英］马林诺夫斯基：《巫术与宗教的作用》，载史宗《20 世纪西方宗教人类学文选》，上海三联书店 1995 年版。

36. ［法］马塞尔·莫斯：《礼物》，汲喆译，上海人民出版社 2002 年版。

37. ［法］列维·施特劳斯：《忧郁的热带》，王志明译，上海三联书店 2000 年版。

38. ［法］列维·施特劳斯：《神话与意义》，杨德睿译，麦田出版社 2001 年版。

39. ［法］列维·布留尔：《原始思维》，丁由译，商务印书馆 1981 年版。

40. ［英］维克多·特纳：《模棱两可：通过礼仪的阈限时期》，载史宗《20 世纪西方宗教人类学文选》，上海三联书店 1995 年版。

41. ［英］维克多·特纳：《仪式过程——结构与反结构》，黄剑波译，中国人民大学出版社 2006 年版。

42. ［美］简・卢文格：《自我的发展》，韦子木译，浙江教育出版社 1989 年版。

43. ［美］威廉・H. 克鲁克尔：《坎尼拉成年礼：影响一生的“有益的帮助”》，时皓译，上海文艺出版社 1993 年版。

44. ［美］詹姆士・M. 考克斯：《论哈克・贝里芬的悲哀成年礼》，载约好・萨克雷《神话与文学》，潘国庆等译，上海文艺出版社 1995 年版。

45. ［美］玛格丽特・米德：《萨摩亚人的成年》，周晓虹等译，浙江人民出版社 1988 年版。

46. ［美］玛格丽特・米德：《文化与承诺》，周晓虹等译，湖北人民出版社 1987 年版。

47. ［美］玛格丽特・米德：《三个原始部落的性别与气质》，宋践等译，浙江人民出版社 1988 年版。

48. ［法］爱弥尔・涂尔干：《宗教生活的基本形式》，载史宗《20 世纪西方宗教人类学文选》，上海三联书店 1995 年版。

49. ［法］爱弥尔・涂尔干等：《原始分类》，汲喆译，上海人民出版社 2000 年版。

50. ［法］爱弥尔・涂尔干：《乱伦禁忌及其起源》，汲喆等译，上海人民出版社 2003 年版。

51. ［法］韦尔南、让・皮埃尔：《古希腊的宗教与神话》，杜小真译，生活・读书・新知三联书店 2001 年版。

52. ［法］埃德加・莫兰：《迷失的范式：人性研究》，陈一壮译，北京大学出版社 1999 年版。

53. ［美］乔纳森・特纳等：《情感社会学》，孙俊才等译，上海人民出版社 2007 年版。

54. ［意］马志尼：《论人的责任》，吕志士译，商务印书馆 1995 年版。

55. ［德］哈拉尔德・韦尔策：《社会记忆：历史、回忆、传承》，季斌等译，北京大学出版社 2007 年版。

56. ［英］J. C. 考尔曼：《青春的本性》，杨高潮等译，浙江人民出版社 1987 年版。

57. ［英］凯·米尔顿：《环境决定论与文化理论》，袁同凯等译，民族出版社 2007 年版。

58. ［比］杜普瑞：《人的宗教向度》，傅佩荣译，幼狮文化事业公司 1986 年版。

59. ［美］克利福德·格尔兹：《文化的解释》，那日毕力格、郭于华等译，上海人民出版社 1999 年版。

60. ［美］马维·哈里斯：《人·文化·生境》，许苏明译，山西人民出版社 1989 年版。

61. ［美］朱迪丝·维尔斯特：《必要的丧失》，张家卉等译，北京大学出版社 1988 年版。

62. ［瑞士］卡尔·荣格：《人类及其象征》，张举文、荣文库译，辽宁教育出版社 1988 年版。

63. ［英］爱德华·泰勒：《原始文化》，连树生译，上海文艺出版社 1992 年版。

64. ［美］埃里克·H. 埃里克森：《同一性：青少年与危机》，孙名之译，浙江教育出版社 1998 年版。

65. ［美］克拉克·威斯勒：《人与文化》，钱岗南、傅志强译，商务印书馆 2004 年版。

66. ［美］科林·M. 特恩布尔：《森林人》，冉凡译，民族出版社 2008 年版。

67. ［美］鲁思·本尼迪克特：《文化模式》，张燕、傅铿译，浙江人民出版社 1987 年版。

68. ［美］D. 洛耶：《人类动因对进化的冲击》，胡恩华译，社会科学文献出版社 2004 年版。

69. ［日］荫山庄司等：《现代青年心理学》，邵道生译，上海翻译出版社 1985 年版。

70. ［以色列］尤瓦尔·赫拉利：《人类简史：从动物到上帝》，林俊宏译，中信出版社 2014 年版。

71. ［英］凯特·迪斯汀：《文化的进化》，李冬梅、何自然译，世界图书出版公司 2015 年版。

72. ［英］马丁·吉尔伯特：《五千年犹太文明史》，蔡永良、袁冰洁译，上海三联出版社 2015 年版。

73. ［英］尼尔·麦格雷戈：《大英博物馆世界简史》，余燕译，南京大学出版社 2016 年版。

74. 杨伯峻：《论语译注》，中华书局 1980 年版。

75. 陈戍国：《礼记校注》，岳麓书社 2004 年版。

76. 李安宅：《〈仪礼〉与〈礼记〉之社会学研究》，上海世纪出版集团 2005 年版。

77. 萧放：《岁时——传统中国民众的时间生活》，中华书局 2002 年版。

78. 张承宗：《六朝民俗》，南京出版社 2002 年版。

79. 陈会昌：《道德发展心理学》，安徽教育出版社 2004 年版。

80. 宋兆麟：《中国风俗通史·原始社会卷》，上海文艺出版社 2001 年版。

81. 晁福林等：《中国民俗史》（先秦卷），人民出版社 2008 年版。

82. 郭必恒等：《中国民俗史》（汉魏卷），人民出版社 2008 年版。

83. 游彪：《中国民俗史》（宋辽金元卷），人民出版社 2008 年版。

84. 萧放等：《中国民俗史》（明清卷），人民出版社 2008 年版。

85. 万建中等：《中国民俗史》（民国卷），人民出版社 2008 年版。

86. 朱贻庭：《中国传统伦理思想史》，华东师范大学出版社

1989 年版。

87. 岑家梧：《图腾艺术史》，商务印书馆 1937 年版。

88. 高清海：《人的“类生命”与“类哲学”》，吉林人民出版社 1998 年版。

89. 许启贤：《世界文明论研究》，山东人民出版社 2001 年版。

90. 罗国杰：《伦理学》，人民出版社 1989 年版。

91. 罗国杰：《道德建设论》，湖南人民出版社 1997 年版。

92. 唐凯麟等：《个体道德论》，中国青年出版社 1993 年版。

93. 唐凯麟：《伦理学》，高等教育出版社 2001 年版。

94. 唐凯麟等：《伦理大思路——当代中国道德和伦理学发展的理论审视》，湖南人民出版社 2001 年版。

95. 曾钊新：《道德认知》，湖南人民出版社 2008 年版。

96. 曾钊新等：《道德心理学》，中南大学出版社 2002 年版。

97. 武怀唐等：《思想教育心理学》，华夏出版社 1987 年版。

98. 林崇德：《品德发展心理学》，上海教育出版社 1989 年版。

99. 鲁洁：《道德教育的当代论域》，人民出版社 2005 年版。

100. 鲁洁等：《德育新论》，江苏教育出版社 2000 年版。

101. 张耀灿等：《现代思想政治教育学》，人民出版社 2001 年版。

102. 张耀灿等：《思想政治教育学原理》，高等教育出版社 2001 年版。

103. 吴潜涛：《伦理学与思想政治教育》，河南人民出版社 2003 年版。

104. 刘建军等：《思想理论教育原理新探》，高等教育出版社 2006 年版。

105. 朱小蔓：《儿童的情感发展与教育》，江苏教育出版社 1998 年版。

106. 朱小蔓：《情感教育论纲》，人民出版社 2007 年版。

107. 石云霞：《新中国成立以来中国共产党思想理论教育历史

研究》，中国社会科学出版社 2007 年版。

108. 郑永廷：《社会主义意识形态发展研究》，人民出版社 2002 年版。

109. 郑永廷：《人的现代化理论与实践》，人民出版社 2006 年版。

110. 骆郁廷：《精神动力论》，武汉大学出版社 2003 年版。

111. 焦国成：《中国伦理学通论》，山西教育出版社 1997 年版。

112. 焦国成等：《公民道德论》，人民出版社 2004 年版。

113. 檀传宝：《学校道德教育原理》，教育科学出版社 2003 年版。

114. 戚万学：《道德教育新视野》，山东教育出版社 2004 年版。

115. 窦炎国：《社会转型与现代伦理》，中国政法大学出版社 2004 年版。

116. 田建国：《以人为本与道德教育》，山东人民出版社 2005 年版。

117. 肖川：《主体性道德人格的教育》，北京师范大学出版社 2002 年版。

118. 肖雪慧等：《守望良知》，辽宁人民出版社 1998 年版。

119. 王晓虹：《生命教育论纲》，知识产权出版社 2009 年版。

120. 刘铁芳：《生命与教化——现代性道德教化问题审理》，湖南大学出版社 2004 年版。

121. 郭元祥：《生活与教育——回归生活世界的基础教育论纲》，华中师范大学出版社 2002 年版。

122. 李太平：《全球问题与德育》，华中科技大学出版社 2002 年版。

123. 何新：《诸神的起源》，生活·读书·新知三联书店 1986 年版。

124. 郝丽生：《艺术与仪式》，载叶舒宪《神话——原型批评》，陕西师范大学出版社 1987 年版。

125. 林语堂：《吾国与吾民》，华龄出版社 1995 年版。

126. 李亦园：《人类的视野》，上海文艺出版社 1996 年版。

127. 林耀华：《民族学通论》，中央民族大学出版社 1997 年版。

128. 费孝通：《乡土中国　生育制度》，北京大学出版社 1998 年版。

129. 费孝通：《中华民族多元一体格局》（修订本），中央民族大学出版社 1999 年版。

130. 宋兆麟：《中国生育信仰》，上海文艺出版社 1999 年版。

131. 郭净：《心灵的面具：藏密仪式表演的实地考察》，上海三联书店 1998 年版。

132. 郭于华：《仪式与社会变迁》，社会科学文献出版社 2000 年版。

133. 王铭铭：《灵验的遗产》，载郭于华《仪式与社会变迁》，社会科学文献出版社 2000 年版。

134. 胡志毅：《神话与仪式：戏剧的原型阐释》，学林出版社 2001 年版。

135. 彭兆荣：《文学与仪式》，北京大学出版社 2004 年版。

136. 彭兆荣：《人类学仪式的理论与实践》，民族出版社 2007 年版。

137. 卢德平：《青年文化的符号学阐释》，社会科学文献出版社 2007 年版。

138. 王铭铭：《想象的异邦》，上海人民出版社 1998 年版。

139. 王铭铭：《中国人类学评论》，世界图书出版公司北京公司 2007 年版。

140. 叶舒宪：《中国神话哲学》，中国社会科学出版社 1992 年版。

141. 伦珠旺姆等：《神性与诗意——拉卜楞藏族民俗审美文化研究》，民族出版社 2003 年版。

142. 李亦园：《文化与修养》，广西师范大学出版社 2004 年版。

143. 叶舒宪：《神话意象》，北京大学出版社 2007 年版。

144. 叶舒宪：《亥日人君》，陕西人民出版社 2008 年版。

145. 张光直：《考古人类学随笔》，生活·读书·新知三联书店 1999 年版。

146. 高丙中：《民间的仪式与国家的在场》，载郭于华《仪式与社会变迁》，社会科学文献出版社 2000 年版。

147. 王霄冰等：《仪式与信仰，当代文化人类学》，民族出版社 2008 年版。

148. 徐丹：《倾空的器皿：成年仪式与欧美文学的成长主题》，上海三联书店 2008 年版。

149. 王霄冰等：《文字、仪式与文化记忆》，民族出版社 2007 年版。

150. 刘晓春：《仪式与象征的秩序：一个客家村落的历史、权力与记忆》，商务印书馆 2003 年版。

151. 胡志毅：《国家的仪式：中国革命戏剧的文化透视》，广西师范大学出版社 2008 年版。

152. 张晓松：《符号与仪式——贵州山地文明图典》，贵州人民出版社 2006 年版。

153. 郑志明：《宗教神话与巫术仪式》，贵州人民出版社 2006 年版。

154. 吴晓蓉：《在仪式中进行——摩梭人成年礼的教育人类学分析》，西南师范大学出版社 2002 年版。

155. 平章起：《成年仪式——兼及青年文化适应》，天津古籍出版社 2002 年版。

156. 吴晓群：《古代希腊仪式文化研究》，上海社会科学院出版社 2000 年版。

157. 何星亮：《图腾崇拜与人生礼仪》，社会科学文献出版社 2002 年版。

158. 周晓虹：《现代社会心理学名著菁华》，社会科学文献出版社 2007 年版。

159. 熊得山：《中国社会史论》，上海书店出版社 2007 年版。

160. 张广智等：《现代西方史学》，复旦大学出版社 1996 年版。

161. 黄玉馥：《人与社会》，辽宁人民出版社 1986 年版。

162. 严汝娴等：《永宁纳西族的母系制》，云南人民出版社 1983 年版。

163. 胡起望等：《盘村瑶族——从游耕到定居的研究》，民族出版社 1983 年版。

164. 张广智：《世界文化史》（古代卷），浙江人民出版社 1999 年版。

165. 赵林：《神旨的感召——西方文化的传统与演进》，武汉大学出版社 1993 年版。

166. 翁绍军：《神性与人性——上帝观的早期演进》，上海人民出版社 1999 年版。

167. 徐扬杰：《中国家族制度史》，人民出版社 1992 年版。

168. 罗竹风：《人·社会·宗教》，上海社会科学院出版社 1995 年版。

169. 陈丽宇：《成年的礼俗一：访周何教授谈“冠礼”》，载王秋桂《神话、信仰与仪式》，台北稻乡出版社 1996 年版。

170. 陈三青：《成年的礼俗二：少数民族的成年礼》，载王秋桂《神话、信仰与仪式》，台北稻乡出版社 1996 年版。

（二）期刊文章

171. 伊力奇：《成人礼的来源、类型与意义》，《中央民族大学学报》1986 年第 3 期。

172. 亢升等：《非洲撒哈拉南部黑人的成年人仪式》，《民族艺术研究》1998 年第 4 期。

173. 黄大宏：《原始部族成人仪式的巫术内涵——回归经典的理论思考》，《唐都学刊》2000 年第 1 期。

174. 赵心愚：《纳西族的成人礼》，《中国民族》2001 年第 11 期。

175. 平章起：《成人仪式·伦理·青年教育》，《道德与文明》2001 年第 2 期。

176. 彭林：《冠者礼之始也——冠礼》，《文史知识》2002 年第 7 期。

177. 张美玲：《浅析成年仪礼的教育意义》，《内蒙古师范大学学报》（教育科学版）2002 年第 6 期。

178. 薛艺兵：《对仪式现象的人类学解释》（上、下），《广西民族研究》2003 年第 2 期。

179. 王松山等：《深化 18 岁成人仪式教育活动的思考》，《中国青年研究》2003 年第 4 期。

180. 彭兆荣：《神话叙事中的“历史事实”：人类学神话理论述评》，《民族研究》2003 年第 5 期。

181. 杨利慧：《表演理论与民间叙事研究》，《民俗研究》2004 年第 1 期。

182. 理查德·鲍曼：《美国民俗学和人类学领域中的表演观》，杨利慧译，《民族文学研究》2005 年第 3 期。

183. 简孝平：《古代成人仪式的文化精神》，《中国青年研究》2008 年第 7 期。

184. 尚义等：《贵德藏族女性成年礼仪述略》，《青海民族学院学报》（社会科学版）2009 年第 7 期。

185. 王洁敏：《试析仪式在高校思想政治教育中的作用》，《思想教育研究》2008 年第 6 期。

186. 王洁敏：《试论成人仪式的本质属性》，《学校党建与思想教育》2010 年第 11 期。

187. 王洁敏：《改革开放以来我国成人仪式道德教育的得与失》，《思想政治教育研究》2009 年第 6 期。

二　英文文献

188. Victor Turner, *The Forest of Symbols: Aspects of Ndembu Ritual.* New York: Cornell University Press, 1967.

189. Victor Turner, *The Ritual Process: Structure and Anti - structure*, Chicago: Aldine Publishing Co. , 1969.

190. Victor Turner, *From Ritual to Theater: The Human Seriousness of Play*, New York: PAJ Publications, 1982.

191. Catherine Bell, *Ritual Theory*, *Ritual Practice*, New York: Oxford University Press, 1992.

192. Pierre Bourdieu, *Language and Symbolic Power*, Massachusetts: Harvard University Press, 1999.

193. Lzard, C. E. , *Human Emotion*, New York: Plenum Press, 1977.

后　记

该书是在我博士论文基础上修改而成的。感谢我的导师清华大学吴潜涛教授，论文题目的选定、框架的搭建以至行文的推敲都凝结着导师的心血。导师学风严谨、思想深邃、品格豁达，我虽不能及，但心向往之！

感谢北方工业大学马克思主义学院的全体同人，感谢他们对我的关心和帮助！

感谢我的家人，特别要感谢妈妈——我心灵的港湾、精神的家园，感谢爱人——我亲密的朋友、坚强的后盾，感谢儿子——我动力的源泉、幸福的所在，这份动力和幸福将让我继续从容地游走于工作和生活之间！

2016 年 12 月于北京家中

老残游记

〔清〕刘鹗 著

老残游记

〔清〕刘鹗 著